# POURQUOI LES CHIENS SONT NOS AMIS, LES COCHONS NOTRE NOURRITURE, ET LES VACHES NOS VÊTEMENTS ?

Une introduction au carnisme

Publié pour la première fois en anglais en 2010 sous le titre *Why We Love Dogs, Eat Pigs, And Wear Cows* par Red Wheel, du groupe Red Wheel/Weiser, llc.



Retrouvez toutes nos nouveautés et actualités sur www.laplage.fr
Écrivez-nous :
· Pour toute demande ou réclamation : info@laplage.fr
· Pour envoyer vos manuscrits : edition@laplage.fr

©2025, Éditions La Plage
58, rue Jean Bleuzen - 92178 Vanves cedex
Dépôt légal : août 2025
NUART : 8888320
ISBN : 9782383385752

Direction éditoriale : Ariane Lainé-Forrest
Conception graphique intérieure et de la couverture française : Juliette Nauche
Traduction, adaptation et mise en pages : Garance Ducol
Relecture et adaptation : Emma Perruchon, Andréa Alexei
Fabrication : Léa Legentil
Responsable marketing et communication : Charlotte Couture (ccouture@laplage.fr)
Cheffe produit marketing et communication : Lucie Ollagnier (lollagnier@hachette-livre.fr)
Responsable partenariats : Dana Lichiardopol (dlichiardopol@hachette-livre.fr)



Imprimé en France sur du papier certifié sans chlore issu de forêts gérées durablement, avec des encres végétales sur les presses de NORMANDIE ROTO IMPRESSION SA, un imprimeur reconnu pour ses pratiques respectueuses de l'environnement.

PAPIER À BASE DE FIBRES CERTIFIÉES

Éditions la plage s'engage pour l'environnement en réduisant l'empreinte carbone de ses livres. Celle de cet exemplaire est de : 350 g éq. $CO_2$

Préface de Yuval Noah Harari,
auteur de *Sapiens, une brève histoire de l'humanité*

# POURQUOI LES CHIENS SONT NOS AMIS,

# LES COCHONS NOTRE NOURRITURE,

# ET LES VACHES NOS VÊTEMENTS ?

Une introduction au carnisme

MELANIE JOY, Dre EN PSYCHOLOGIE
Préface française de Martin Gibert et Matthieu Ricard

éditions la plage

*Pour les témoins du monde entier.*
*À travers vos yeux, nous pouvons*
*trouver notre chemin.*

*La grandeur d'une nation et ses*
*progrès moraux peuvent être jugés à*
*la façon dont elle traite ses animaux.*

– Mahatma Gandhi

# SOMMAIRE

# REMERCIEMENTS

Ce livre est le résultat d'un projet qui a débuté il y a de nombreuses années, avec une idée qui s'est transformée en une thèse de doctorat, puis en l'ouvrage qu'il est aujourd'hui. Au fil des ans, de nombreuses personnes ont contribué à façonner mes idées, à affiner mes mots, et m'ont soutenue en tant que professionnelle et en tant que personne. Je leur en serai éternellement reconnaissante. Je tiens à remercier Aimee Houser, ma brillante et inspirante éditrice, qui a travaillé avec moi à chaque étape du processus ; mon agent, Patti Breitman, qui a cru en mon travail et a veillé à ce qu'il trouve sa place ; Clare Seletsky, qui a porté ce projet jusqu'à la dernière ligne droite ; Caroline Pincus et Bonni Hamilton de Red Wheel/Weiser, pour leur enthousiasme et leur soutien ; Carolyn Zaikowski, qui a insisté pour que j'écrive ce livre ; Bonnie Tardella, pour son travail éditorial infatigable ; Janice Goldman, George Bournakis, Herb Pearce et Susan Solomon qui ont été mes bouées de sauvetage ; Anna Meigs, pour sa sagesse et ses conseils ; Ruth et Jake Tedaldi, pour m'avoir aidée au moment où j'en avais le plus besoin ; Teri Jessen, pour sa vision ; Bonnie et Perry Norton, pour avoir cru en moi et m'avoir donné la possibilité de mener à bien mon travail ; Fred et Claudette Williams ; Dina Aronson ; John Adams ; Stephen Cina ; Adam Wake ; Linda Riebel ; Michael Greger ; Zoe Weil ; V. K. Kool ; Ken Shapiro ; Stephen Shainbart ; Hillary Rettig ; Rita Agrawal ; Eric Prescott ; Laureano Batista ; Josh Balk ; et Robin Stone. Je tiens également à remercier mes amis et ma famille qui m'ont soutenue tout au long de ce très long voyage. Enfin, je tiens à remercier Josh Balk ; Stacey Wells ; Daniel Braune ; Theresa Lukassowitz ; Cristina Castellan ; Michelle Schaefer ; Sana Al-Badri ; mon brillant et bien-aimé mari, Sebastian Joy, et mon équipe de Beyond Carnism, pour leur soutien inestimable à la nouvelle édition ; et je remercie Yuval Harari, pour la nouvelle préface convaincante et perspicace qu'il a fournie et pour le travail inestimable qu'il accomplit dans le monde.

# PRÉFACE POUR LA DIXIÈME ÉDITION ANGLAISE

Si une compétition olympique était organisée pour déterminer qui est la créature la plus misérable sur Terre aujourd'hui, il est probable que les candidats à la médaille d'or qui s'affronteraient seraient les vaches, les poules et les cochons que nous élevons pour satisfaire nos caprices et nos besoins. Pourquoi ces animaux ont-ils une vie aussi horrible ?

Il peut sembler que les animaux domestiques aient une vie agréable, surtout si on les compare aux animaux sauvages. Pensez par exemple à une vache dans une ferme laitière et à un zèbre dans la savane africaine. Le zèbre passe toute sa journée à chercher de la nourriture et de l'eau, qu'il ne trouve pas toujours, il est constamment menacé par les prédateurs, les maladies et les catastrophes naturelles, telles que les inondations et les sécheresses. Les vaches domestiquées, en revanche, semblent bénéficier des soins constants des éleveurs qui leur fournissent de la nourriture, de l'eau, des vaccins et des médicaments, et les protègent contre les prédateurs et les catastrophes naturelles. Cependant, malgré ce que beaucoup d'entre nous ont appris à croire, les animaux d'élevage vivent dans des conditions que nous jugerions probablement répréhensibles s'il s'agissait de celles dans lesquelles vivraient les chiens ou les chats ; sans oublier que ces animaux se retrouvent tôt ou tard à l'abattoir. Même lorsque les besoins physiques fondamentaux des animaux d'élevage sont satisfaits, leurs besoins sociaux et émotionnels sont ignorés. L'agriculture moderne traite ces animaux comme des machines destinées à produire du lait, de la viande et des œufs, et non comme des créatures dotées d'un riche univers de sentiments et de sensations.

Pour comprendre l'univers émotionnel des animaux d'élevage, nous devons examiner non seulement leurs conditions de vie dans la société industrialisée du XXIe siècle, mais aussi celles de leurs ancêtres remontant à des milliers et des millions d'années. L'examen des racines historiques afin de comprendre l'expérience moderne relève du domaine scientifique de la psychologie évolutionniste, et ses conclusions sont pertinentes pour tous les animaux - pour les vaches, les poules et les humain·e·s également. Prenons l'exemple de notre passion pour les aliments sucrés et gras. Au XXI^e^ siècle, cette passion n'a aucun sens. En fait, elle est destructrice. Aujourd'hui, sur Terre, beaucoup plus de personnes meurent d'obésité et de diabète que de la faim, des guerres et du terrorisme réunis. L'individu moyen a beaucoup plus de chances de mourir d'un excès de nourriture au McDonald's que d'une attaque d'Al-Qaida. Alors pourquoi nous infliger cela ?

Parce que notre monde de sentiments et de sensations a évolué pour nous aider à prospérer, non pas dans la société industrielle d'aujourd'hui, mais dans le monde de nos ancêtres, il y a des dizaines de milliers d'années, dans la savane africaine. Il y a 50 000 ans, un de mes ancêtres se promenait dans la savane africaine et est tombé sur un arbre rempli de fruits mûrs et sucrés. La bonne réaction dans cette situation était de manger le plus de fruits possible, le plus vite possible, avant que les singes de la troupe voisine ne les mangent tous. Si mon ancêtre avait eu une mutation génétique rare qui lui aurait fait détester les aliments sucrés et gras, il n'aurait probablement pas survécu. Lorsque j'ouvre la porte du réfrigérateur de ma maison aujourd'hui et que je vois un gâteau au chocolat, l'ADN et les neurones de mon cerveau ne réalisent pas que je vis au XXI^e^ siècle ; ils pensent toujours que je suis dans la savane africaine, et je vais donc ressentir une forte envie de manger le gâteau.

Il en va de même pour d'autres animaux. Prenons l'exemple du besoin de jouer des chiots. Pourquoi aiment-ils tant jouer ? Parce qu'il y a des dizaines de milliers d'années, le jeu était nécessaire à la survie de leurs ancêtres, les loups. Les loups sont des animaux sociaux. Ils ne peuvent survivre et se reproduire que s'ils coopèrent avec d'autres loups. C'est en jouant que les loups apprennent les règles de leur société. Un louveteau qui n'éprouverait pas une forte envie de jouer en raison d'une mutation génétique rare ne survivrait pas.

Que se passe-t-il si, aujourd'hui, nous prenons un petit chiot, l'isolons dans une cage, lui donnons de l'eau, de la nourriture et des médicaments, et que, lorsqu'il atteint la puberté, nous prélevons son sperme et inséminons une chienne en chaleur ? Ce chiot n'a plus besoin de jouer pour survivre. C'est pourquoi, si nous le gardons enfermé dans une cage toute sa vie, il sera très malheureux, même s'il reçoit de la nourriture et un abri. En effet, ses besoins émotionnels ne reflètent pas son état actuel, mais plutôt l'influence des processus évolutifs antérieurs.

Cela vaut également pour les animaux d'élevage, bien entendu. Même si les éleveur·se·s fournissent à leurs vaches et à leurs poules suffisamment de nourriture, d'eau, de médicaments et d'abris, iels ne tiennent pas compte de leurs besoins émotionnels et sociaux, et ces animaux connaissent d'intenses souffrances. On peut bien sûr se poser la dure question de savoir s'il est juste d'attribuer des émotions et des besoins sociaux aux animaux. Ne sommes-nous pas coupables d'humaniser les animaux, comme un petit garçon qui se heurte à une table et imagine qu'elle l'a blessé intentionnellement, en ayant des sentiments et des intentions comme s'il s'agissait d'un être humain ? D'après les scientifiques, il ne s'agit en aucun cas d'une humanisation. Les émotions ne sont pas un trait spirituel que Dieu a donné aux seuls êtres humains pour qu'iels puissent écrire des poèmes et apprécier la musique. Les émotions sont des mécanismes biochimiques qui ont évolué à travers des processus de sélection naturelle, pour permettre aux animaux de résoudre les problèmes qu'ils rencontrent tous les jours, afin qu'ils puissent survivre et se multiplier. À notre connaissance, tous les mammifères, les oiseaux et au moins certains reptiles et poissons éprouvent des sentiments. Par conséquent, lorsque je dis que la vache a des sentiments, je ne la considère pas comme un être humain. Je la considère comme un mammifère. Et c'est très bien ainsi, parce qu'en effet, c'est un mammifère.

Qu'est-ce que cela veut dire, affirmer que les émotions sont des mécanismes chimiques de résolution de problèmes ? Prenons par exemple le problème suivant : un singe voit un régime de bananes accroché à un arbre, mais remarque un lion non loin de l'arbre. Le singe doit-il essayer d'attraper les bananes et risquer d'être dévoré par le lion ? En fait, il s'agit d'un problème mathématique de calcul de probabilités. La probabilité que le singe meure de faim s'il ne mange pas ces bananes est-elle plus grande que la probabilité qu'il soit dévoré par le lion s'il essaie de les attraper ?

Pour résoudre le problème, le singe doit prendre en compte de nombreuses variables. Quelle est la distance entre moi et les bananes ? Quelle est la distance entre le lion et les bananes ? Quelle est ma vitesse de course maximale ? Quelle est la vitesse de course du lion ? Le lion est-il rassasié et endormi, ou a-t-il faim et est-il alerte ? Et les bananes ? Trois petites bananes vertes ne sont pas du tout la même chose que dix grosses bananes mûres. Mais ces variables externes ne sont pas suffisantes. Pour prendre une décision vraiment judicieuse, le singe doit également tenir compte de son état interne. Quel est le niveau d'énergie de son corps ? S'il a très peu d'énergie, il peut mourir de faim, donc cela vaut la peine de prendre un risque, même élevé, pour les bananes. Si le singe a beaucoup d'énergie en ce moment et que les bananes ne sont rien de plus qu'un luxe, cela ne vaut pas la peine de prendre le risque.

Toutes ces variables doivent être calculées. Si le calcul est exact, le singe survivra et transmettra ses gènes. Un singe trop lâche - qui accorde trop d'importance au danger - mourra de faim et les gènes qui ont façonné ce singe lâche ne seront pas transmis à la génération suivante. Un singe téméraire - qui n'accorde pas suffisamment d'importance au danger - sera mangé par le lion et les gènes de la témérité ne seront pas transmis à la génération suivante. L'évolution est basée sur des statistiques, qui filtrent les différentes espèces chaque minute de chaque jour, et la génération suivante reçoit les gènes des animaux dont les calculs ont optimisé les données.

Mais comment se déroule exactement le processus de calcul ? Le singe ne sort pas un crayon de derrière son oreille, un carnet de notes de la poche intérieure de son costume, et il ne commence pas à calculer des vitesses de course et des niveaux d'énergie. Le singe n'a pas non plus de calculatrice. Le corps et les sentiments du singe sont la calculatrice. Ce que nous appelons dans notre langage quotidien : émotions, sentiments et sensations sont en fait des calculs. Le singe a faim ou est rassasié, il sent que le lion est plus ou moins menaçant, il est tenté ou repoussé par les bananes. En une fraction de seconde, le singe va éprouver un ensemble de sensations, de sentiments et de désirs, ce qui est le processus du calcul. Le résultat de ce processus sera également exprimé sous forme de sentiment : le singe sera soudainement rempli de désir et de courage, sa poitrine se gonflera, il respirera profondément, tous ses muscles s'étireront et puis... Allez ! Aux bananes ! Ou bien il sera rempli de peur, ses épaules se courberont et tous ses muscles se détendront. Oh, maman ! Il y a un lion ici ! Au secours ! Et parfois, les chiffres s'équilibrent si bien qu'il est difficile de prendre une décision, et le singe sera rempli de confusion et d'hésitation. Oui... Non... Dois-je... Ne dois-je pas... Bon sang ! Je ne sais pas quoi faire !

Il est clair qu'il existe des différences entre les sentiments des différents animaux, tels que les singes et les vaches, et entre les sentiments des êtres humains. Il existe des émotions uniques qui ne sont propres qu'à l'homme. La honte, par exemple, est probablement une de ces émotions. Les vaches ne ressentent pas (à notre connaissance) de honte. Il existe probablement aussi des sentiments propres à d'autres animaux, que nous ne connaissons pas, bien entendu.

Mais il existe des émotions fondamentales communes à tous les mammifères. L'émotion la plus fondamentale qui définit les mammifères est peut-être l'amour entre une mère et sa progéniture. C'est d'ailleurs à cette émotion que les mammifères doivent leur nom. Le mot « mammifère » vient du latin *mamma*, qui signifie « sein ». Le système émotionnel qui nous définit, vous et moi, en tant que mammifères, est un système dans lequel les mères aiment tellement leur progéniture qu'elles lui permettent de téter leur corps, et les enfants, de leur côté, ressentent un désir irrésistible de se lier à leur mère et de rester près d'elle. Un bébé mammifère qui, pour une raison ou une autre, naîtrait indifférent à sa mère ne survivrait pas longtemps. Une mère mammifère née indifférente à sa progéniture en raison d'une mutation rare peut vivre une vie longue et confortable, mais ses gènes ne se transmettront pas aux générations futures. Ce système fonctionne de la même manière chez les vaches, les chiens, les baleines et les hérissons. Et comme les petits mammifères ne peuvent survivre sans une aide maternelle étroite, d'autres émotions peuvent être débattues ; mais il est clair que l'amour maternel et un lien fort entre une mère et sa progéniture caractérisent tous les mammifères.

Il a fallu de nombreuses années aux scientifiques pour le reconnaître. Jusqu'à récemment, les psychologues mettaient en doute l'existence et l'importance du lien affectif entre la mère et sa progéniture, même chez les humain·e·s. Dans la première moitié du XXe siècle, la psychologie était dominée par l'approche comportementaliste, qui soutenait que la relation entre les parents et les enfants était fondée sur un retour matériel : les enfants n'ont besoin que de nourriture, de médicaments et d'un abri, et iels ne sont attaché·e·s à leurs parents que parce qu'iels subviennent à leurs besoins matériels. Les enfants qui réclamaient également de la chaleur, des câlins et des baisers étaient considéré·e·s comme gâté·e·s, et les spécialistes en puériculture avertissaient les parents que s'iels embrassaient leurs enfants, iels deviendraient dépendant·e·s, égoïstes et manqueraient de confiance en elles·eux.

John Watson, l'un des experts de l'enfance les plus connus à l'époque, recommandait aux parents en 1928 : « Ne prenez jamais vos enfants dans vos bras, ne les embrassez jamais et ne les laissez jamais s'asseoir sur vos genoux ; si vous devez le faire, embrassez-les une fois sur le front quand vous leur souhaitez bonne nuit. Le matin, contentez-vous d'une poignée de main. » Le magazine *Infant Care*, populaire auprès des parents américains dans les années 1920 et 1930, leur expliquait que les bons principes d'éducation des enfants consistaient à maintenir la discipline et à satisfaire leurs besoins matériels à intervalles réguliers. Dans un numéro de 1929, on explique aux parents que, lorsqu'un enfant en bas âge pleure parce qu'iel a faim à l'heure du repas, « ne le·a prenez pas dans vos bras, ne le·a bercez pas pour qu'iel arrête de pleurer, et ne le·a nourrissez pas à moins que ce ne soit l'heure exacte du repas. Cela ne fait pas de mal au bébé de pleurer, même s'il s'agit d'un nouveau-né ».

L'une des personnes qui a fini par remettre en cause cette approche est le psychologue américain Harry Harlow, spécialisé dans la recherche sur les primates. Dans les années 1950 et 1960, Harlow a mené une série d'expériences sur des macaques rhésus. Il a séparé les petits singes de leur mère immédiatement après leur naissance et les a élevés dans des cages isolées. Harlow a placé une poupée d'une mère singe dans chaque cage. L'une des « mères » était une poupée faite de fils métalliques. Elle était équipée d'un biberon de lait que le singe pouvait sucer. Une deuxième « mère » était en bois, recouverte de tissu et de velours pour lui donner la même sensation qu'un vrai singe, mais elle n'avait pas de biberon. Conformément aux hypothèses de base de la psychologie comportementale, Harlow a supposé que les petits singes s'accrocheraient à une mère en métal qui répondait à leurs besoins matériels et ne s'intéresseraient pas à l'inutile mère de velours.

À la surprise de Harlow, les singes se sont accrochés à la mère de velours et ont préféré passer presque tout leur temps avec elle. De temps en temps, ils allaient voir la mère de métal pour se nourrir de lait, mais ils retournaient immédiatement dans les bras de la mère de velours. Harlow a supposé que les singes avaient froid et qu'ils s'étaient accrochés à la mère de velours pour se réchauffer. Il a installé une ampoule blanche à l'intérieur de la mère en métal, afin qu'elle émette plus de chaleur que la mère en velours. Cela n'a servi à rien. La plupart des singes ont continué à préférer la mère de velours, à tel point que lorsque les deux mères ont été placées l'une près de l'autre, les singes ont continué à s'accrocher à la mère de velours même lorsqu'ils tétaient le biberon de la mère de métal.

Harlow en a conclu que les singes recherchaient auprès de la mère de velours autre chose que de la nourriture et de la chaleur corporelle. Ils recherchaient un lien affectif. Des millions d'années d'évolution ont imprimé un fort besoin d'attachement émotionnel chez les bébés singes, ainsi que l'hypothèse selon laquelle il y a plus de chances de développer un lien émotionnel avec des objets doux et en fourrure qu'avec des objets durs et métalliques. C'est pourquoi les petits enfants développent des liens affectifs avec des poupées, des couvertures et des chiffons, et non avec des blocs de bois, des pierres et des fourchettes. Pour ces bébés singes, le besoin d'un lien affectif était si grand qu'ils ont abandonné la poupée de fer qui les nourrissait et se sont tournés vers le seul objet de l'environnement qui semblait pouvoir satisfaire ce besoin. Malheureusement, la mère de velours n'a pas vraiment créé de lien affectif avec eux. Par conséquent, bien que tous leurs besoins matériels aient été satisfaits, les singes ont grandi avec de nombreux complexes psychologiques et, à l'âge adulte, n'ont pas réussi à s'intégrer dans la société des singes et à produire leur propre progéniture.

Les recherches de Harlow, bien que cruelles pour les singes, ont contribué à révolutionner la compréhension des liens affectifs chez l'humain. Aujourd'hui, il est clair pour toute personne raisonnable que les enfants, dès leur premier jour, ont des besoins émotionnels et que leur santé mentale et physique dépend de la satisfaction de ces besoins, au même titre que l'apport de nourriture, de médicaments et d'un abri. Ceci est bien sûr vrai pour les enfants humain·e·s, mais aussi pour la progéniture d'autres mammifères. Après tout, les recherches de Harlow n'ont pas été menées sur des sapiens.

Comme les spécialistes de l'éducation des enfants il y a un siècle, les agriculteur·rice·s de l'histoire se sont concentré·e·s sur les besoins matériels des veaux, des agneaux et des poulains, et ont eu tendance à ignorer leurs besoins émotionnels (sauf dans les cas où ce besoin émotionnel servait les intérêts de l'humain). Par exemple, l'industrie laitière, depuis la révolution agricole et jusqu'à aujourd'hui, est fondée sur la rupture du lien affectif le plus fondamental dans le monde des mammifères : la séparation de la progéniture et de la mère. Une vache ne produira pas de lait si elle n'a pas mis bas, et c'est pourquoi les producteur·rice·s laitiers veillent à ce que les vaches donnent naissance à de plus en plus de veaux. Mais les veaux sont séparés de leur mère peu après leur naissance, et ils passent leur enfance sans le contact de la langue, des tétons ou du corps de leur mère. Ce que Harry Harlow a fait, à petite échelle, à quelques centaines de singes rhésus et de bébés singes, l'industrie laitière le fait à des centaines de millions d'individus.

Aujourd'hui, plus de 90 % des animaux du monde sont des animaux d'élevage : vaches, cochons, moutons et poules. Des milliards d'animaux dotés d'un riche univers de sentiments, d'émotions, de sensations, de besoins et de peurs passent leur vie comme des machines à produire de la viande, du lait et des œufs dans des chaînes de production industrielle. Il est de la responsabilité de chacun·e d'entre nous de prendre conscience de l'immense souffrance que nous, humain·e·s, causons à ces animaux et de faire de notre mieux pour réduire cette souffrance.

Le livre de Melanie Joy est une contribution importante et novatrice à la lutte pour le bien-être des animaux. Il expose avec éloquence la façon dont le système mondial d'exploitation des animaux a été créé, ce qui le fait perdurer et comment il fait peser un fardeau insupportable sur des milliards de créatures tandis que la plupart d'entre nous n'y prêtent pas attention ou ne ressentent pas le besoin de changer la situation.

Ce livre nous aide à sortir du cadre du carnisme afin que nous soyons mieux placé·e·s pour penser de manière critique et que nous fassions partie de la solution, en aidant à créer un monde plus compatissant et plus durable.

– Yuval Noah Harari,
auteur de *Sapiens : une brève histoire de l'humanité.*

# PRÉFACE SPÉCIALE POUR L'ÉDITION FRANÇAISE

Il arrive que nous n'ayons pas de mots pour désigner les choses. Et lorsque les mots nous manquent, c'est un peu comme si les choses n'existaient pas. Des pans entiers de la réalité sont alors condamnés à rester tapis dans l'ombre, inaudibles et cachés. Si nous sommes heureux de cosigner la préface de ce livre, c'est précisément pour cela : Melanie Joy a mis un mot sur une chose.

Le mot, c'est le *carnisme*. Et la chose qu'il désigne, c'est cette idéologie qui fait que nous trouvons normal, naturel et nécessaire de consommer certains animaux. Or, lorsque manger les animaux n'est pas une question de survie - ce qui est aujourd'hui le cas pour la plupart des gens dans le monde - c'est un choix. Mais ce choix, contrairement à celui du végétarien ou du vegan, est rarement identifié comme tel.

D'ailleurs, lorsqu'on l'examine avec un peu de recul, ce choix est pour le moins troublant. Nous sommes en effet tou·te·s en faveur du bien-être et de la justice. Nous sommes tou·te·s d'accord sur le fait qu'il est inacceptable d'infliger sans nécessité des souffrances et la mort à d'autres êtres sensibles. Alors pourquoi cessons-nous abruptement d'avoir de la considération pour autrui dès qu'il ne s'agit plus de l'un·e de nos semblables ?

En vérité, on ne pourra jamais justifier la décision de faire souffrir et de tuer ces « autres » êtres sensibles pour la seule raison qu'ils appartiennent à une autre espèce que la nôtre. Les discriminations et la violence qu'entraîne le carnisme n'ont aucune légitimité morale. Elles sont fondées sur des habitudes, un statu quo, le déni et toute une série de mauvaises excuses qui partent en fumée dès que l'on cesse de détourner son regard de la réalité : « Prendre conscience du carnisme, explique Melanie Joy dans une conférence de la série TEDtalk*, nous permet de restaurer notre rationalité

* TEDx, « *Toward rational, authentic food choices* » (Vers des choix alimentaires rationnels et authentiques).

et notre liberté de choix et de devenir un·e participant·e actif·ve d'un monde plus humain et plus juste. »

Melanie Joy est encore peu connue dans le monde francophone. Cette psychologue américaine - diplômée de Harvard - propose une réflexion dans un domaine où l'on a plutôt l'habitude de lire des philosophes. En effet, depuis la parution du fameux livre de Peter Singer, *La Libération animale*, en 1975, ce sont surtout les spécialistes de l'éthique qui ont débattu de nos éventuels devoirs envers les animaux*. Les travaux de Melanie Joy apportent ainsi un nouvel éclairage sur la question animale.

La question que soulève Melanie Joy se résume dans ce titre qui sonne comme un constat : *Pourquoi les chiens sont nos amis, les cochons notre nourriture, et les vaches nos vêtements ?*

Et c'est justement pour y répondre qu'elle a forgé, en 2001, le désormais fameux concept de carnisme**. Qu'est-ce exactement que le carnisme ? C'est une idéologie. Et qu'est-ce qu'une idéologie ? C'est un ensemble de valeurs et de croyances qui nous permettent de donner sens à la réalité.

En tant que tel, il n'y a rien de mal à adopter une idéologie. Les grandes philosophies, les grandes religions sont des idéologies. Elles nous aident à lire le monde, à l'interpréter. Mais ce qu'il y a de particulier avec le carnisme, explique Melanie Joy, c'est que cette idéologie est invisible, tout comme ses victimes : 60 milliards d'animaux qui sont abattus chaque semaine dans le monde, soit plus que le nombre d'êtres humains tués dans toutes les guerres de l'histoire. Pourquoi invisibles ? Parce que 98 % de la viande, des œufs et des produits laitiers que nous consommons proviennent d'animaux qui sont élevés dans des élevages industriels dont l'accès est interdit à l'individu ordinaire, sans parler des journalistes.

Depuis la parution du livre en 2010, plusieurs études en psychologie sont venues confirmer la thèse de Melanie Joy et compléter notre compréhension du carnisme.

Dans une expérience, on a demandé à deux groupes de personnes d'évaluer les capacités mentales d'un mouton à partir d'une photo***.

---

* Voir, par exemple, Jean-Baptiste Jeangène Vilmer, *Éthique animale*, « Que-sais-je ? », 2015.

** Voir son article « *From carnivore to carnist: Liberating the language of meat* » (De carnivore à carniste : libérer le langage de la viande), *Satya*, 8(2), 26-27. (2001).

*** Brock Bastian et al. « *Don't Mind Meat? The Denial of Mind to Animals Used for Human Consumption* » (Vous ne voyez pas de mal à manger de la viande ? Le déni de conscience envers les animaux destinés à la consommation humaine), *Pers Soc Psychol Bull*, vol. 38 n°. 2 247-256 (2012).

Mais les deux groupes ne voient pas la même légende. Pour le premier groupe, il était écrit que « ce mouton va être changé de pré et passer le reste de sa vie avec d'autres moutons » tandis que les participant·e·s du second groupe lisaient « ce mouton va être envoyé à l'abattoir et sera bientôt disponible dans un supermarché ».

Comment les deux groupes ont-ils évalué les capacités mentales du mouton ? Celles et ceux qui pensaient que le mouton serait mangé lui attribuèrent une moindre capacité à ressentir la douleur que les autres, qui croyaient qu'il allait continuer à mener sa vie de mouton. Les gens « dé-mentalisaient » donc l'individu mouton afin de ne pas remettre en cause leur croyance qu'il est normal d'en consommer la viande. Autrement dit, nous aimons les chiens et nous mangeons du cochon parce que nous sommes arrivé·e·s à nous persuader que les animaux que nous mangeons ne sont pas aussi sensibles que ceux que nous aimons.

Bref, en cachant ses victimes, le carnisme nous impose une incohérence intellectuelle et morale. Sur ce point, les anecdotes ne manquent pas. Ainsi, l'an dernier, l'un de nous, Matthieu, se trouvait au Chili, visitant une école. Dans la grande salle où sont réuni·e·s pour le rencontrer les 300 élèves, une main se lève : « Est-ce que tu manges de la viande ? » Après avoir répondu par la négative, Matthieu interroge à son tour les enfants :

– Les vaches sont-elles vos amies ?
– Oui !
– Les oiseaux sont-ils vos amis ?
– Oui !
– Les poissons sont-ils vos amis ?
– Oui !

Ils faisaient tous preuve du même enthousiasme. Matthieu leur demanda alors :

– Souhaitez-vous manger vos ami·e·s ?

Un « non ! » retentissant fut clamé à l'unisson. Pour les élèves de cette école, le respect de la vie animale semblait une évidence. Pourtant, très peu d'entre elles·eux étaient végétarien·ne·s, le Chili étant, comme son voisin l'Argentine, l'un des pays au monde où la viande est la plus présente dans l'alimentation.

Il n'en demeure pas moins que le principal problème du carnisme n'est pas son invisibilité. C'est d'abord sa violence. En effet, qu'on le veuille ou non, envoyer chaque année à l'abattoir ces innombrables animaux, c'est de la violence – et une extrême violence. Dans son *Plaidoyer pour les animaux*, Matthieu a proposé de qualifier cette violence de *zoocide* pour bien marquer sa singularité*, mais aussi ses similitudes avec tous les crimes de masses. Martin qui a, pour sa part, beaucoup travaillé sur la perception morale, pense que c'est une bonne idée.

En présentant la consommation d'animaux comme normale, naturelle et nécessaire, le carnisme évacue donc toutes questions morales et cherche à justifier cette violence. Pourtant, toutes ces souffrances et ces agonies ne sont pas inéluctables. Nous avons le choix. Nous avons le choix comme société et nous avons le choix comme individu. Pour notre part, nous avons arrêté de consommer de la chair animale depuis plusieurs années (quinze pour Martin et soixante pour Matthieu). Notre motivation principale n'est pas de perdre du poids ou d'être en meilleure santé. C'est la compassion qui nous guide, une compassion envers tous les êtres sensibles.

Évidemment, il ne s'agit pas d'aimer *que* les animaux (ce qui serait une forme de spécisme), mais d'aimer *aussi* les animaux. Ce faisant, en étant plus bienveillant·e·s en général, ce sont également les humain·e·s que nous aimons mieux. D'ailleurs, comme le précise Melanie Joy dans sa conférence, si les animaux sont les premières victimes du carnisme, nous en payons aussi le prix, « avec nos cœurs et nos esprits, notre empathie et notre objectivité ».

La compassion devrait suffire. Mais si ce n'est pas le cas, il existe d'autres excellentes raisons de promouvoir une alimentation végétale. C'est bon pour la santé : plusieurs études épidémiologiques ont établi que manger régulièrement de la viande augmente significativement le risque de cancer et de maladies cardio-vasculaires. Cela contribue à lutter contre la pauvreté mondiale : l'élevage destiné à la production de viande consomme chaque année 775 millions de tonnes de blé et de maïs qui pourraient nourrir 1,4 milliard d'êtres humains parmi les plus pauvres. C'est bon enfin pour l'environnement puisque, selon le dernier rapport de l'ONU, l'élevage constitue 14,5 % de nos émissions de gaz à effet de serre.

Il faut aussi reconnaître à Melanie Joy le mérite de savoir nous parler. Comme tou·te·s les bon·ne·s professeur·e·s, elle trouve l'anecdote qui accroche son auditoire. Elle utilise même ce que les philosophes appellent une « expérience de pensée ». Comment réagiriez-vous si on vous révélait que les délicieuses boulettes de viande que vous venez de consommer avec appétit ont été préparées avec le chien de votre hôtesse ? Beaucoup d'entre nous auraient du mal à réprimer un haut-le-cœur.

La question que nous pose Melanie Joy est alors très simple : pourquoi avons-nous l'indignation sélective ? Pourquoi est-il mal vu de manger

* Pour plusieurs raisons, ce n'est pas un génocide. Nous l'avons clairement précisé, inutile de nous intenter un faux procès.

du chien, mais acceptable de consommer du cochon ou de la vache ? Le concept de carnisme permet d'expliquer cette incohérence : « Nous aimons les chiens et mangeons les vaches non pas parce que les chiens et les vaches sont fondamentalement différents - les vaches, comme les chiens, ont des sentiments, des préférences et une conscience - mais parce que notre perception d'eux est différente. Et, par conséquent, notre perception de leur viande est également différente. » (M. Joy, 2010, p. 12)

Loin de chercher à confronter son lecteur, *Pourquoi les chiens sont nos amis, les cochons notre nourriture, et les vaches nos vêtements ?* vise plutôt à donner des éléments pour comprendre. Dans ces pages, Melanie Joy a su trouver le ton juste - ni complaisant, ni culpabilisant - pour témoigner d'une sinistre réalité : le sort que nous réservons à tous ces animaux qui dépendent de nous.

En ce sens, c'est jusque dans la manière dont elle s'adresse à nous que Melanie Joy instille l'empathie et la non-violence. Ce n'est d'ailleurs pas un hasard si elle a reçu au Palais de Westminster, et à la suite de Nelson Mandela et du Dalaï-Lama, le fameux prix Ahimsa - ce qui, en sanskrit, signifie « non-violence». Nous pensons qu'après avoir lu ce livre, nul ne pourra douter qu'elle a largement mérité ce prix. Et chacun pourra se convaincre que le souci des animaux est un prolongement naturel de l'humanisme.

On ne peut que constater que, depuis son apparition, l'espèce humaine a fait des progrès scientifiques et techniques impressionnants. Nous comprenons de mieux en mieux l'univers dans lequel nous vivons. Nous comprenons de mieux en mieux les diverses ramifications du vivant, depuis la cellule jusqu'aux neurones et aux dynamiques sociales. Mais nous avons encore d'importants progrès à faire du point de vue éthique. C'est vrai de notre relation aux humain·e·s, où chacun·e doit lutter contre la tentation égoïste. Mais c'est aussi vrai de notre relation aux autres animaux*.

Nous croyons sincèrement que le livre de Melanie Joy peut nous aider à instaurer des relations plus éthiques avec celles·ceux - humain·e·s et non humains - qui nous entourent. Car décrire le carnisme, c'est faire un acte militant. Et il serait d'ailleurs tout à fait juste de dire que Melanie Joy est une intellectuelle militante. On doit également souligner que c'est une intellectuelle - c'est une femme, comme la majorité des activistes pour la cause animale. Avec la montée du mouvement vegan, on assiste ainsi à l'émergence de nouvelles et passionnantes voix féminines. On peut

* Il ne faut pas oublier pour autant que, dès l'Antiquité, de nombreux auteurs comme Pythagore ou Plutarque ont remis en question le carnisme de leurs contemporains. Voir à ce propos le livre de Renan Larue, *Le Végétarisme et ses ennemis, vingt-cinq siècles de débats* (PUF, 2015).

même risquer une hypothèse : il se pourrait que la croissance du mouvement pour les animaux soit liée aux progrès de l'égalité entre hommes et femmes.

Melanie Joy est sans conteste une figure de proue de ce mouvement qui, depuis quelques années, se développe rapidement et à travers le monde entier. Elle enchaîne les conférences dans divers pays. Elle est présente sur le Web (carnism.org). Autant le dire, c'est là une excellente nouvelle pour les animaux et pour l'environnement.

Alors, en définitive, pourquoi lire Melanie Joy ? Parce que son concept de carnisme nous fait voir les choses autrement. Parce que nous avons besoin des psychologues pour comprendre notre rapport aux animaux. Parce qu'elle cultive l'humanisme éclairé et s'adresse à ses lecteurs avec empathie. Et parce qu'elle appartient à une nouvelle et passionnante génération d'intellectuel·le·s engagé·e·s. Oui, toutes ces raisons sont bonnes. Mais il en est une autre qui les surpasse toutes. Il faut lire Melanie Joy parce que ce qu'elle nous dit est important.

– Matthieu Ricard est moine bouddhiste
et auteur de nombreux livres dont
*Plaidoyer pour l'altruisme* (Nil, 2013)
et *Plaidoyer pour les animaux* (Allary Édition, 2014).

– Martin Gibert est philosophe,
auteur de *Voir son steak comme un animal mort* (Lux, 2015)
et coauteur de l'entrée « carnism » de l'*Encyclopedia of Food and Agricultural Ethics* (Springer, 2014).

# 1
# AIMER OU MANGER ?

*Nous ne voyons pas les choses telles qu'elles sont,*
*nous les voyons telles que nous sommes.*
– Anaïs Nin

Imaginez un instant le scénario suivant : vous êtes invité·e à un dîner élégant. Vous êtes assis·e avec les autres invité·e·s autour d'une table joliment dressée. La pièce est chaleureuse, la lumière des bougies scintille sur les verres à vin en cristal et la conversation va bon train. Des odeurs alléchantes de plats copieux émanent de la cuisine. Vous n'avez pas mangé de la journée et votre estomac gargouille.

Enfin, après ce qui semble être des heures, votre amie qui organise la fête sort de la cuisine avec une marmite fumante de ragoût savoureux. Les arômes de viande, d'assaisonnements et de légumes emplissent la pièce. Vous vous servez une généreuse portion et, après avoir avalé plusieurs bouchées de viande tendre, vous demandez à votre amie de vous donner la recette.

« Mais avec plaisir, répond-elle. Tu commences par deux kilogrammes de viande de golden retriever, bien marinée, et ensuite... ». *Du golden retriever ?* Vous vous figez probablement, la fourchette en suspend entre l'assiette et vous, en pensant à ses mots : la viande que vous avez dans la bouche provient d'un chien.

Et maintenant ? Continuez-vous à manger ? Ou êtes-vous révolté·e par le fait qu'il y a un golden retriever dans votre assiette et que vous venez d'en manger ? Évitez-vous la viande pour vous concentrer sur les légumes qui l'entourent ? Si vous êtes comme la plupart des gens (en particulier dans le monde occidental), lorsque vous apprenez que vous avez mangé du chien, vos sentiments passent automatiquement du plaisir à un certain degré de dégoût*. Vous pourriez également être dégoûté·e par les légumes du ragoût, comme s'ils étaient en quelque sorte souillés par la viande.

* Bien que certains individus puissent être intrigués plutôt que répugnés par l'idée de manger des chiens, dans la plupart des pays du monde, ces personnes représentent une minorité. Ce scénario décrit l'expérience générale des personnes issues de cultures où manger du chien n'est pas une norme sociale.

Mais supposons que votre amie rie et dise qu'elle faisait une blague. La viande n'est pas du golden retriever, mais du bœuf.

Que pensez-vous de votre nourriture maintenant ? Avez-vous retrouvé l'appétit ? Recommencez-vous à manger avec le même enthousiasme qu'au début de votre repas ? Il est probable que, même si vous savez que le ragoût qui se trouve dans votre assiette est exactement le même que celui que vous savouriez quelques instants plus tôt, vous ressentiez un certain malaise émotionnel résiduel, un malaise qui pourrait continuer à vous affecter la prochaine fois que vous vous attablerez devant un ragoût de bœuf.

Qu'est-ce qui se passe ici ? Pourquoi certains aliments provoquent-ils de telles réactions émotionnelles ? Comment un aliment peut-il être considéré comme très appétissant sous une certaine étiquette et devenir pratiquement immangeable sous une autre ? L'ingrédient principal du ragoût - la viande - n'a pas vraiment changé. C'était de la chair animale au départ, et elle l'est restée. Elle est simplement devenue - ou a semblé devenir, pendant un moment - de la viande d'un autre animal. Comment se fait-il que nous ayons des réactions si radicalement différentes face à de la viande de bœuf et à de la viande de chien ?

La réponse à ces questions se résume en un mot : perception. Nous réagissons différemment aux différents types de viandes non pas parce qu'il existe une différence physique entre eux, mais parce que la perception que nous en avons est différente.

## LE PROBLÈME DE LA CONSOMMATION DE CHIENS

Un tel changement de perception peut ressembler à un changement de voie sur une route à deux voies : le franchissement de la ligne blanche modifie radicalement notre expérience. Si un simple changement de perception peut provoquer une réponse aussi puissante, c'est parce que nos perceptions façonnent largement notre réalité ; la façon dont nous percevons une situation - le sens que nous lui donnons - détermine ce que nous pensons et ce que nous ressentons à son sujet. À leur tour, nos pensées et nos sentiments déterminent souvent notre façon d'agir. La plupart des gens perçoivent la viande de chien très différemment de la viande de bœuf ; par conséquent, la viande de chien suscite des réactions mentales, émotionnelles et comportementales très différentes*[1].

---

* Dans les cultures du monde entier, il est courant de rejeter la viande de certaines espèces animales. Les tabous relatifs à la consommation de viande sont bien plus fréquents que ceux qui concernent d'autres aliments. En outre, les violations des tabous relatifs à la viande provoquent les réactions émotionnelles les plus fortes – généralement le dégoût –

L'une des raisons pour lesquelles nous avons des perceptions si différentes de la viande de bœuf et de chien est que nous considérons les vaches* et les chiens très différemment. Le contact le plus fréquent - et souvent le seul - que nous avons avec les vaches, c'est lorsque nous les mangeons (ou les portons). Mais pour un grand nombre de personnes, notre relation avec les chiens n'est, à bien des égards, pas très différente de notre relation avec les humain·e·s. Nous les appelons par leur nom. Nous leur disons au revoir lorsque nous partons et nous les saluons lorsque nous revenons. Nous partageons nos lits avec eux. Nous jouons avec eux. Nous leur achetons des cadeaux. Nous avons leurs photos dans nos portefeuilles. Nous les emmenons chez le médecin lorsqu'ils sont malades et dépensons parfois des milliers d'euros pour leur traitement. Nous les enterrons lorsqu'ils décèdent. Ils nous font rire, ils nous font pleurer. Ils sont une aide précieuse, nos amis, notre famille. Nous les aimons. Nous aimons les chiens et mangeons les vaches non pas parce que les chiens et les vaches sont fondamentalement différents - les vaches, comme les chiens, ont des sentiments, des préférences et une conscience - mais parce que notre *perception* d'eux est différente. Et, par conséquent, notre perception de leur viande est également différente.

Non seulement notre perception de la viande varie en fonction de l'espèce animale dont elle provient, mais différent·e·s humain·e·s peuvent également percevoir la même viande différemment. Par exemple, un·e hindou·e peut avoir la même réaction face à la viande de bœuf qu'un·e chrétien·ne occidental·e face à la viande de chien. Ces variations dans nos perceptions sont dues à nos schémas. Un schéma est un cadre psychologique qui façonne - et est façonné par - nos croyances, nos idées, nos perceptions et nos expériences, et qui organise et interprète automatiquement les informations reçues. Par exemple, lorsque vous entendez le mot « infirmière », vous imaginez probablement une femme qui porte un uniforme médical et travaille dans un hôpital. Même si un certain nombre d'infirmières sont des hommes, s'habillent de manière non traditionnelle ou travaillent en dehors d'un hôpital, à moins que vous ne soyez fréquemment exposé·e à des infirmier·ère·s dans divers contextes, votre schéma maintiendra cette image généralisée. Les généralisations sont le résultat de

---

et s'accompagnent des sanctions les plus sévères. Considérons les interdictions alimentaires mises en avant par les principales religions du monde ; que la restriction soit temporaire (comme lorsque les chrétien·ne·s évitent la viande pendant le Carême) ou permanente (comme chez certain·e·s bouddhistes qui maintiennent un mode de vie végétarien), la viande est presque toujours l'objet du tabou.

* Bien que la viande bovine provienne à la fois des vaches et des bœufs, pour des raisons de simplicité et de style, j'utilise le terme « vaches » tout au long de ce chapitre pour désigner tous les bovins.

schémas qui font ce qu'ils sont censés faire : trier et interpréter une grande quantité de stimuli auxquels nous sommes constamment exposé·e·s, puis les classer dans des catégories générales. Les schémas agissent comme des systèmes de classification mentale.

Nous disposons d'un schéma pour chaque sujet, y compris les animaux. Un animal peut être classé, par exemple, en tant que proie, prédateur, nuisible, animal de compagnie ou aliment. La façon dont nous classons un animal détermine à son tour notre relation avec lui : nous le chassons, nous le fuyons, nous l'exterminons, nous l'aimons ou nous le mangeons. Il peut y avoir des chevauchements entre les catégories (un animal peut être à la fois une proie et un aliment), mais lorsqu'il s'agit de viande - ou d'œufs ou de produits laitiers** - la plupart des animaux sont soit des aliments, soit pas du tout, et c'est même inenvisageable. En d'autres termes, nous disposons d'un schéma qui classe les animaux comme comestibles ou non comestibles**.

Et il se passe quelque chose d'intéressant lorsque nous sommes confronté·e·s à la viande, aux œufs ou aux produits laitiers d'un animal que nous avons classé comme non comestible : nous nous représentons automatiquement l'animal vivant dont ils proviennent et nous avons tendance à nous sentir dégoûté·e·s à l'idée de les manger. Le processus de perception suit la séquence suivante :

viande de golden retriever (*stimulus*)
→ animal non comestible (*croyance/perception*)
→ image d'un chien vivant (*pensée*)
→ dégoût (*sentiment*)
→ refus ou réticence à manger (*action*)

Revenons à notre dîner imaginaire, où l'on vous a dit que vous mangiez du golden retriever. Si cette situation s'était réellement produite, vous auriez senti les mêmes odeurs et goûté les mêmes saveurs que quelques instants auparavant. Mais à présent, votre esprit aurait probablement formé l'image d'un golden retriever, bondissant dans une cour à la poursuite

** Pensez, par exemple, au fait que la plupart des Occidentaux ne mangeraient pas d'œufs de corbeaux ou ne boiraient pas de lait de chat.

** Les schémas peuvent être structurés de manière hiérarchique, avec des sous-schémas intégrés dans des schémas plus complexes ou généraux. Par exemple, nous disposons d'un schéma général pour les « animaux », au sein duquel se trouvent les sous-schémas « comestible » et « non comestible ». Ces sous-schémas peuvent à leur tour être décomposés en d'autres sous-schémas ; par exemple, les animaux « comestibles » peuvent comprendre le « gibier sauvage » et les animaux « domestiqués » ou « d'élevage ».

d'une balle, se pelotonnant près d'un feu ou courant à côté d'un joggeur. Ces images s'accompagnent probablement d'émotions telles que l'empathie ou l'inquiétude pour le chien qui a été tué, et donc le dégoût à l'idée de manger cet animal.

En revanche, si vous êtes comme la plupart des gens, lorsque vous vous mangez un bovin, vous n'imaginez pas l'animal dont la viande est issue. Au lieu de cela, vous voyez simplement de la « nourriture » et vous vous concentrez sur sa saveur, son arôme et sa texture. Lorsque nous sommes confronté·e·s à la viande de bovin, nous sautons généralement la partie du processus perceptif qui établit le lien mental entre la viande et l'animal vivant. Certes, nous savons tou·te·s que la viande bovine provient d'un animal, mais lorsque nous la mangeons, nous avons tendance à éviter de penser à ce fait. Des milliers de personnes avec lesquelles j'ai discuté, tant dans le cadre de mon travail professionnel qu'à titre personnel, ont admis que, si elles pensaient à une vache vivante en mangeant de la viande de bœuf, elles se sentiraient mal à l'aise et seraient parfois même incapables de la manger. C'est pourquoi de nombreuses personnes évitent de manger de la viande qui ressemble à l'animal sur lequel elle a été prélevée ; il est rare que notre viande soit servie avec la tête ou d'autres parties du corps intactes.

Dans une étude intéressante, par exemple, des chercheurs danois ont constaté que les gens étaient mal à l'aise lorsqu'ils mangeaient de la viande qui ressemblait à l'animal dont elle provenait, préférant manger de la viande hachée plutôt que des morceaux entiers de viande[2]. Pourtant, même si nous faisons consciemment le lien entre la viande bovine et les vaches, nous nous sentons moins mal à l'aise en mangeant de la vache qu'en mangeant du golden retriever, puisque (dans de nombreuses cultures) les chiens ne sont pas destinés à être mangés.

Il s'avère que ce que nous ressentons à l'égard d'un animal et la manière dont nous le traitons ont beaucoup moins à voir avec *le type d'animal qu'il est, qu'avec la perception que nous en avons.* Nous pensons qu'il est approprié de manger des vaches, mais pas des chiens, *nous percevons donc les vaches comme comestibles et les chiens comme immangeables et nous agissons en conséquence.*

Ce processus est cyclique : non seulement nos croyances mènent à nos actions, mais nos actions renforcent également nos croyances. Plus nous ne mangeons pas de chiens et mangeons des vaches, plus nous renforçons la croyance que les chiens ne sont pas comestibles et que les vaches, à l'inverse, le sont.

## LE GOÛT ACQUIS

Si les êtres humains ont une tendance innée à préférer les saveurs sucrées (le sucre ayant été une source utile de calories) et à éviter celles qui sont amères et acides (ces saveurs indiquent souvent une substance toxique), la plupart de nos goûts sont, en fait, inventés. En d'autres termes, dans le vaste répertoire du palais humain, nous aimons les aliments que nous avons appris à aimer. La nourriture, en particulier celle provenant des animaux, est hautement symbolique, et c'est ce symbolisme, associé à la tradition et renforcé par elle, qui est en grande partie responsable de nos préférences alimentaires. Par exemple, peu de gens aiment manger du caviar jusqu'à ce qu'ils soient assez âgés pour réaliser que le fait d'aimer le caviar signifie qu'ils sont sophistiqués et raffinés ; et en Chine, les gens mangent des pénis d'animaux parce qu'ils croient que ces organes influencent la fonction sexuelle[3].

Bien que le goût soit largement acquis par la culture, les gens du monde entier ont tendance à considérer leurs préférences comme rationnelles et tout écart comme offensant et dégoûtant. Par exemple, de nombreuses personnes sont dégoûtées à l'idée de boire du lait extrait des pis des vaches. D'autres ne peuvent concevoir de manger du bacon, du jambon, du bœuf ou du poulet. D'autres encore considèrent que la consommation d'œufs s'apparente à la consommation de fœtus (ce qui, d'une certaine manière, est le cas). Pensez à ce que vous ressentiriez à l'idée de manger une tarentule frite (poils, crocs et tout), comme on le fait au Cambodge[4], du pâté de testicules de bélier marinés et aigres, comme on le fait en Islande[5], ou des embryons de canard - des œufs qui ont été fécondés et qui contiennent des oiseaux partiellement formés avec des plumes, des os et des ailes naissantes - comme on le fait dans certaines parties de l'Asie[6].

*En ce qui concerne les aliments d'origine animale, tout goût peut être un goût acquis*[7].

## LE CHAÎNON MANQUANT

C'est un phénomène étrange, la façon dont nous réagissons à l'idée de manger des chiens et d'autres animaux non comestibles. Mais ce qui est encore plus étrange, c'est que nous ne réagissons pas à l'idée de manger des vaches et d'autres animaux comestibles. Il existe une lacune inexpliquée, un chaînon manquant, dans notre processus perceptif lorsqu'il s'agit d'espèces comestibles ; nous ne parvenons pas à faire le lien entre la viande* et son origine animale. Vous êtes-vous déjà demandé·e pourquoi, parmi des dizaines de milliers d'espèces animales, vous vous sentez probablement dégoûté·e à l'idée de les manger, à l'exception d'une toute petite poignée d'entre elles ? Ce qui est le plus frappant dans notre sélection d'animaux comestibles et non comestibles, ce n'est pas la *présence* du dégoût, mais son *absence*. Pourquoi ne répugnons-nous *pas* à manger la très petite sélection d'animaux que nous avons jugés comestibles[8] ?

Tout porte à croire que notre absence de dégoût est en grande partie, voire entièrement, acquise. Nous ne naissons pas avec nos schémas ; ils sont construits et ont évolué à partir d'un système de croyances très structuré. Ce système nous dicte quels animaux sont comestibles et nous permet de les consommer en nous protégeant de toute gêne émotionnelle ou psychologique. Le système nous apprend à ne pas ressentir. Le sentiment le plus évident que nous perdons est le *dégoût*, mais sous le dégoût se cache une émotion beaucoup plus importante pour notre estime de soi : notre *empathie*.

## DE L'EMPATHIE À L'APATHIE

Mais pourquoi le système doit-il se donner tant de mal pour bloquer notre empathie ? Pourquoi toutes ces acrobaties psychologiques ? La réponse est simple : parce que nous nous soucions des animaux et que nous ne voulons pas qu'ils souffrent. Et parce que nous les mangeons. Nos valeurs et nos comportements sont incongrus, et cette incongruité nous cause un certain degré d'inconfort moral. Pour atténuer cet inconfort, nous avons trois possibilités : nous pouvons changer nos valeurs pour qu'elles correspondent à nos comportements, nous pouvons changer nos comportements pour qu'ils correspondent à nos valeurs, ou nous pouvons changer la *perception* que nous avons de nos comportements pour qu'ils *semblent* correspondre à nos valeurs. C'est autour de cette troisième option que se forme notre schéma de la viande, des œufs et des produits laitiers. Tant que nous n'accordons pas d'importance à la souffrance animale inutile et que nous ne cessons pas de manger des animaux, notre schéma déformera notre perception des animaux et des aliments issus de leur corps, afin que nous nous sentions suffisamment à l'aise pour les consommer.

* Bien que les gens aient tendance à être moins mal à l'aise lorsqu'ils associent les œufs et les produits laitiers à leur source animale, ils seraient probablement dégoûtés si la source de ces produits était un animal non comestible, comme un canari ou un éléphant. Ils seraient probablement également dégoûtés s'ils assistaient de près à la production d'œufs ou de produits laitiers.

Le système qui construit notre schéma nous donne les moyens de le faire.

Le principal outil du système est *l'insensibilisation psychique*. C'est un processus psychologique par lequel nous nous déconnectons, mentalement et émotionnellement, de notre expérience ; nous nous « insensibilisons ». En soi, l'insensibilisation psychique n'est pas mauvaise ; c'est un élément normal et inévitable de la vie quotidienne, qui nous permet de fonctionner dans un monde violent et imprévisible et de faire face à notre douleur si nous sommes victimes de violences. Par exemple, il vous serait probablement difficile de conduire sur l'autoroute si vous étiez pleinement conscient·e du fait que vous roulez à toute allure dans un petit véhicule métallique, entouré de milliers d'autres véhicules métalliques roulant à toute allure. Et si vous aviez la malchance d'être victime d'un accident, vous seriez probablement en état de choc et le resteriez jusqu'à ce que vous soyez psychologiquement capable de gérer la réalité de ce qui s'est passé.

L'insensibilisation psychique est adaptative, ou bénéfique, lorsqu'elle nous aide à faire face à la violence. Mais elle devient inadaptée, ou destructrice, lorsqu'elle est utilisée pour permettre la violence, même si cette violence est aussi éloignée que les usines dans lesquelles les animaux sont transformés en nourriture.

L'insensibilisation psychique est constituée d'un ensemble complexe de mécanismes de défense omniprésents, puissants et invisibles qui opèrent à la fois au niveau *social* et *psychologique*. Ces mécanismes déforment nos perceptions et nous éloignent de nos sentiments, transformant notre empathie en apathie. Vous l'aurez peut-être deviné : c'est le processus qui consiste à apprendre à ne pas ressentir qui est au centre de ce livre.

Les mécanismes de défense de l'insensibilisation psychique comprennent : le *déni*, l'*évitement*, la *routinisation*, la *justification*, l'*objectivation*, la *désindividualisation*, la *dichotomisation*, la *rationalisation* et la *dissociation*.

Dans les chapitres suivants, nous examinerons chacun de ces aspects de l'insensibilisation psychique et déconstruirons le système qui transforme les animaux en aliments. Ce faisant, nous explorerons les caractéristiques de ce système et les façons dont il assure notre soutien continu.

# L'INSENSIBILISATION À TRAVERS LES CULTURES ET L'HISTOIRE : VARIATIONS SUR UN THÈME

On me pose souvent la question de savoir si des personnes de cultures et d'époques différentes ont eu recours à l'insensibilisation psychique pour tuer et consommer des animaux. Les chasseur·se·s des tribus, par exemple, avaient-iels besoin de s'insensibiliser en s'emparant de leur proie ? Avant la révolution industrielle, lorsque de nombreuses personnes se procuraient leur propre viande, devaient-elles s'éloigner émotionnellement des animaux ?

Il serait impossible d'affirmer que les personnes de toutes les cultures, à toutes les époques, ont eu recours à la même insensibilisation psychique que celles et ceux d'entre nous qui vivent dans les sociétés industrialisées contemporaines et qui n'ont pas besoin de manger des animaux pour survivre. Le contexte détermine, en grande partie, la façon dont une personne réagira à la consommation d'animaux. Les valeurs d'une personne, façonnées en grande partie par des structures sociales et culturelles plus larges, contribuent à déterminer l'effort psychologique qu'elle doit déployer pour se distancier de la réalité de la consommation d'un animal. Dans les sociétés où la viande était nécessaire à la survie, les gens n'ont pas eu le luxe de réfléchir à l'éthique de leurs choix ; leurs valeurs devaient soutenir la consommation d'animaux, et ils étaient probablement moins angoissés à l'idée de le faire. La manière dont les animaux sont tués influe également sur la réaction psychologique de chacun·e. La cruauté est souvent plus dérangeante que la mise à mort.

Pourtant, même dans les cas où la consommation d'animaux était une nécessité et où les animaux étaient tués sans la violence gratuite qui caractérise les abattoirs d'aujourd'hui, les gens ont toujours évité de manger certains types d'animaux et se sont toujours efforcés de concilier l'abattage et la consommation de ceux qu'ils consomment. Les exemples de rites, de rituels et de systèmes de croyances qui apaisent la conscience des consommateur·rice·s d'animaux abondent : le·a boucher·ère et/ou la personne qui mange de la viande peuvent procéder à des cérémonies de purification après avoir ôté une vie ; ou un animal peut être considéré comme « sacrifié » pour la consommation humaine, une perspective qui confère à l'acte une signification spirituelle et implique un certain choix de la part de la proie.

En outre, dès 600 ans avant notre ère, des individus ont choisi de ne pas consommer de viande pour des raisons éthiques, ce qui témoigne d'une tension psychologique et morale de longue date autour de la consommation de viande. Il est certainement possible que l'insensibilisation psychique ait joué un rôle - bien qu'à des degrés divers et sous des formes différentes - à travers les cultures et au cours de l'histoire[9].

La principale défense du système est l'*invisibilité*. L'invisibilité reflète les défenses que sont l'*évitement* et le *déni* et constitue le fondement sur lequel reposent tous les autres mécanismes. L'invisibilité nous permet, par exemple, de consommer de la viande de bovin sans imaginer l'animal que nous mangeons ; elle dissimule nos pensées à nous-même. L'invisibilité nous isole également du processus désagréable de l'élevage et de la mise à mort des animaux pour l'alimentation. La première étape de la déconstruction de la consommation d'animaux consiste donc à *déconstruire l'invisibilité du système, en exposant les principes et les pratiques d'un système qui, depuis sa création, se cache.*

# 2
# CARNISME : « C'EST AINSI QUE LES CHOSES SE PASSENT »

*L'invisible et l'inexistant se ressemblent beaucoup.*
– Delos B. Mckown

*Les limites de mon langage représentent*
*les limites de mon monde.*
– Ludwig Wittgenstein

Dans le chapitre 1, nous avons fait une expérience de pensée. Nous avons imaginé que vous étiez à un dîner, en train de manger un délicieux ragoût, lorsque votre amie vous a dit qu'il contenait de la viande de chien. Nous avons étudié vos réactions à cette information, puis au fait que votre amie vous dise qu'elle plaisantait et que vous mangiez en fait de la viande de bœuf.

Essayons un autre exercice. Prenez un moment pour penser, sans vous autocensurer, à tous les mots qui vous viennent à l'esprit lorsque vous imaginez un chien. Ensuite, faites la même chose, mais cette fois-ci en imaginant un cochon. Faites une pause et comparez les descriptions que vous avez faites de ces animaux. Que remarquez-vous ? Lorsque vous avez pensé à un chien, avez-vous pensé « mignon » ? « Loyal » ? Et lorsque vous avez imaginé un cochon, avez-vous pensé « boue » ou « sueur » ? Avez-vous pensé « sale » ? Si vos réponses sont similaires à celles données ici, vous faites partie de la majorité.

J'ai donné des cours de psychologie et de sociologie à des étudiant·e·s de premier cycle et, chaque semestre, je consacrais une séance de cours à l'attitude envers les animaux. J'ai enseigné à des milliers d'étudiant·e·s au fil des ans, et chaque fois que nous avons fait l'exercice susmentionné, la conversation s'est déroulée essentiellement de la même manière, avec des réponses similaires.

De la même façon qu'à vous, j'ai demandé aux élèves d'énumérer les caractéristiques des chiens, puis celles des cochons, et j'ai écrit chaque liste au tableau au fur et à mesure. Pour les chiens, les adjectifs habituels comprenaient ceux que nous avons déjà abordés, ainsi que « amical », « intelligent », « amusant », « affectueux », « protecteur » et parfois « dangereux ». Comme on pouvait s'y attendre, les cochons ont reçu une liste de descriptifs beaucoup moins flatteuse. Ils étaient « en sueur » et « sales », mais aussi « stupides », « paresseux », « gros » et « laids ». J'ai ensuite demandé aux élèves d'expliquer leur ressenti à l'égard de chacune de ces espèces. Là encore, il n'est pas surprenant de constater qu'en général, iels aiment au moins les chiens, et souvent les adorent, et sont « dégoûté·e·s » par les cochons. Enfin, je leur ai demandé de décrire leur relation avec les chiens et les cochons. Les chiens, bien sûr, étaient des amis et des membres de la famille, et les cochons étaient de la nourriture.

À ce stade, les étudiant·e·s commençaient à prendre un air perplexe, se demandant où notre conversation allait nous mener. Je posais alors une série de questions en réponse à leurs déclarations précédentes, et le dialogue se déroulait ainsi :

- Alors, pourquoi dites-vous que les cochons sont paresseux ?
- *Parce qu'ils restent allongés toute la journée.*
- Les cochons sauvages agissent-ils de la sorte, ou seulement ceux élevés pour leur viande ?
- *Je ne sais pas. Peut-être quand ils sont dans une ferme.*
- Pourquoi pensez-vous que les cochons d'une ferme – ou d'un élevage industriel, pour être plus précis – traînent ?
- *Probablement parce qu'ils sont dans un enclos ou une cage.*

- Qu'est-ce qui rend les cochons stupides ?
- *Ils le sont tout simplement.*
- En fait, les cochons sont considérés comme étant encore plus intelligents que les chiens.

(Parfois, un·e élève intervient, affirmant avoir rencontré un cochon ou avoir connu quelqu'un qui avait un cochon comme animal de compagnie, et corrobore ses dires par une ou deux histoires.)

- Pourquoi dites-vous que les cochons transpirent ?
- *Pas de réponse.*
- Saviez-vous qu'en fait, les cochons n'ont même pas de glandes sudoripares ?

- Les cochons sont-ils tous laids ?
- *Oui.*

- Qu'en est-il des porcelets ?
- *Les porcelets sont mignons, mais les cochons sont dégoûtants.*

- Pourquoi dites-vous que les cochons sont sales ?
- *Ils se roulent dans la boue.*
- Pourquoi se roulent-ils dans la boue ?
- *Parce qu'ils aiment la terre. Ils sont sales.*
- En fait, ils se roulent dans la terre pour se rafraîchir lorsqu'il fait chaud, car ils ne transpirent pas.

- Les chiens sont-ils sales ?
- *Oui, parfois. Les chiens peuvent faire des choses vraiment dégoûtantes.*
- Pourquoi n'avez-vous pas inclus « sale » dans votre liste pour les chiens ?
- *Parce qu'ils ne sont pas toujours sales. Seulement parfois.*
- Les cochons sont-ils toujours sales ?
- *Oui.*
- Comment le savez-vous ?
- *Parce qu'ils ont toujours l'air sales.*
- Quand les voyez-vous ?
- *Je ne sais pas. En images, je suppose.*
- Et ils sont toujours sales sur les photos ?
- *Non, pas toujours. Les cochons ne sont pas toujours sales.*
- Vous avez dit que les chiens sont loyaux, intelligents et mignons. Pourquoi dites-vous cela ? Comment le savez-vous ?
- *J'ai vécu avec des chiens.*
- *J'ai rencontré beaucoup de chiens.*

(Inévitablement, un·e ou plusieurs élèves racontent l'histoire d'un chien qui a fait quelque chose de particulièrement héroïque, intelligent ou adorable.)

- Qu'en est-il des sentiments des chiens ? Comment peut-on savoir que les chiens ressentent réellement des émotions ?
- *Je jure que mon chien est déprimé quand je le suis.*
- *Ma chienne prenait toujours un air coupable et se cachait sous le lit lorsqu'elle savait qu'elle avait fait quelque chose de mal.*
- *Chaque fois que nous emmenons mon chien chez le vétérinaire, il tremble, il a tellement peur.*
- *Notre chien avait l'habitude de pleurer et d'arrêter de manger lorsqu'il nous voyait faire nos bagages pour partir en vacances.*

– Quelqu'un pense-t-il qu'il est possible que les chiens n'aient pas de sentiments ?

(Aucune main ne se lève.)

– Qu'en est-il des cochons ? Pensez-vous que les cochons ont des émotions ?
– *Bien sûr.*
– Pensez-vous qu'ils ont les mêmes émotions que les chiens ?
– *Peut-être. Oui, j'imagine.*
– En fait, la plupart des gens l'ignorent, mais les cochons sont si sensibles qu'ils développent des comportements névrotiques, tels que l'automutilation, lorsqu'ils sont en captivité. Pensez-vous que les cochons ressentent la douleur ?
– *Bien sûr. Tous les animaux ressentent la douleur.*
– Alors pourquoi mangeons-nous des cochons et pas des chiens ?
– *Parce que le bacon a bon goût. (rires)*
– *Parce que les chiens ont une personnalité. On ne peut pas manger quelque chose qui a une personnalité. Ils ont des noms, ce sont des individus.*
– Pensez-vous que les cochons ont une personnalité ? Sont-ils des individus, comme les chiens ?
– *Oui, je suppose qu'en apprenant à les connaître, c'est probablement le cas.*

– Avez-vous déjà rencontré un cochon ?

(À l'exception d'un·e rare élève, ce n'est pas le cas de la majorité.)

– Donc d'où tenez-vous vos informations sur les cochons ?
– *Les livres.*
– *La télévision.*
– *Les publicités.*
– *Je ne sais pas. La société, je suppose.*
– Que penseriez-vous des cochons si vous les considériez comme des individus intelligents et sensibles qui ne sont peut-être pas suants, paresseux et gourmands ? Si vous appreniez à les connaître directement, comme vous connaissez les chiens ?
– *Je me sentirais bizarre en les mangeant. Je me sentirais probablement coupable.*
– Alors pourquoi mangeons-nous des cochons et pas des chiens ?
– *Parce que les cochons sont élevés pour être mangés.*
– Pourquoi élevons-nous des cochons pour les manger ?
– *Je n'en sais rien. Je n'y ai jamais pensé. Je suppose que c'est parce que c'est comme ça.*

*C'est ainsi que les choses se passent, c'est comme ça.* Prenez le temps de réfléchir à cette affirmation. Pensez-y vraiment. Nous envoyons une espèce à la boucherie et donnons notre amour et notre gentillesse à une autre, apparemment sans autre raison que le fait que c'est ainsi que les choses se passent. Lorsque nos attitudes et nos comportements à l'égard des animaux sont si incohérents, et que cette incohérence n'est pas examinée, nous pouvons dire sans crainte que nous avons été nourri·e·s d'absurdités. Il est absurde que nous mangions des cochons et que nous aimions des chiens sans même savoir pourquoi. Beaucoup d'entre nous passent de longues minutes dans les rayons du supermarché à réfléchir au dentifrice qu'iels vont acheter. Pourtant, la plupart d'entre nous ne passent pas du tout de temps à réfléchir à l'espèce animale que nous mangeons et à la raison pour laquelle nous la mangeons. Nos choix en tant que consommateur·rice·s alimentent une industrie qui tue onze milliards* d'animaux par an rien qu'aux États-Unis, et un milliard d'animaux d'élevage en France[10]. Si nous choisissons de soutenir cette industrie et que la meilleure raison qui nous vient à l'esprit est que c'est dans l'ordre des choses, il est clair qu'il y a quelque chose qui ne va pas. Qu'est-ce qui peut pousser toute une société à mettre de côté sa réflexion, sans même s'en rendre compte ? La question est complexe, mais la réponse est simple : le *carnisme.*

## LE CARNISME

Nous savons tous ce qu'est un·e végétarien·ne – une personne qui ne mange pas de viande. Et aujourd'hui, beaucoup d'entre nous savent ce qu'est un·e vegan, c'est-à-dire une personne qui renonce à tous les produits d'origine animale. Bien que certaines personnes choisissent de devenir vegan (ou végétariennes – ce livre se concentre toutefois sur le véganisme pour des raisons qui deviendront évidentes) pour leur santé, nombre de vegan cessent de manger des animaux pour des raisons éthiques. La plupart d'entre nous savent que le véganisme est souvent l'expression de l'orientation éthique d'une personne, de sorte que, lorsque nous pensons à un·e vegan, nous ne pensons pas simplement à une personne qui est comme tout le monde, sauf qu'elle ne mange pas d'animaux. Nous pensons à une personne qui a une certaine vision philosophique, dont le choix de ne pas manger d'animaux est le reflet d'un système de croyances plus profond dans lequel tuer des animaux à des fins humaines est considéré comme contraire à l'éthique. Nous comprenons que le véganisme n'est pas simple-

* Ce chiffre n'inclut pas les milliards d'animaux aquatiques qui sont également abattus chaque année aux États-Unis.

ment une orientation alimentaire, mais un mode de vie. C'est pourquoi, par exemple, lorsqu'un personnage vegan apparaît dans un film, il n'est pas simplement décrit comme une personne qui évite de manger de la viande, des œufs et des produits laitiers, mais comme quelqu'un qui possède un certain nombre de qualités que nous associons aux vegan, comme le fait d'être un·e amoureux·se des animaux ou d'avoir des valeurs non conventionnelles.

Si un·e vegan est une personne qui pense qu'il est contraire à l'éthique de manger des animaux, comment appelle-t-on une personne qui pense qu'il est éthique de manger des animaux ? Si un·e vegan est une personne qui choisit de ne pas manger d'animaux, comment qualifier une personne qui choisit de les manger ?

Actuellement, nous utilisons le terme « mangeur·se de viande » pour décrire toute personne qui n'est pas vegan ou végétarienne. Mais dans quelle mesure ce terme est-il exact ? Comme nous l'avons établi, un·e vegan n'est pas simplement un·e « mangeur·se de plantes ». Adopter une alimentation végétale est un comportement qui découle d'un système de croyances. Les termes « vegan » et « végétarien » reflètent tous deux avec précision qu'un système de croyances est à l'œuvre : le suffixe « arien » (abrégé en « an » dans « vegan ») désigne une personne qui préconise, soutient ou pratique une doctrine ou un ensemble de principes. En revanche, l'expression « mangeur·se de viande » isole la pratique de la consommation de viande, comme si elle était dissociée des croyances et des valeurs d'une personne. Il implique que la personne qui mange de la viande agit en dehors d'un système de croyances. Mais manger de la viande est-il vraiment un comportement indépendant d'un système de croyances ? Mangeons-nous des cochons, mais pas des chiens parce que nous n'avons pas de système de croyances lorsqu'il s'agit de manger des animaux ?

Dans la plupart des pays industrialisés, nous mangeons des animaux non pas par obligation, mais par choix. Nous n'avons pas besoin de manger des animaux pour survivre ou même pour être en bonne santé ; des millions de vegan en bonne santé et vivant longtemps l'ont prouvé. Nous mangeons des animaux simplement parce que c'est ce que nous avons toujours fait et parce que nous aimons leur goût. La plupart d'entre nous mangent des animaux parce que c'est ainsi que les choses se passent.

Nous ne considérons pas l'alimentation carnée comme le véganisme – comme un choix, fondé sur un ensemble d'hypothèses concernant les animaux, notre monde et nous-mêmes. Nous considérons plutôt que c'est une évidence, la chose « naturelle » à faire, la façon dont les choses ont toujours été et dont elles seront toujours. Nous mangeons des animaux sans y réfléchir, parce que le système de croyances qui sous-tend ce comportement est invisible. Ce système de croyances invisible est ce que j'appelle le « *carnisme* ».

Le carnisme est le système de croyances qui nous pousse à manger certains animaux et pas d'autres. Nous considérons parfois les personnes qui mangent des animaux comme des carnivores. Mais les carnivores sont, par définition, des animaux qui dépendent de la viande pour survivre. Celles et ceux qui consomment des animaux ne sont pas non plus de simples omnivores. Un·e omnivore est un animal - humain ou non humain - qui a la capacité physiologique d'ingérer à la fois des végétaux et de la viande. Les termes « carnivore » et « omnivore » décrivent la *constitution biologique* d'une personne, et non un *choix philosophique*. Dans une grande partie du monde actuel, les gens mangent des animaux non pas parce qu'ils en ont besoin, mais parce qu'ils choisissent de le faire, et les choix découlent toujours de croyances.

L'invisibilité du carnisme explique pourquoi les choix semblent ne pas être des choix du tout. Mais pourquoi le carnisme est-il resté invisible au départ ? Pourquoi ne l'avons-nous pas nommé ? Il y a une très bonne raison à cela. C'est parce que le carnisme est un type particulier du système de croyances : une *idéologie*. Et c'est aussi un type particulier d'idéologie, un qui résiste particulièrement bien à l'analyse. Examinons tour à tour chacune de ces caractéristiques du carnisme.

*Si le problème est invisible...*
*alors il y aura une invisibilité éthique.*
– Carol J. Adams

## LE CARNISME, L'IDÉOLOGIE ET LE STATU QUO

Une idéologie est un ensemble de croyances partagées, ainsi que les pratiques qui reflètent ces croyances. Par exemple, le féminisme est une idéologie. Les féministes sont des personnes qui croient que les femmes méritent d'être considérées et traitées comme égales aux hommes. Étant donné que les hommes constituent le groupe social dominant - le groupe qui détient le pouvoir dans la société - les féministes contestent la domination masculine sur tous les fronts, du foyer à l'arène politique. L'idéologie féministe constitue la base des croyances et des pratiques féministes.

Il est assez facile de reconnaître le féminisme comme une idéologie, tout comme il est facile de comprendre que le véganisme ne consiste pas simplement à ne pas manger d'animaux. Les termes « féministe » et

« vegan » évoquent tous deux l'image d'une personne ayant un certain nombre de convictions, d'une personne qui n'est pas comme tout le monde.

Qu'en est-il de « tous les autres » ? Qu'en est-il de la majorité, du courant dominant, de tous les gens « normaux » ? D'où viennent leurs croyances ?

Nous avons tendance à considérer le mode de vie dominant comme le reflet de valeurs universelles. Pourtant, ce que nous considérons comme normal n'est en fait rien d'autre que les croyances et les comportements de la majorité. Avant la révolution scientifique, par exemple, la croyance européenne dominante voulait que le ciel soit composé de sphères célestes tournant autour de la Terre, que la Terre soit le centre exalté de l'univers. Cette croyance était tellement ancrée que proclamer le contraire, comme l'ont fait Copernic et plus tard Galilée, c'était risquer la mort. Ce que nous appelons le courant dominant n'est donc qu'une autre façon de décrire une idéologie si répandue - si bien ancrée - que ses hypothèses et ses pratiques sont considérées comme relevant du simple bon sens. Elle est considérée comme un fait plutôt que comme une opinion, ses pratiques comme une évidence plutôt que comme un choix. C'est la norme. C'est ainsi que les choses se passent. Et c'est la raison pour laquelle le carnisme n'a pas été nommé jusqu'à présent.

Lorsqu'une idéologie est bien ancrée, elle est essentiellement invisible. Un exemple d'idéologie invisible est le patriarcat, l'idéologie dans laquelle la masculinité est valorisée par rapport à la féminité et dans laquelle les hommes ont donc plus de pouvoir social que les femmes. Considérez, par exemple, lesquelles des qualités suivantes sont les plus susceptibles d'assurer la réussite sociale et financière d'une personne : l'affirmation de soi, la passivité, la compétitivité, le partage, le contrôle, l'autorité, le pouvoir, la rationalité, l'émotivité, l'indépendance, la dépendance, l'éducation, la vulnérabilité. Il y a de fortes chances que vous ayez choisi les qualités masculines sans vous rendre compte que vos choix reflètent des valeurs patriarcales ; la plupart d'entre nous ne considèrent pas le patriarcat comme une idéologie qui nous apprend à penser et à agir d'une certaine manière. Les personnes de tous les sexes acceptent simplement qu'il est préférable d'être, par exemple, plus rationnel et moins émotif, même si ces deux qualités sont tout aussi nécessaires à notre bien-être.

Le patriarcat existait depuis des milliers d'années avant que les féministes ne donnent un nom à cette idéologie. Il en a été de même pour le carnisme. Il est intéressant de noter que l'idéologie du végétarisme a été nommée il y a plus de 2 500 ans ; ceux qui choisissaient de ne pas manger de viande étaient appelés « pythagoriciens », car ils suivaient la philosophie alimentaire du philosophe et mathématicien grec de l'Antiquité,

Pythagore. Plus tard, au XIXe siècle, le terme « végétarien » a été inventé, suivi du terme « vegan » en 1944.

Mais ce n'est qu'aujourd'hui, des siècles après avoir étiqueté les personnes qui ne mangent pas d'animaux, que l'idéologie de la consommation d'animaux a été nommée.

D'une certaine manière, il est logique que le végétarisme et le véganisme aient été nommés avant le carnisme. Il est plus facile de reconnaître les idéologies qui se situent en dehors du courant dominant. Mais il y a une autre raison, plus importante, pour laquelle le végétarisme et le véganisme ont été étiquetés alors que le carnisme ne l'a pas été. La principale façon pour les idéologies enracinées de persister est de demeurer invisible. Et la principale façon dont elles demeurent invisibles est de ne pas être nommées. Si nous ne nommons pas une idéologie, nous ne pouvons pas en parler, et si nous ne pouvons pas en parler, nous ne pouvons pas la remettre en question.

*Tout ce qui n'est pas nommé, qui n'est pas représenté par des images… tout ce qui est mal nommé, qui correspond à quelque chose d'autre, qui est rendu difficile à comprendre, tout ce qui est enterré dans la mémoire par l'effondrement du sens sous l'effet d'un langage inadéquat ou mensonger – cela deviendra non seulement inexprimé, mais inexprimable.*

– Adrienne Rich

## LE CARNISME, L'IDÉOLOGIE ET LA VIOLENCE

S'il est difficile, voire impossible, de remettre en question une idéologie dont on ignore l'existence, c'est encore plus difficile lorsque cette idéologie s'efforce activement de rester cachée. C'est le cas d'idéologies telles que le carnisme. Le carnisme est une idéologie violente ; si nous supprimions la violence du système – en arrêtant de blesser et de tuer des animaux – le système cesserait d'exister. (Un autre nom pour l'idéologie violente est le *système d'oppression*, ou *système oppressif*.)

Le carnisme contemporain est organisé autour d'une grande violence. Ce niveau de violence est nécessaire pour traiter et abattre suffisamment d'animaux pour que l'industrie carniste puisse maintenir sa marge de profits actuelle. La violence du carnisme est telle, que la plupart des gens ne veulent pas en être témoins, et celles·ceux qui le sont peuvent être gravement traumatisé·e·s. Dans mes cours, avant de projeter un film sur l'agriculture animale, j'ai dû prendre un certain nombre de mesures pour m'assurer que l'environnement psychologique était suffisamment sûr pour exposer les élèves à des séquences qui ne manqueraient pas de les déstabiliser. J'ai personnellement travaillé avec de nombreux défenseur·se·s du véganisme qui souffrent de troubles de stress post-traumatique (TSPT) à la suite d'une exposition prolongée au traitement et à l'abattage des animaux ; iels ont des pensées intrusives, des cauchemars, des flash-backs, des difficultés de concentration, de l'anxiété, de l'insomnie et toute une série d'autres symptômes. Depuis près de trente ans que je parle et que j'enseigne à propos de l'élevage, je n'ai encore jamais vu une personne qui ne grimace pas lorsqu'elle voit *comment* les animaux sont transformés en nourriture. En général, les gens détestent voir les animaux souffrir.

Pourquoi détestons-nous voir des animaux souffrir ? Parce que nous avons de la compassion pour les autres êtres sensibles. La plupart d'entre nous, même celles et ceux qui ne sont pas des « ami·e·s des animaux » à proprement parler, ne veulent pas faire souffrir qui que ce soit - humain ou non humain -, surtout si cette souffrance est intensive et inutile. C'est pour cette raison que les idéologies violentes doivent utiliser des mécanismes de défense qui permettent aux personnes compatissantes de soutenir des pratiques cruelles sans même se rendre compte de ce qu'elles font.

## TUER EST CONTRE NATURE

Il existe un grand nombre de preuves démontrant l'aversion apparemment naturelle de l'humain pour le meurtre. La plupart des recherches dans ce domaine ont été menées par l'armée ; les analystes ont constaté que les soldats ont tendance à tirer intentionnellement au-dessus de la tête de l'ennemi, ou à ne pas tirer du tout[11].

Les études sur l'activité de combat pendant les guerres napoléoniennes et les guerres civiles ont révélé des statistiques frappantes. Compte tenu de l'habileté des hommes, de leur proximité avec l'ennemi et de la capacité de leurs armes, le nombre de soldats ennemis touchés aurait dû être largement supérieur à 50 %, ce qui aurait donné un taux de tués de plusieurs centaines par minute. Au lieu de cela, le taux de réussite n'était que de un ou deux par minute.

Un phénomène similaire s'est produit pendant la Première Guerre mondiale : selon le lieutenant britannique George Roupell, la seule façon de faire cesser les tirs en l'air à ses hommes était de dégainer son épée, de marcher le long de la tranchée, de « les frapper sur le dos et... de leur dire de tirer à ras de terre »[12].

Les cadences de tir de la Seconde Guerre mondiale étaient également remarquablement basses : l'historien et général de brigade de l'armée américaine S. L. A. Marshall a rapporté que, pendant la bataille, la cadence de tir n'était que de 15 à 20 % ; en d'autres termes, sur cent hommes engagés dans une fusillade, seuls quinze à vingt utilisaient réellement leurs armes. Et durant la guerre du Vietnam, pour chaque soldat ennemi tué, plus de cinquante mille balles avaient été tirées[13].

Ce que ces études ont appris aux militaires, c'est que, pour amener les soldats à tirer pour tuer, à participer activement à la violence, il faut les désensibiliser suffisamment à l'acte de tuer. Autrement dit, ils doivent apprendre à réprimer leurs émotions et à se dégager de la culpabilité liée à leurs actions. Il faut leur apprendre à passer outre leur propre conscience. Pourtant, ces études démontrent également que même face à un danger immédiat, dans des situations de violence extrême, la plupart des gens répugnent à tuer. En d'autres termes, comme le conclut Marshall, « la grande majorité des combattants à travers l'histoire, au moment de vérité où ils pouvaient et devaient tuer l'ennemi, se sont trouvés être des objecteurs de conscience[14] ».

Comme je l'ai mentionné au chapitre 1, la principale défense du carnisme est l'invisibilité. Nous avons déjà discuté de l'invisibilité sociale et psychologique du carnisme. Mais les idéologies violentes dépendent également de l'invisibilité physique ; leur violence est bien cachée aux yeux du public. Avez-vous déjà remarqué que, bien que nous tuions chaque année onze milliards d'animaux pour la consommation de viande aux États-Unis, et un milliard en France, la plupart d'entre nous restent dans l'ignorance du processus de production ?

Lorsque nous réfléchissons réellement à la viande, aux œufs et aux produits laitiers que nous mangeons, lorsque nous réalisons que nos goûts culinaires ne se limitent pas à nos préférences naturelles, alors « c'est comme ça que ça se passe » n'est tout simplement pas une explication suffisante pour expliquer pourquoi nous mangeons des cochons et pas des chiens. Voyons maintenant ce qu'il en est réellement.

# 3
# LES CHOSES TELLES QU'ELLES *SONT*

---

*Rendez le mensonge gros, rendez-le simple, répétez-le sans cesse et ils finiront par le croire.*
– Adolf Hitler

Si vous êtes comme la plupart des gens, la viande, les œufs et les produits laitiers font partie de votre régime alimentaire. Vous consommez probablement ces produits plusieurs fois par jour. Pensez aux aliments que vous avez consommés au cours de la semaine écoulée. Combien de repas contenant de la poule, du bovin, du cochon ou du poisson avez-vous mangé ? Avez-vous mangé des œufs ou du yaourt au petit déjeuner ? Des sandwichs à la dinde ou au thon pour le déjeuner ? Du poulet rôti ou frit pour le dîner ? Quelle quantité de viande, d'œufs et de produits laitiers pensez-vous avoir consommée cette semaine ? Ce mois-ci ? Cette année ?

Le *US Department of Agriculture* (USDA, ministère américain de l'Agriculture) estime que l'Américain·e moyen·ne consomme 42 kg de poulet[15], 7 kg de dinde[16], 26 kg de bœuf[17] et 23 kg de porc par an. Si l'on ajoute à cela 500 g de veau et 500 g d'agneau, chacun d'entre nous mange au total 99 kg[18] de viande par an[19], sans compter les 7 kg de poisson[20], les 17 kg d'œufs[21] et les 286 kg de produits laitiers que nous consommons. Étant donné que la population actuelle des États-Unis est de 328 millions d'habitants, cela fait beaucoup de viande, d'œufs et de produits laitiers, et beaucoup d'animaux. Et ce niveau de consommation carniste n'est pas uniquement américain. Par exemple, dans l'Union européenne[22], les gens mangent en moyenne 24 kg de volaille, 24 kg de poisson, 53 kg de produits laitiers, 32 kg de produits porcins, 11 kg de bœuf et 14 kg d'œufs par an ; les chiffres sont similaires ailleurs dans le monde. En France, on mange encore davantage de viande, environ 45 kg par personne et par an - une moyenne très haute par rapport au reste de l'Europe[23].

Pour être exact, les entreprises agroalimentaires américaines abattent *dix milliards* d'animaux par an[24] (sans compter les quelque 47 milliards de poissons et autres animaux aquatiques tués chaque année[25]). Cela représente 19 025 animaux par minute, ou 317 animaux par seconde.

Dans le temps qu'il vous a fallu pour lire ces trois paragraphes, cela m'a pris 1 min 30, plus de 37 000 animaux supplémentaires ont été tués.

Pour vous donner un ordre d'idée, dix milliards d'animaux d'élevages, c'est plus du double de la population humaine mondiale. C'est 30 fois plus que la population des États-Unis, 145 fois plus que la population de la France et 13 fois plus que la population totale de l'Europe.

Une autre façon de penser à ce chiffre est que, si nous essayions d'entasser dix milliards de personnes sur des terrains de football, en prenant pour référence 10 personnes par mètre carré et un terrain mesurant 5 351,2 mètres carrés, cela donne 53 512 personnes, il faudrait donc 186 874 terrains, soit une superficie équivalente à celle de Dallas, pour les contenir toutes. Ou encore, si dix milliards de personnes se mettaient en ligne, celle-ci s'étendrait sur 3,2 millions de kilomètres. C'est assez long pour faire 4 fois l'aller-retour vers la Lune. C'est aussi assez long pour faire 80 fois le tour de la Terre. Et nous ne parlons que du nombre d'animaux tués en une seule année ; voyez comment ces chiffres augmentent sur cinq, dix ou vingt ans.

Il est évident qu'il faut beaucoup d'animaux pour produire la quantité de viande, d'œufs et de produits laitiers que nous achetons, vendons et consommons. L'élevage est une grosse affaire. En fait, l'élevage est une *très* grosse affaire – les industries carnées américaines ont des revenus annuels combinés avoisinant les 177 milliards de dollars[26] (un montant similaire à celui de l'UE[27]). En France, on parle de recettes dépassant les 47 milliards de dollars en 2023[28]. Il suffit de penser aux innombrables épiceries, restaurants, cafétérias et foyers du pays qui sont approvisionnés en produits carnés. La viande, les œufs et les produits laitiers sont littéralement omniprésents. *Où sont donc tous les animaux ?*

## OÙ SONT-ILS ?

Sur les onze milliards d'animaux qui ont été élevés, transportés et abattus au cours de l'année écoulée, combien en avez-vous vu ? Si vous vivez en ville, probablement presque aucun. Mais supposons que vous viviez à la campagne. Combien de vaches voyez-vous paître sur les collines ? Peut-être une cinquantaine à la fois ? Et qu'en est-il des poules, des cochons ou des dindes ? Combien de fois avez-vous vu ces animaux à la télévision, dans les magazines et les journaux, au cinéma ? Bien que nous les mangions tous les jours, la plupart d'entre nous ne s'arrêtent pas pour réfléchir à l'étrangeté du fait que nous puissions vivre toute notre vie sans jamais rencontrer les animaux qui constituent notre nourriture. *Où sont-ils ?*

La grande majorité des animaux que nous mangeons ne sont pas, comme les acteur·rice·s de l'industrie carniste voudraient nous le faire croire, des « vaches satisfaites » et des « poules heureuses » qui se prélassent dans des champs herbeux et des basses-cours ouvertes. Ils ne dorment pas dans des stalles spacieuses avec du foin frais. Dès leur naissance, ces animaux sont maintenus dans des conditions de confinement intensif où ils peuvent souffrir de maladies, d'exposition à des températures extrêmes, de surpopulation sévère, de manipulations violentes, et même de psychose. Malgré ce que suggère l'image dominante des animaux d'élevage, les petites fermes familiales appartiennent largement au passé ; aujourd'hui, les animaux se trouvent dans de gigantesques « *confined animal feeding operations* » ou CAFO (« opérations d'engraissement concentré du bétail »), ou « fermes industrielles », où ils vivent jusqu'à ce qu'ils soient expédiés à l'abattoir*. En France, le terme courant est « élevage intensif ».

Comme toutes les grandes installations de production, les CAFO (et les abattoirs qu'elles approvisionnent) sont conçues dans un but unique : fabriquer leur produit au coût le plus bas et pour le profit le plus élevé possible. En clair, plus il y a d'animaux traités et tués par minute, plus il y a d'argent à gagner. À cette fin, les CAFO peuvent héberger jusqu'à un million d'animaux à la fois[29], des animaux qui sont considérés et traités comme des unités de production et dont le bien-être est nécessairement secondaire par rapport au profit que leur corps rapportera. D'un point de vue commercial, le bien-être des animaux est un *obstacle* au profit, car il est moins coûteux de produire des animaux en masse et d'éliminer ceux qui meurent prématurément que de les soigner de manière adéquate. En fait, on estime que plus de deux milliards d'animaux destinés à l'alimentation meurent avant d'atteindre l'abattoir[30], un facteur qui est intégré dans le coût de production. Ce sont ces mesures de réduction des coûts qui font de la production carnassière moderne l'une des pratiques les plus violentes de l'histoire de l'humanité.

## NE VOIS PAS LE MAL, N'ENTENDS PAS LE MAL, NE PARLE PAS DU MAL

Le moyen le plus efficace de déformer la réalité est de la nier ; si nous n'exprimons pas le problème, nous n'aurons jamais à nous préoccuper de ce qu'il faut faire pour le résoudre. Et le moyen le plus efficace de nier une

* Les pratiques générales décrites dans cet ouvrage sont similaires dans le monde entier, même si la législation relative aux procédures spécifiques diffère parfois.

réalité est de la rendre invisible. Comme nous l'avons vu, l'invisibilité est le rempart du système carniste. Au chapitre 2, nous avons déconstruit l'invisibilité *symbolique* du système. L'invisibilité symbolique est rendue possible par le mécanisme de défense qu'est l'*évitement*, qui est une forme de déni. Nous évitons la vérité en évitant de nommer le système, ce qui, à son tour, nous empêche de réaliser qu'il existe même un système. Dans ce chapitre, nous allons déconstruire l'invisibilité *pratique* du carnisme. Cette déconstruction est nécessaire pour apprécier réellement les mécanismes et la dynamique du carnisme. Tant que nous sommes mal informé·e·s ou désinformé·e·s, nous ne pouvons pas comprendre la réalité de la production carniste et dépasser les défenses carnistes.

Les établissements qui produisent la majeure partie de la viande, des œufs et des produits laitiers qui se retrouvent dans nos assiettes sont, pour l'essentiel, invisibles. Nous ne les voyons pas. Nous ne les voyons pas parce qu'ils sont situés dans des zones reculées où la plupart d'entre nous ne s'aventurent pas. Nous ne les voyons pas parce que nous ne sommes pas autorisé·e·s à y accéder, même si nous essayons d'y pénétrer[31]. Nous ne les voyons pas parce que leurs camions sont souvent scellés et banalisés. Nous ne les voyons pas parce que, comme le dit Eric Schlosser, auteur du best-seller *Fast Food Nation*, ils n'ont « aucune fenêtre sur la façade et aucun indice architectural sur ce qui se passe à l'intérieur[32] ». *Nous ne les voyons pas parce que nous ne sommes pas censé·e·s les voir.* Comme pour toute idéologie violente, la population doit être protégée d'une exposition directe aux victimes du système, de peur qu'elle ne commence à remettre en question le système ou sa participation à celui-ci. Cette vérité parle d'elle-même : sinon, pourquoi l'industrie carniste se donnerait-elle tant de mal pour garder ses pratiques invisibles ?

## ACCÈS REFUSÉ

En 2007*, le journaliste Daniel Zwerdling a entrepris d'écrire un article sur l'industrie du poulet pour le magazine *Gourmet*. Au vu de la réponse de l'industrie à sa demande de visite des usines, on pourrait croire que Zwerdling écrit pour *Vegetarian Times* plutôt que pour une publication renommée de cuisine carniste. Selon Zwerdling, dont l'article

* J'ai conservé certaines sources plus anciennes que j'avais utilisées pour l'édition originale de ce livre, car les informations qu'elles contiennent sont toujours d'actualité.

« *A View to a Kill* » (« Une vue d'un meurtre ») a été publié dans le numéro de juin, « les porte-parole des cinq plus grandes entreprises ont refusé de me montrer les fermes où leurs fournisseur·se·s élèvent les poules que vous mangez, afin que je puisse voir de mes propres yeux comment iels les traitent. Iels ont refusé de me montrer les abattoirs, pour que je puisse voir comment les entreprises les expédient. Les dirigeant·e·s ont même refusé de me parler de la manière dont iels élèvent et tuent les poulets ». L'expérience de M. Zwerdling n'est pas rare.

Non seulement il est difficile d'accéder aux usines de conditionnement de la viande, mais dans un certain nombre d'États américains, il est même interdit de prendre des photos ou des vidéos à l'intérieur des « entreprises animales », telles que les laboratoires, les cirques et les abattoirs. En outre, aux États-Unis, la loi de 2006, *the Animal Enterprise Terrorism Act* (loi sur le terrorisme dans les entreprises animales), qui a été sévèrement critiquée pour son inconstitutionnalité, rend *illégal tout comportement ayant pour effet de perturber l'économie d'une entreprise animale*[33]. Les médias n'ayant pas accès aux « entreprises animales », la plupart des images des CAFO et des abattoirs qui parviennent au public proviennent d'enquêtes menées sous couverture. C'est le cas de l'enquête menée en 2008 par la *Humane Society of the United States* (HSUS, Société américaine pour la protection des animaux), qui a révélé que des travailleur·se·s traînaient des vaches laitières malades à l'aide de chaînes et les transformaient en viande destinée aux cafétérias des écoles publiques, ce qui a entraîné le plus grand rappel de viande de bœuf de l'histoire des États-Unis.

En France, l'association L214 mène de très nombreuses actions similaires pour montrer les dessous des abattoirs au public. En 2025, à Vannes, iels proposaient même aux passant·e·s une immersion horrifique de sept minutes en réalité virtuelle dans les abattoirs[34].

## CE PETIT COCHON EST ALLÉ AU MARCHÉ…

Comme nous l'avons vu au chapitre 2, les cochons sont des animaux intelligents et sensibles ; les porcelets âgés de trois semaines apprennent leur nom et réagissent lorsqu'on les appelle. En fait, des recherches menées par l'université d'État de Pennsylvanie ont révélé que les cochons pouvaient être entraînés à jouer à des jeux informatiques ; en utilisant leur groin pour contrôler des manettes, ils ont atteint leurs cibles avec une précision de 80 %[35]. Les cochons sont également affables et sociables, ils apprécient la compagnie des humain·e·s, c'est pourquoi ils peuvent faire d'excellents animaux de compagnie. Il y a plusieurs années, j'ai visité un refuge pour les animaux d'élevage sauvés, et les cochons ne se lassaient pas de caresses. Dans la nature, les cochons peuvent tisser des liens étroits entre eux. Ils peuvent distinguer jusqu'à trente cochons différents dans leur groupe, et ils saluent et communiquent avec ceux dont ils sont proches. Les futures mères sont extrêmement consciencieuses ; elles parcourent des kilomètres pour trouver l'endroit idéal, puis passent jusqu'à dix heures à construire un abri de mise-bas avant de s'y installer pour s'occuper de leurs nouveau-nés. Une fois que les bébés sont assez grands pour rejoindre les autres, ils jouent et explorent leur environnement ensemble pendant des mois[36].

Cependant, la plupart des cochons – environ 80 millions aux États-Unis et 22 millions en France[37] – passent toute leur vie dans des conditions de confinement intensif et ne voient jamais l'extérieur jusqu'à ce qu'ils soient entassés dans des camions pour être envoyés à l'abattoir. Peu après leur naissance, les porcelets sont généralement castrés et leur queue est coupée sans anesthésie. On dit aux éleveur·se·s d'enlever les queues (« caudectomie ») à l'aide d'une pince émoussée qui coupe les côtés, car l'action d'écrasement aide à réduire les saignements[38]. La caudectomie est nécessaire parce qu'en cas de stress extrême et lorsque toutes leurs pulsions naturelles ont été contrariées, les cochons développent des comportements névrotiques et peuvent même se mordre la queue les uns des autres[39]. Cette réaction psychologique est l'un des symptômes de ce que l'on appelle dans l'industrie le syndrome de stress porcin (SSP), un état remarquablement similaire à ce que nous appelons chez les humain·e·s le trouble du stress post-traumatique (TSPT). Les autres symptômes comprennent la rigidité, le halètement, l'anxiété, la coloration de la peau et parfois la mort subite[40].

Comme les humain·e·s qui ont subi l'isolement et d'autres tortures en captivité, les cochons s'automutilent et répètent sans cesse les mêmes comportements absurdes, parfois des milliers de fois par jour : ils sont littéralement rendus fous*.

* Le terme technique pour les comportements répétitifs est stéréotypie. Les stéréotypies sont un symptôme de stress observé chez un certain nombre d'espèces animales (par exemple, les grands félins qui font les cent pas dans une cage au zoo), mais elles ne sont pas considérées comme un symptôme du syndrome de stress porcin.

## DES COCHONS ET DES HOMMES : LA GÉNÉTIQUE DES TRAUMATISMES

Le trouble du stress post-traumatique (TSPT) et le syndrome de stress porcin (SSP) semblent avoir une base génétique commune : les deux affections sont en partie héréditaires. Un certain nombre d'études ont révélé que la prédisposition génétique d'une personne, combinée à une expérience traumatisante, augmente la probabilité de développer un TSPT. Une vaste étude portant sur d'anciens combattants jumeaux du Vietnam, par exemple, a conduit les chercheurs à affirmer qu'il y a « une contribution génétique significative au TSPT ». De même, le ministère de l'Agriculture, de l'Alimentation et des Affaires rurales de l'Ontario signale que c'est la combinaison de la génétique et du stress qui conduit au développement de PSS chez les cochons[41].

Les porcelets nés en captivité ne sont autorisés à téter que pendant deux à trois semaines[42], et ils le font à travers les barreaux d'une cage séparée de celle de leur mère. Un certain nombre de porcelets meurent avant d'être sevrés, de maladies telles que la famine ou la diarrhée[43]. Parfois, si un porcelet réussit à se glisser dans la cage de sa mère pour satisfaire son besoin instinctif de chaleur et de proximité, la mère peut accidentellement l'écraser. Quelle qu'en soit la cause, la mort des nourrissons est inévitable. Il y a tout simplement trop d'animaux pour que les travailleur·se·s puissent s'en occuper correctement : une usine d'élevage de cochons typique emploie quatre personnes pour s'occuper de 3 200 truies[44].

Après le sevrage, pendant les six mois suivants, les jeunes cochons sont entassés dans des enclos ou des hangars souvent insalubres dans les usines porcines[45]. Ces bâtiments sont remplis de gaz nocifs provenant des excréments des cochons, et l'air y est dense en poussières et en squames. Autant les cochons que les personnes qui travaillent dans ces bâtiments de confinement souffrent de maladies respiratoires chroniques et un certain nombre de cochons meurent prématurément de maladie pulmonaire[46].

Lorsque les cochons sont prêts à être abattus, ils sont entassés dans des bétaillères à destination de l'abattoir. Pour économiser de l'argent, on entasse autant de cochons que possible dans une camionnette. Cette surpopulation – associée au fait que les animaux ne reçoivent ni nourriture, ni eau, ni protection contre les températures extrêmes pendant le transport, qui peut durer jusqu'à vingt-huit heures[47] – entraîne des taux de mortalité élevés ; selon la *National Library of Medicine*, « les moyennes pondérées sur 4 ans pour le total des morts, des non-ambulatoires (soit blessé·e·s ou fatigué·e·s) et des pertes totales étaient respectivement de 0,26 %, 0,63 % et 0,88 %. Le total des animaux morts se compose de 0,15 % de mort dans le camion, 0,05 % de cochons non ambulatoire avec une blessure nécessitant l'euthanasie et 0,05 % de mort après déchargement.[48] ». L'enquêtrice agricole Gail A. Eisnitz, qui a interrogé un certain nombre d'employé·e·s d'abattoirs, a été informée du processus de transport :

– Vous perdrez des porcs dans une semi-remorque, quoi qu'il arrive... Lorsque je travaillais à l'équarrissage, il y avait chaque jour de grandes piles de porcs morts... Lorsqu'ils sortent du camion, ils sont aussi solides qu'un bloc de glace... Un jour, je suis allé chercher des porcs pour les tronçonner dans une pile d'environ trente porcs congelés, et j'en ai trouvé deux [qui étaient] congelés, mais encore vivants. Je pouvais dire qu'ils étaient encore vivants parce qu'ils ont levé la tête comme un appel à l'aide... J'ai pris ma hache et je les ai tués[49].

Les cochons qui survivent au voyage sont placés dans des enclos en attendant l'abattage[50]. Le moment venu, ils sont poussés sur une étroite passerelle, ou goulotte, sur laquelle ils marchent en file indienne jusqu'à la salle d'abattage. Les animaux qui se trouvent à l'arrière de la goulotte entendent les cris de ceux qui les précèdent et qui sont arrivés à la chaîne d'abattage, ainsi que les cris des hommes qui travaillent sur la chaîne de production bruyante. Schlosser explique ce qu'il a vu à ce stade de sa visite : « Nous montons un escalier métallique glissant et atteignons une petite plate-forme où commence la chaîne de production. Un homme se tourne vers moi et me sourit. Il porte des lunettes de protection et un casque. Son visage est éclaboussé de matière grise et de sang[51]. » Il n'est pas surprenant que de nombreux cochons soient réticents à avancer. Comme le dit un employé d'abattoir :

– Lorsque les porcs sentent l'odeur du sang, ils ne veulent pas partir. J'ai vu des porcs battus, fouettés, recevoir des coups de pied à la tête pour les amener jusqu'à l'appareil de contention. Un soir, j'ai vu un conducteur se mettre tellement en colère contre un porc qu'il lui a cassé le dos avec un morceau de planche. J'ai vu des conducteurs de porcs prendre leur aiguillon et l'enfoncer dans le cul des porcs pour les faire bouger. Je n'appréciais pas parce que les porcs devenaient deux fois plus sauvages le temps qu'ils arrivent jusqu'à moi[52].

Les animaux d'élevage sont censés être étourdis et rendus inconscients avant d'être effectivement tués[53]. Cependant, certains cochons restent conscients lorsqu'ils sont suspendus par les pattes à l'envers par des chaînes, et ils donnent des coups de pied et se débattent lorsqu'ils sont déplacés sur le tapis roulant pour être égorgés. En raison de la vitesse à laquelle les animaux sont censés être étourdis et tués, et parce que les employé·e·s des abattoirs sont souvent mal formé·e·s, un certain nombre de cochons peuvent également survivre à l'égorgement et rester conscients lorsqu'ils arrivent à la station suivante, où ils sont plongés dans de l'eau brûlante - une procédure destinée à retirer leurs poils. Eisnitz décrit comment des cochons couinants ont été laissés suspendus par une patte pendant que les travailleur·se·s partaient prendre leur pause déjeuner, et comment des milliers de cochons ont été immergés vivants dans la cuve d'ébouillantage. Un travailleur qu'elle a interrogé a fait le commentaire suivant : « Ces porcs... entrent dans l'eau et commencent à crier et à donner des coups de pied. Parfois, ils s'agitent tellement qu'ils expulsent l'eau de la cuve. Un bras rotatif les pousse sous l'eau, sans qu'ils puissent en sortir. Je ne sais pas s'ils meurent brûlés avant de se noyer, mais il leur faut quelques minutes pour cesser de se débattre[54]. »

Eisnitz a également constaté que le stress auquel les travailleur·se·s étaient confronté·e·s en passant des heures à un seul poste où iels devaient tuer (ou étourdir) un cochon toutes les quatre secondes entraînait des accès de violence à l'égard des cochons. Un travailleur a décrit un tel incident :

– Un jour, ils m'ont rendu fou, [quand] un animal vous énerve [alors même que vous] allez le tuer... Vous ne le tuez pas, vous y allez fort, vous poussez fort, vous explosez sa trachée, vous le faites se noyer dans son propre sang. Vous lui fendez le groin. Quand un porc vivant est dans la fosse, me regardant juste, je reste immobile, je prends mon couteau et je lui arrache l'œil pendant qu'il est là, impuissant. Le porc se met à hurler. Une fois, j'ai pris mon couteau - il est assez tranchant - et j'ai coupé le bout du groin d'un porc, comme un morceau de mortadelle. Le porc est devenu fou pendant quelques secondes. Puis il est resté assis, l'air stupide. J'ai alors pris une poignée de gros sel et je l'ai mise dans son groin. Là, le porc est devenu vraiment fou, il s'est frotté le nez dans tous les sens. Il me restait encore un peu de sel dans la main - je portais un gant en caoutchouc - et j'ai enfoncé le sel dans le cul du porc. Le pauvre porc ne savait pas s'il devait chier ou devenir aveugle[55].

Les truies utilisées comme reproductrices finissent elles aussi par arriver à l'abattoir, mais avant cela, elles passent une grande partie de leur vie dans de petites cages et stalles métalliques appelées « caisses de gestation »*[56]. Ces cages font soixante centimètres de large, sont trop petites pour que les truies puissent même se retourner, et leurs sols sont couverts d'excréments et d'urine. Les animaux souffrent d'un certain nombre de problèmes dus à ce confinement, mais l'un des états les plus douloureux qu'elles endurent est l'infection des voies urinaires, qui peut s'aggraver au point d'être fatale. Les infections urinaires surviennent parce que lorsque les truies se couchent, elles sont immergées dans des déchets chargés de bactéries qui s'introduisent dans leurs voies urinaires. Une truie est fécondée de force par cycles rapides tous les cinq ou six mois, jusqu'à ce qu'elle ne soit plus en mesure de se reproduire ; elle est alors entassée dans un camion en direction de l'abattoir[57].

## « CELUI QUI DÉFINIT LA QUESTION CONTRÔLE LE DÉBAT »

Timothy Cummings, vétérinaire aviaire et professeur clinicien à l'université du Mississippi, a expliqué à un auditoire de producteur·rice·s de volailles qu'il était temps de s'attaquer aux défenseur·se·s des droits des animaux qui connaissent bien les médias et qui comprennent le pouvoir du langage. « Celui qui définit le problème contrôle le débat », a-t-il déclaré[58]. M. Cummings a suggéré que le « débecquage » d'un poulet soit plutôt appelé « conditionnement du bec », ce qui donnerait l'impression qu'il s'agit davantage d'un traitement thermal que d'une défiguration. Le·a « tueur·se de secours » (chargé·e d'abattre les oiseaux encore vivants après avoir passé le·a tueur·se principal·e) devrait être un·e « opérateur·rice au couteau », et le terme « insanguiné » devrait remplacer « saigné » à mort.

Les spécialistes du secteur sont depuis longtemps conscient·e·s du malaise que ressentent les consommateur·rice·s lorsque les mots donnent une image trop précise de la façon dont les animaux sont transformés en aliments. Dès 1922, la *Texas Sheep and Goat Raisers' Association* a proposé de remplacer « viande de chèvre » par « chevron », arguant que « les gens ne mangent pas de vache hachée, de côtelette de cochon ou de blanc de poule… le bœuf, le porc et le poulet ont

* Les caisses de gestation sont considérées comme tellement inhumaines qu'elles ont été interdites dans un certain nombre de pays. L'UE les a interdites en 2013, et les plus grands producteurs de cochons des États-Unis et du Canada, Smithfield Foods et Maple Leaf Foods, ont également interdit (ou déclaré qu'ils allaient interdire) leur utilisation, en tout ou en partie.

l'air beaucoup plus appétissants[59] ». L'ancienne *National Cattlemen's Beef Association* a conseillé à ses membres de remplacer « abattage » par « traitement » ou « récolte », car « les gens réagissent négativement au mot « abattage[60] ».

Au Royaume-Uni également, on peut trouver des exemples intéressants de la manière dont l'industrie carniste utilise le langage pour camoufler la réalité de ses produits. Le *Meat Trades Journal* conseille à ses lecteurs d'utiliser « usine de viande » ou « fabrique de viande » au lieu d'« abattoir[61] ». Le journal a publié la déclaration suivante : « Le commerce de détail traditionnel s'attache à offrir au public des morceaux d'animaux et identifie souvent la viande au bétail. Mais les attitudes modernes des consommateur·rice·s s'éloignent de ce lien. Il est urgent d'adopter une nouvelle philosophie de la vente au détail. Nous ne sommes plus là pour vendre des morceaux de carcasse. Nous devons faire en sorte que nos client·e·s pensent à ce qu'iels vont manger, plutôt qu'à l'animal dans le champ[62]. »

## OÙ EST LE BŒUF ?

Michael Pollan a suivi la vie d'un seul bœuf, le numéro 534, pour écrire *Le Dilemme de l'omnivore*, son best-seller qui dénonce les pratiques contemporaines de production alimentaire. Ce que Pollan a découvert en suivant le bœuf numéro 534 de la naissance à la mort représente le destin de 35 millions de bœufs aux États-Unis et de 4,3 millions en France qui sont tués chaque année pour leur viande[63]. Pollan décrit comment il surveillait un troupeau de veaux dans un enclos lorsque « 534 s'est approché de la balustrade et a établi un contact visuel. Il avait une large carcasse robuste et un visage tacheté. C'était mon garçon[64] ».

Il n'est pas surprenant que le bouvillon 534 ait si facilement approché Pollan. Les bovins sont des créatures communicatives, émotionnelles et sociales. Ils ont de multiples vocalisations et gestes pour communiquer leurs sentiments et, dans un environnement naturel, ils entretiennent des liens d'amitié permanents les uns avec les autres. Les bovins sont naturellement doux et dociles, passant la majeure partie de leur temps d'éveil à manger de l'herbe et à ruminer. Les veaux s'adonnent fréquemment à diverses formes de jeux entre eux lorsqu'ils ne tètent pas leur mère.

Les bovins nés en captivité sont incapables de satisfaire nombre de ces instincts naturels. Toutefois, pendant une courte période, certains de leurs besoins fondamentaux sont satisfaits. Contrairement aux industries du cochon et de la volaille, l'industrie de la viande bovine garde ses animaux à l'extérieur pendant les six premiers mois de leur vie (ce qui signifie également supporter des températures et des conditions météorologiques extrêmes[65]), car il est moins coûteux de passer par des éleveur·se·s indépendant·e·s qui possèdent des pâturages pour gérer cette partie du processus. Pollan rapporte ce qui suit : « Le bouvillon numéro 534 a passé ses six premiers mois dans ces pâturages luxuriants aux côtés de sa mère, 9534. Mis à part le traumatisme du samedi d'avril où il a été marqué et castré, on peut imaginer que 534 considère ces six mois comme le bon vieux temps[66]. »

Le bouvillon 534 était né dans l'étable située en face du pâturage et, comme tous les veaux mâles, sa castration, son marquage au fer rouge et son « écornage » (pour éviter que ses cornes ne se coincent dans les clôtures ou ne blessent d'autres animaux ou des humain·e·s) ont été effectués sans anesthésie. Les agronomes de l'université du Tennessee expliquent les méthodes les plus efficaces pour castrer les veaux[67]. Selon eux, il est possible de « minimiser le stress lié aux procédures en effectuant l'opération lorsque le veau est petit et sexuellement immature ». L'une des méthodes consiste à utiliser un couteau pour couper la partie inférieure du scrotum : « Une fois les testicules exposés, il faut les saisir et les étendre un par un tout en repoussant le tissu conjonctif qui entoure le cordon spermatique. Chez les jeunes veaux, le testicule peut être saisi et tiré jusqu'à ce que le cordon se rompe. » Il est également possible de placer un élastique sur le scrotum, au-dessus des testicules : « Cela coupe l'approvisionnement en sang et le scrotum et les testicules se détachent en trois semaines environ. » Cependant, iels préviennent que : « C'est la moins souhaitable de toutes les méthodes de castration sans effusion de sang en raison du risque de tétanos. Si cette méthode est utilisée, elle doit l'être sur des veaux de moins d'un mois. » Une autre méthode de castration sans effusion de sang consiste à l'utilisation d'un *émasculatome*, un instrument muni de lames émoussées qui écrase le cordon spermatique et coupe la circulation sanguine : « L'émasculatome est laissé en place pendant environ une minute. Il est fortement conseillé d'appliquer l'émasculatome deux fois sur chaque cordon. Répéter l'opération de l'autre côté du scrotum... Si un cordon a été oublié, répéter l'opération. » Enfin, les agronomes disent que « [l]es meilleurs moments pour castrer sont le printemps et l'automne, lorsque les mouches et les asticots sont moins susceptibles d'augmenter l'irritation et l'infection de la plaie ».

Compte tenu de ces pratiques de castration, il n'est pas surprenant que Pollan estime que 534 a été traumatisé une première fois. Pollan dit qu'il l'a été une seconde fois, lorsqu'il a été sevré de sa mère à l'âge de six mois : « Le sevrage est peut-être le moment le plus traumatisant dans un ranch, pour les animaux comme pour les éleveurs ; les vaches séparées de leurs veaux beuglent pendant des jours et les veaux, stressés, sont susceptibles de tomber malades[68]. » Le sevrage est reconnu comme un facteur de stress psychologique majeur par les vétérinaires agricoles, qui recommandent par conséquent que les installations qui accueillent la mère et le veau après leur séparation soient suffisamment solides pour empêcher que les deux ne puissent se réunir[69]. Après le sevrage, 534 a été envoyé pour passer les deux mois suivants dans un enclos de « formation », où il devait s'habituer à l'enfermement, à manger dans une auge et à consommer des aliments non naturels - qui comprenaient des quantités massives de maïs contaminé par des médicaments et des suppléments de protéines et de graisse pour le faire passer de 35 kg à 550 kg en onze mois[70]. Il passera le reste de sa vie dans un parc d'engraissement, une ferme industrielle surpeuplée et sale, dont le sol est en grande partie constitué de fumier, où il sera confiné avec des milliers d'autres bovins dans l'attente de l'abattage[71].

Au moment de l'abattage, les bovins ne sont pas plus impatients que les cochons d'emprunter le couloir menant à la salle d'abattage. Ils doivent être poussés, ce qui accroît le stress des animaux et des travailleur·se·s déjà frustré·e·s. Bien que la loi fédérale américaine interdise l'utilisation d'aiguillons de plus de 50 volts, un employé interrogé par Eisnitz a déclaré :

– On peut être frustré·e lorsqu'on essaie de faire avancer le bétail. Il faut parfois les pousser beaucoup. Mais certain·e·s conducteur·rice·s [les personnes qui poussent le bétail le long de la goulotte] les brûlent à mort. Les cinq ou six aiguillons électriques situés près des goulottes sont directement branchés sur une prise de courant de 110 volts. Faites-les courir le long des grilles métalliques et ils produisent des étincelles comme une machine à souder. Certain·e·s frappent le bétail avec des aiguillons jusqu'à ce qu'il devienne tellement sauvage et paniqué qu'on ne pouvait plus rien en faire, jusqu'à la salle d'étourdissement[72].

Une fois sur la chaîne de montage, les bœufs sont étourdis, enchaînés, saignés, éventrés et écorchés. Comme pour les cochons, le manque de personnel qualifié et la vitesse vertigineuse du tapis roulant empêchent toute précision dans l'étourdissement, et de nombreux bœufs finissent par être tirés alors qu'ils sont conscients. Les bœufs conscients sur la chaîne sont particulièrement dangereux pour les travailleur·se·s, car, avec leurs 500 kg, lorsqu'ils se débattent et donnent des coups de pied, ils peuvent parfois se libérer des chaînes et tomber la tête la première sur les employé·e·s, d'une hauteur de cinq mètres. Même lorsque l'animal est directement assommé, il faut parfois plusieurs coups pour qu'il perde connaissance. Un autre employé a fait le commentaire suivant :

– Je me souviens d'un taureau avec de très longues cornes. Je l'ai frappé deux fois... Une substance blanche solide est sortie – du cerveau, je suppose – et il est tombé, la face ensanglantée. Je l'ai fait rouler jusqu'à la zone d'accrochage. Ce taureau a dû sentir la manille passer sur sa patte, il s'est relevé comme si rien ne lui était arrivé, il n'a même pas vacillé, et il s'est enfui par la porte arrière, il a commencé à courir sur la route 17 et n'a pas voulu s'arrêter. Ils sont sortis et l'ont abattu avec un fusil, puis l'ont ramené avec la bétaillère[73].

Schlosser a lui aussi été témoin des effets d'un étourdissement inadéquat : « Un bœuf glisse de sa chaîne, tombe au sol et se coince la tête dans un convoyeur. La ligne s'arrête pendant que les employé·e·s luttent pour libérer le bœuf, assommé, mais vivant, de la machine. J'en ai assez vu[74]. »

Pollan n'a pas été autorisé à pénétrer dans la salle d'abattage et a donc attendu l'arrivée de son bœuf à la destination finale de son voyage. Là, 534 est apparu sous forme de steaks emballés sous vide. Ce n'était même plus un numéro, 534 avait été réduit à un conteneur de produits bien emballés destinés aux rayons des supermarchés.

## ILS MEURENT MORCEAU PAR MORCEAU

En 2001, le *Washington Post* a publié un article de Joby Warrick intitulé *They Die Piece by Piece* (« Ils meurent morceau par morceau »). Warrick expliquait comment, bien que les bœufs soient censés être morts avant d'arriver dans la salle de découpe, ce n'était souvent pas le cas. Ramon Moreno, un employé de l'abattoir qui a passé vingt ans à couper les jarrets des carcasses au rythme de 309 par heure, a décrit le processus à Warrick : « Ils clignent des yeux. Ils font des bruits », dit-il doucement. » La tête bouge, les yeux sont écarquillés et regardent autour d'eux. » Malgré tout, Moreno coupait. Les mauvais jours, dit-il, des dizaines d'animaux arrivaient à son poste, manifestement vivants et conscients. Certains survivaient jusqu'à la coupe de la queue, l'arrachage de la panse, l'arrachage de la peau. Ils meurent, dit Moreno, “morceau par morceau”[75]. »

# CERVELLE D'OISEAU ? POULETS ET DINDES

Dans le chapitre 2, j'ai évoqué certaines des idées sur les cochons et la manière dont ces croyances nous permettent de les manger plus facilement. Beaucoup d'entre nous se sentent encore plus éloigné·e·s des poules et des dindes, au moins en partie à cause de notre conviction profonde qu'elles sont stupides, peut-être même trop stupides pour savoir qu'elles souffrent. Les scientifiques reconnaissent aujourd'hui que ces animaux sont beaucoup plus intelligents qu'iels ne l'avaient imaginé[76]. Les poules et les dindes sont également très sociables, ce qui peut expliquer la tendance croissante à les garder comme animaux de compagnie. Les personnes qui ont des poules ou des dindes de compagnie les décrivent comme des oiseaux joueurs, qui recherchent leur présence pour avoir de l'affection et qui vont même jusqu'à faire des cabrioles avec le chien de la famille. Il existe également des sites Internet consacrés exclusivement à la vie avec des oiseaux de compagnie. Par exemple, sur mypetchicken.com, les fier·ère·s « propriétaires d'oiseaux » peuvent afficher des photos de leurs poules préférées pour que tout le monde puisse les admirer.

Néanmoins, en France, nous tuons et consommons environ un milliard d'oiseaux par an pour leur chair ou leurs œufs, et ce chiffre s'élève à neuf milliards aux États-Unis[77]. Les poules et les dindes sont élevées pour leur viande et, bien qu'elles vivent jusqu'à dix ans dans des conditions naturelles, elles ont une durée de vie de sept semaines à seize semaines respectivement dans les CAFO, ce qui signifie que, chaque fois que nous consommons de la volaille, nous mangeons en fait des oiseaux bébés. La durée de vie très réduite des oiseaux est due en grande partie à l'élevage sélectif et à une alimentation tellement riche en médicaments[78] stimulant la croissance qu'ils grandissent deux fois plus vite qu'ils ne le feraient naturellement. C'est pourquoi ces oiseaux souffrent de nombreuses déformations structurelles. Leurs pattes sont incapables de supporter leur poids et sont souvent tordues et cassées ; ils ne peuvent pas bouger beaucoup en raison de douleurs articulaires chroniques. Et au moment d'être envoyés à l'abattoir, lorsqu'ils sont saisis et entassés dans des caisses empilées les unes sur les autres, ils peuvent avoir les ailes, les hanches et les pattes cassées ou disloquées, ainsi que des hémorragies internes[79].

Les oiseaux élevés pour la viande passent leur vie dans des hangars stériles - ou « poulaillers industriels » - qui contiennent généralement 20 000 animaux à fois, les installations plus modernes pouvant contenir un nombre encore plus important d'individus[80], et qui sont tellement bondées qu'il est difficile de voir le sol. Dans ces conditions, les oiseaux sont incapables d'adopter leurs comportements naturels, tels que la recherche de nourriture et le repos, et ils développent des comportements psychotiques induits par le stress, tels que le picage des plumes et le cannibalisme. Souvent, pour éviter qu'ils ne se donnent des coups de bec à mort, on leur coupe la partie avant du bec à la naissance, sans anesthésie, à l'aide d'une lame brûlante. Cette procédure, connue sous le nom de « débecquage », peut entraîner des infections, le développement de tumeurs neurologiques ou la mort de l'oiseau s'il ne lui reste plus assez de bec pour boire ou manger[81].

Les oiseaux qui survivent au poulailler industriel sont ensuite envoyés à l'abattoir. Dans les abattoirs de volailles, où les cadences de production sont encore plus rapides que pour les autres animaux (la moyenne est de 8 400 animaux par heure aux États-Unis[82]), les oiseaux sont jetés sur des tapis roulants où ils sont saisis, parfois par poignées, et suspendus, la tête vers le bas, à des chaînes. Alors que la *Humane Methods of Slaughter Act* (loi sur les méthodes d'abattage sans cruauté) exige que les autres animaux soient inconscients avant d'être tués, les oiseaux en sont exemptés et sont abattus alors qu'ils sont pleinement conscients. Ils sont égorgés à la main ou à la machine, puis jetés dans de l'eau bouillante pour se débarrasser de leurs plumes. Un certain nombre d'oiseaux finissent par être bouillis vivants.

Josh Balk, un militant qui avait travaillé incognito dans un abattoir de poules de Perdue en 2004 avant de devenir directeur de la *Humane Society of the United States*, m'a parlé de son expérience dans l'usine. Il a également filmé et publié son récit de l'expérience, en particulier l'agression permanente des travailleur·se·s à l'égard des oiseaux. Balk a tenu un journal quotidien[83], dont voici quelques extraits :

- Presque toutes les poules ont réagi par des cris et des réactions physiques violentes dès qu'elles ont été saisies par les travailleur·se·s et au fur et à mesure qu'ils avançaient dans la file. Les cris des oiseaux et les battements d'ailes frénétiques étaient si forts qu'il fallait crier pour que la personne travaillant à côté de soi, qui se tenait à moins d'un mètre, puisse entendre.
- J'ai vu un employé donner un coup de pied à une poule pour la pousser sur le ventilateur au sol et j'ai régulièrement vu des poules jetées dans la pièce... Tandis que l'un des travailleurs parlait de football américain, il a « piqué » une poule sur le tapis roulant, faisant semblant d'avoir marqué un essai.
- J'ai vu une cinquantaine d'oiseaux déversés des caisses de transport sur le tapis roulant, à environ trois mètres. La caisse les a fait basculer d'un seul coup, de sorte qu'ils sont tombés les uns sur les autres.

Les cris étaient intenses pendant tout le processus. J'ai regardé le tapis roulant et j'ai pu voir clairement des poules dont les pattes et les ailes étaient cassées, les membres dépassant dans des angles non naturels.

- J'ai… remarqué que notre chef de ligne semblait généralement plus hostile envers les oiseaux aujourd'hui, leur criant même des blasphèmes lorsqu'il les lançait. Pendant une pause, un travailleur a giflé une poule à plusieurs reprises jusqu'à ce que la ligne reprenne.
- Il y avait tellement d'oiseaux morts sur le sol de la salle de dépeçage qu'il était difficile de faire un pas sans en écraser un.

Comme pour les autres espèces destinées à la consommation humaine, le public n'est pas témoin de la vie et de la mort de quelque neuf milliards de poules par an. Comme l'explique Balk, « être sur place, entendre les cris et sentir la puanteur de la mort dans l'air, c'est quelque chose que la plupart des gens ne… connaîtront jamais ».

## PEUVENT-ILS SOUFFRIR ?

Appelant à un traitement humain des animaux, le philosophe du XVIIe siècle Jeremy Bentham a déclaré : « La question n'est pas de savoir s'ils peuvent raisonner ou parler, mais plutôt de savoir s'ils peuvent *souffrir.* » La question de la sensibilité – la capacité à ressentir le plaisir et la douleur – a été au centre des débats sur le bien-être des humain·e·s et des animaux.

Historiquement, les membres des groupes vulnérables sont censés avoir une plus grande tolérance à la douleur, une hypothèse souvent invoquée pour justifier la souffrance. Par exemple, les scientifiques du XVe siècle clouaient les chiens à des planches par les pattes afin de les ouvrir et d'effectuer des expériences sur eux alors qu'ils étaient pleinement conscients, et ils considéraient les hurlements des chiens comme une simple réaction mécanique, à peine différente du bruit d'une horloge dont les ressorts ont été frappés. De même, jusqu'au début des années 1980, des médecins américains pratiquaient des opérations chirurgicales importantes sur des nourrissons sans utiliser d'analgésiques ou d'anesthésiques ; les cris des bébés étaient expliqués comme de simples réactions instinctives[84].

Et comme on pensait que les esclaves africains ressentaient moins de douleur que les Blancs, il était plus facile de justifier la brutalité de l'expérience de l'esclavage.

L'expérience de la douleur étant subjective, il n'est pas facile de s'opposer à la souffrance d'autrui. En d'autres termes, comme nous ne sommes pas dans le corps d'une autre personne, nous ne pouvons que supposer ce qu'elle peut ressentir – et si nous avons tout intérêt à supposer qu'elle ne souffre pas, il n'est que trop facile de croire que c'est vrai. Nos suppositions découlent de nos croyances, et les systèmes de croyances qui nous permettent d'infliger des souffrances aux autres travaillent activement à se maintenir en vie. Il n'est donc pas étonnant que nous ne soyons pas prudent·e·s – ou raisonnables – lorsqu'il s'agit de pratiques carnistes qui font souffrir les animaux. Prenons, par exemple, l'hypothèse commune selon laquelle ce n'est rien d'autre que l'instinct qui pousse les homards à se précipiter pour échapper à la marmite dans laquelle ils sont bouillis vivants. Bien que nous n'ayons aucune raison de croire qu'ils ne souffrent pas, bien qu'il soit logique de supposer qu'ils fuient l'eau bouillante parce qu'ils ont mal, et bien que l'instinct et la sensibilité puissent coexister (l'un n'excluant pas l'autre), la plupart des gens choisissent de croire le contraire.

La recherche objective est un moyen de contrer notre perception subjective de l'expérience d'autrui. Les chercheur·se·s ont, par exemple, démontré que les voies neuronales des nouveau-nés sont suffisamment développées pour qu'ils puissent ressentir la douleur, et ils ne sont donc plus privés d'anesthésie. Les scientifiques ont également apporté des preuves suffisantes que les crustacés sont effectivement sensibles ; certaines municipalités ont donc interdit de faire bouillir les homards vivants[85], et *Whole Foods Market*, le plus grand détaillant d'aliments biologiques et naturels des États-Unis, ne vend plus de homards ou de crabes à carapace molle vivants au motif que leur manipulation et leur vente sont inhumaines[86].

Et malgré les affirmations de l'industrie avicole selon lesquelles les humain·e·s ne peuvent pas vraiment savoir ce que ressentent les poules, il existe aujourd'hui des preuves qui suggèrent fortement que les oiseaux, non seulement souffrent, mais cherchent aussi activement à anesthésier leur douleur. Les chercheur·se·s ont pris un groupe de 120 poules, dont la moitié était boiteuse, et leur ont proposé deux types d'aliments : des aliments normaux et des aliments contenant un analgésique anti-inflammatoire. Les poules boiteuses ont consommé jusqu'à 50 % de plus d'aliments médicamenteux que les autres et ont donc mieux marché. Une deuxième étude similaire a montré que plus la boiterie d'une poule était grave, plus l'oiseau consommait d'aliments médicamenteux. Les chercheur·se·s ont conclu que les oiseaux étaient probablement en train de s'auto-médicamenter et qu'ils pouvaient souffrir, et qu'ils souffraient effectivement[87].

## LES ŒUFS ENCORE ET ENCORE : LES POULES PONDEUSES

Il est ironique que tant de nos « mignonnes » photos d'animaux - sur des cartes, dans des messages, dans des calendriers, etc. - contiennent des images de poussins nouvellement nés, alors que chaque année des millions de ces bébés oiseaux sont traités d'une manière que la plupart d'entre nous n'imagineraient pas. Les poules pondeuses, ou les oiseaux utilisés pour la production d'œufs, naissent dans des écloseries commerciales, dans des incubateurs industriels. Les poussins mâles n'ont aucune valeur économique et sont donc jetés peu après leur naissance. Ils peuvent être jetés dans un énorme broyeur et broyés vivants, gazés ou jetés dans des poubelles où ils meurent de suffocation ou de déshydratation[88]. Environ 80 % des poules pondeuses issues de l'élevage industriel sont enfermées dans des cages en batterie, c'est-à-dire des cages grillagées de la taille d'un meuble à classeurs carré, pouvant contenir en moyenne six oiseaux[89].

Les poules passent toute leur vie dans des cages de batterie[90], où elles doivent manger, dormir et déféquer, et où elles ne peuvent même pas ouvrir les ailes. Le fond des cages est fait de grillage, de sorte que les fientes des oiseaux peuvent tomber par les ouvertures, et les membres des poules peuvent facilement s'emmêler dans les mailles du filet. Les filins situés sur les côtés et au sommet des cages raclent les plumes des oiseaux et provoquent des ecchymoses, et certaines poules se frottent névrotiquement la poitrine contre ces filins jusqu'à ce qu'elles n'aient plus de plumes et qu'elles saignent. Les cages de batterie sont considérées comme tellement cruelles qu'elles ont été interdites dans un certain nombre de pays et d'États, bien qu'elles soient encore largement utilisées aux États-Unis. En France, depuis une vidéo de l'association de protection animale L214 sortie en 2016 filmant les conditions désastreuses d'élevage des poules en batterie, de nombreuses enseignes se sont engagées à faire disparaître l'élevage en cage d'ici 2025[91].

Comme les poules ont été génétiquement manipulées pour pondre vingt à trente fois plus d'œufs que leurs ancêtres[92], leurs os fragiles se brisent fréquemment, car le calcium de leur squelette est détourné de manière disproportionnée pour la formation des coquilles d'œuf. Une autre conséquence de cette sélection artificielle pour pondre un nombre anormalement élevé d'œufs est le prolapsus utérin. Lorsqu'un œuf se coince contre la paroi utérine, il peut l'entraîner avec lui. Si l'utérus n'est pas repoussé dans le corps de la poule, d'autres poules le picoreront jusqu'à ce qu'elle se vide de son sang ou qu'elle meure d'une infection ; dans les deux cas, il faut généralement deux jours pour que la poule meure[93].

Lorsqu'elles ne peuvent plus produire d'œufs de manière rentable, les poules sont sorties de leur cage, généralement brutalement, et leurs membres, affaiblis et pris dans les filins, se déchirent souvent. Lorsqu'elle a un peu plus d'un an, la poule pondeuse est envoyée à l'abattoir[94].

## LA MORT PAR DÉCHIQUETAGE : HUMAINE OU FOLIE ?

En 2003, le *LA Times* a rapporté que les employés d'un élevage d'œufs à San Diego introduisaient « des oiseaux se tortillant dans [une déchiqueteuse], puis transformaient les restes en purée avec de la terre et mettaient le mélange en tas ». Selon le *Times*, le vétérinaire Gregg Cutler, membre du comité de protection des animaux de l'*American Veterinary Medical Association*, a autorisé la procédure[95]. Avant l'incident, Cutler avait assisté à une réunion d'éleveur·se·s de volailles qui discutaient de la manière de traiter les poules lors d'une épidémie de la maladie de Newcastle, une infection virale aviaire. Cutler a déclaré au *Times* qu'« aucune idée n'était trop folle. Nous étions désespéré·e·s face à cette maladie ». Mais les 30 000 poules qui ont été jetées dans la déchiqueteuse de San Diego n'étaient pas infectées par la maladie de Newcastle ; elles avaient simplement cessé de produire des œufs. Pourtant, selon l'un des propriétaires du ranch, Cutler et d'autres vétérinaires ont approuvé la procédure et l'ont qualifiée d'humaine. Aucune charge n'a été retenue contre Cutler, et bien que le bureau du procureur du district de San Diego ait enquêté sur le ranch pour évaluer la cruauté envers les animaux, il a été conclu qu'il n'y avait aucune preuve d'intention criminelle de la part des propriétaires, qui « ne faisaient que suivre les conseils des professionnel·le·s ».

## VOUS AVEZ DU LAIT ? LES VACHES ÉLEVÉES POUR LA PRODUCTION LAITIÈRE

Comme la plupart des gens croient qu'il est possible de se procurer du lait sans nuire à la vache, ils supposent que les produits laitiers sont naturellement exempts de cruauté. « Naturellement » est le mot clé, car, comme tous les produits carnés contemporains, la production de lait est tout sauf naturelle. Aux États-Unis, de nombreuses vaches passent leur vie dans des usines laitières, où elles sont soit enchaînées par le cou et confinées dans de minuscules stalles dans des hangars, soit vivent en plein air dans des parcs d'engraissement surpeuplés et clôturés. Dans les parcs d'engraissement, les vaches mangent sur un tapis roulant le long d'une clôture, et le sol sur lequel elles se tiennent debout et se couchent est en béton, saturé d'urine et d'excréments. En France, la majorité des élevages fonctionne en stabulation libre : lorsque les bovins sont dans les bâtiments, ils peuvent se déplacer librement. 90 % des élevages français pratiquent le pâturage : généralement entre avril et novembre les vaches accèdent à une pâture, ou prairie naturelle. Cependant, les stabulations entravées, où les vaches sont attachées en intérieur, sont encore permises en hiver[96].

Les vaches élevées pour la production laitière reçoivent des injections d'hormones de croissance génétiquement modifiées (ce procédé ayant cours aux États-Unis est interdit en Europe) et sont fécondées artificiellement chaque année, afin de maximiser la production de lait[97]. Dans la plupart des usines laitières des États-Unis et en France, les vaches sont traites par des machines pendant dix mois de l'année, ce qui inclut la période de neuf à dix mois pendant laquelle elles sont enceintes[98]. Ce processus d'imprégnation et d'allaitement continus soumet leur corps à un tel stress que de nombreuses vaches développent des boiteries et des mammites, une infection et une inflammation parfois massive de la mamelle. Le système de la vache est tellement surmené que son processus métabolique normal peut être insuffisant pour suivre son rendement physique, et son régime naturel herbivore de pâturage est donc complété par des céréales et des aliments carnivores riches en protéines, composés de dérivés animaux tels que des produits sanguins, de la gélatine et du suif[99].

Bien que le stress physique subi par ces vaches soit important, il est fort possible que leur plus grande souffrance vienne du traumatisme émotionnel qu'elles subissent chaque année après la mise à bas. Leur progéniture mâle est utilisée pour produire de la viande de veau[100], et les femelles sont utilisées pour la production laitière. Comme je l'ai mentionné précédemment, les vaches sont intimement liées à leurs veaux, qu'elles peuvent allaiter pendant un an. Dans les usines laitières, cependant, le veau est retiré, généralement quelques heures après sa naissance, afin que le lait de la vache puisse être détourné pour la consommation humaine. Souvent, le veau est arraché à sa mère, tandis que la vache pousse des hurlements hystériques. D'autres fois, pour éviter de provoquer la vache, on l'emmène dans une autre partie de l'établissement pour la traire, et le veau est retiré en son absence. Comme les humain·e·s, les vaches peuvent devenir frénétiques et désespérées lorsqu'elles ne retrouvent pas leur progéniture. Elles mugissent pendant des jours, cherchant frénétiquement leurs veaux, et deviennent parfois violentes, se débattant et donnant des coups de pied aux travailleur·se·s. Il arrive même que des vaches s'échappent et parcourent des kilomètres pour retrouver leurs veaux dans d'autres exploitations[101].

Bien que les vaches aient une durée de vie naturelle d'environ vingt ans, elles sont considérées comme épuisées et envoyées à l'abattoir après seulement quatre ans passés dans une usine laitière aux États-Unis, et cinq ans et demi en France [102]. Une grande partie du bœuf haché américain provient de vaches qui ont été utilisées pour la production laitière. En France, c'est 32 % de la viande bovine qui provient de vaches laitières en fin de carrière[103].

## DE LA BOUCHE DES ENFANTS : LE VEAU

Beaucoup de gens ont un faible pour les bébés, et les bovins n'y font pas exception. La plupart d'entre nous sont touché·e·s par la vue d'un veau qui vient de naître et compatissent à son innocence, à sa fragilité et à sa vulnérabilité. Les veaux aux jambes flageolantes sont même souvent représentés dans les livres pour enfants, et ces derniers les adorent. Imaginez donc le choc de beaucoup de gens lorsqu'ils apprennent le sort d'environ un million de veaux par an qui sont les sous-produits non désirés de l'industrie laitière. En fait, sans l'industrie laitière, l'industrie du veau n'existerait probablement pas[104].

Les veaux mâles nés de vaches laitières n'étant d'aucune utilité pour les producteur·rice·s laitiers, ils sont essentiellement éliminés. Quelques jours, voire quelques heures après leur naissance, les veaux sont embarqués dans un camion - et certains doivent être traînés, car ils ne sont pas encore capables de marcher correctement, une pratique désormais considérée comme inhumaine par le ministère américain de l'Agriculture (USDA). L'Autorité européenne de sécurité des aliments (EFSA) recommande de laisser le veau à minima un jour complet avec sa mère[105]. Ces veaux finissent dans des ventes aux enchères, où ils peuvent être vendus pour seulement 50 dollars (environ 45 euros) à des producteur·rice·s de viande de veau aux États-Unis. En France, le prix de vente des veaux (de 15 jours) est autour des 200 euros pour un veau mâle de 50 kg, un prix en forte augmentation (106 euros de plus qu'en 2024)[106]. Comme il s'agit littéralement de nouveau-nés, il n'est pas rare que la peau des veaux vendus aux enchères soit encore poisseuse et que le cordon ombilical soit encore accroché à leur estomac[107].

Pendant toute la durée de leur courte vie - bien que certains soient tués en quelques jours, la plupart de ces veaux vivent de seize à dix-huit semaines - ils sont enchaînés ou attachés par le cou et confinés dans des stalles si petites qu'ils ne peuvent même pas se retourner ou s'allonger normalement*[108]. Et pour obtenir la couleur pâle qui fait la réputation de la viande de veau, les animaux sont généralement nourris avec un régime non naturel pauvre en fer, de sorte qu'ils se trouvent dans un état d'anémie chronique à la limite de l'anémie grave. Les veaux élevés pour leur viande passent leur vie immobilisés et malades, et il n'est pas surprenant de constater qu'ils présentent certains des mêmes comportements névrotiques que d'autres animaux soumis à un stress intense : mouvements anormaux et grattage de la tête, coups de pied, griffures et mordillements.

L'abattage des veaux n'est pas différent de celui des autres animaux ; ils sont censés être étourdis avant d'être enchaînés, en France c'est inscrit dans le droit national (Code rural et de la pêche maritime)[109], mais là encore, cette méthode est loin d'être parfaite. Un travailleur interrogé par Eisnitz a décrit une partie du processus :

- Le matin, c'étaient les veaux qui posaient le plus de problèmes. Pour en finir plus rapidement avec eux, nous en mettions huit ou neuf à la fois dans la boîte de frappe. Dès qu'ils commençaient à entrer, vous commenciez à tirer, les veaux sautaient, ils s'empilaient les uns sur les autres. On ne sait pas lesquels ont été abattus et lesquels n'ont pas été abattus du tout, et on oublie de s'occuper des veaux du bas. On les pend quand même, et ils descendent la chaîne en se tortillant et en criant. Les bébés, âgés de deux ou trois semaines, je me sentais mal à l'aise de les tuer, alors je les laissais passer[110].

Il semble qu'il y ait un point où la violence du carnisme est telle, que même les défenses les plus puissantes du système vacillent.

---

* Les caisses pour les veaux sont interdites dans certains États américains et dans l'UE.

# FRUITS DE MER OU VIES MARINES ? LES POISSONS ET AUTRES ANIMAUX AQUATIQUES

Beaucoup d'entre nous se sentent tellement éloigné·e·s des poissons et autres animaux de la mer couramment consommés* qu'iels ne considèrent même pas leur chair comme de la viande. Par exemple, lorsqu'un·e mangeur·se de viande** apprend que quelqu'un est végétarien, il répondra souvent en demandant : « Du coup tu ne manges que du poisson ? » Nous avons tendance à ne pas percevoir la chair des animaux aquatiques comme de la viande parce que, bien que nous sachions qu'ils ne sont ni des plantes ni des minéraux, nous ne les considérons souvent pas comme des animaux. Et par extension, nous ne pensons pas que ces êtres sont sensibles, qu'ils ont une vie qui leur importe. Nous traitons donc les animaux marins comme s'il s'agissait de plantes anormales, les arrachant à l'océan aussi facilement que nous arrachons une pomme à un arbre.

Mais les animaux aquatiques sont-ils les organismes insensibles et sans cervelle que beaucoup d'entre nous pensent qu'ils sont ? Ce n'est pas le cas, selon un certain nombre de neurobiologistes, de comportementalistes animaliers et d'autres scientifiques du monde entier. De nombreuses recherches démontrent que les poissons et autres animaux marins possèdent à la fois l'intelligence et la capacité de ressentir la douleur. Les recherches sur l'intelligence des animaux aquatiques ont, par exemple, démontré que les poissons n'oublient pas ce qu'ils ont vécu quelques instants auparavant, mais qu'ils ont une mémoire d'au moins trois mois[111]. En outre, Theresa Burt de Perera, scientifique à l'université d'Oxford, a déterminé que les poissons peuvent développer des « cartes mentales » de leur environnement qui leur permettent de mémoriser et de naviguer dans les changements de leur environnement - une tâche qui dépasse les capacités cognitives des hamsters. À la suite de ces découvertes, il est désormais illégal dans la ville de Monza, en Italie, de garder les poissons rouges confinés dans de petits bocaux[112]. Les homards, dont certains ont une durée de vie supérieure à celle de l'homme, possèdent plus de 400 types de récepteurs chimiques sur leurs antennes, ce qui, selon le D^r^ Jelle Atema du *Marine*

---

* Les animaux aquatiques proviennent à la fois des eaux salées et des eaux douces. Cependant, j'utilise parfois le terme « mer » en référence aux animaux aquatiques parce que la grande majorité d'entre eux proviennent de l'océan et parce que je souhaite éviter un langage trop lourd.

** Comme je l'ai mentionné au chapitre 2, l'expression « mangeur·se de viande » ne représente pas correctement le phénomène de la consommation carniste. Une expression plus appropriée serait « consommateur·rice carniste ». Toutefois, afin de ne pas noyer le·a lecteur·rice dans une terminologie trop peu familière, j'ai choisi d'utiliser le terme « mangeur·se de viande » tout au long de ce livre.

*Biological Laboratory* (Laboratoire de biologique marin) de Woods Hole dans le Massachusetts, pourrait leur permettre de détecter le sexe, l'espèce et même l'humeur d'un autre animal.

J'ai souligné plus haut que les scientifiques ont démontré la sensibilité de certains types de crustacés, au point que des lois ont été adoptées pour protéger ces espèces. De même, les preuves que d'autres animaux aquatiques peuvent ressentir la douleur s'accumulent. Par exemple, des chercheur·se·s ont découvert que les poissons possèdent un certain nombre de récepteurs de la douleur dans différentes parties de leur corps et qu'ils émettent des neurotransmetteurs qui agissent comme des analgésiques, à l'instar des endorphines chez l'humain[113]. Dans une étude, des chercheur·se·s de l'Institut Roslin et de l'université d'Édimbourg ont injecté une substance douloureuse et acide dans les lèvres d'un groupe de poissons et une solution saline dans les lèvres d'un autre groupe. Le premier groupe de poissons présentait un mouvement de bascule « étonnamment similaire au type de mouvement observé chez les mammifères stressés ». En outre, les animaux souffraient manifestement : ils se frottaient les lèvres sur le gravier de l'aquarium et contre ses parois, et mettaient trois fois plus de temps que le groupe témoin à s'alimenter de nouveau. (Cette étude a relancé le débat sur l'éthique de la pêche récréative, les défenseur·se·s des animaux estimant que le fait d'empaler des poissons par la bouche pour le plaisir est une forme de cruauté envers les animaux.)

D'autres recherches ont suggéré que les animaux aquatiques pourraient en fait avoir une réaction post-traumatique à la douleur. Dans une étude qui a fait date, des scientifiques de l'université de Purdue et de l'université norvégienne des Sciences de la vie ont fixé des feuilles chauffantes à deux groupes de poissons et ont administré de la morphine à l'un d'entre eux. Ils ont augmenté la température de la feuille pour observer la réaction des poissons (aucun poisson n'a été blessé de façon permanente au cours de l'expérience). Les chercheur·se·s ont supposé que la morphine permettrait aux poissons de supporter davantage de chaleur. Il s'est avéré que les deux groupes de poissons ont frétillé à la même température, ce qui a amené les chercheur·se·s à conclure que les frétillements étaient une réaction réflexe et n'indiquaient pas de douleur. Cependant, une fois les poissons replacés dans leur bassin, ceux qui n'avaient pas reçu de morphine présentaient des comportements défensifs, indiquant une anxiété ou une méfiance. Les chercheur·se·s ont déterminé que les poissons avaient une réaction post-traumatique à la douleur : « Ils ont transformé cette douleur en peur, comme nous le faisons. »

Néanmoins, 47 milliards d'animaux aquatiques sont abattus chaque année aux États-Unis, et 54 millions en France, dont beaucoup sont destinés à la consommation humaine, et c'est la même chose en France à hauteur de 50 millions d'individus par an[114]. Ces animaux sont capturés, élevés et tués de deux manières : par la pêche commerciale et par l'élevage aquatique[115]. Chacune de ces méthodes entraîne des souffrances intenses pour les animaux et des dommages considérables pour l'environnement.

La pêche commerciale est responsable non seulement de l'épuisement de 90 % des stocks, ou sous-populations[116], de poissons dans le monde, mais aussi de graves dommages causés à d'autres espèces animales. L'une des méthodes utilisées pour capturer les poissons consiste à traîner de longs filets sous la surface de l'océan. Ces filets produisent des quantités massives de « prises accidentelles », c'est-à-dire d'animaux capturés autres que ceux qui sont visés[117]. On estime que chaque année, plus de 27 millions de tonnes d'animaux marins dans le monde, dont des oiseaux, des tortues, des dauphins et des poissons indésirables, sont rejetés dans l'océan, morts ou mourants ; les filets laissés en mer continuant de prendre au piège les oiseaux de mer et les autres animaux qui les rencontrent involontairement[118]. Dans certains endroits, les pêcheur·se·s utilisent de la dynamite ou du cyanure à la place des filets, mais ces méthodes peuvent détruire des écosystèmes entiers[119]. La pêche commerciale représente une telle menace pour la biodiversité marine qu'elle a été qualifiée de « coupe rase sous-marine ».

Certaines personnes choisissent de manger du poisson d'élevage plutôt que du poisson pêché commercialement afin de contribuer à la préservation de la biodiversité des océans. On estime que, pour la production de un kilogramme de saumon d'élevage (le premier poisson le plus consommé aux États-Unis et le deuxième le plus consommé en France, après le thon[120]), on utilise jusqu'à cinq kilogrammes de vies marines. Les poissons d'élevage sont élevés dans des fermes aquacoles, qui sont des CAFO pour animaux marins et qui produisent 21 % du poisson consommé aux États-Unis et 47 % du poisson consommé dans le monde[121]. Ces installations peuvent être soit terrestres, dans des environnements intérieurs contrôlés, soit océaniques, situées à proximité du littoral. Dans ces deux types de fermes aquacoles, des dizaines de milliers de poissons ou d'autres animaux aquatiques sont entassés dans des enclos surpeuplés, infestés de parasites et de maladies.

Pour lutter contre les maladies, accélérer la croissance et modifier les comportements reproductifs, les animaux reçoivent des antibiotiques, des pesticides et des hormones, et certains sont génétiquement modifiés[122]. Les produits chimiques sont absorbés par les animaux et s'infiltrent dans l'environnement, finissant dans notre système digestif et notre écosystème. Il n'est pas rare que des poissons s'échappent des enclos situés dans l'océan, et lorsqu'ils le font, ils peuvent propager des maladies ou se reproduire et contaminer le patrimoine génétique[123].

Le poisson peut être abattu de différentes manières[124]. Les poissons capturés dans le commerce sont souvent laissés à l'abandon après avoir été débarqués. Les poissons d'élevage sont généralement retirés de leur enclos à l'aide d'une pompe et déversés dans une zone d'abattage. Là, diverses méthodes d'abattage peuvent être appliquées, notamment l'électrocution, qui provoque une crise mortelle comparable à une crise d'épilepsie ; l'étourdissement par percussion, qui consiste à administrer un coup sur la tête avec un gourdin ; la réfrigération en direct, qui consiste à laisser l'animal sur de la glace et à le congeler vivant ; la suffocation ; ou le picage, qui consiste à introduire une pointe dans le cerveau de l'animal.

Malgré la violence inhérente à la production de produits de la mer, la plupart des gens ne sont pas troublés par la vue de certains aspects de ce processus.

Ainsi, la principale défense du système carniste, l'invisibilité, joue un rôle moindre lorsqu'il s'agit de traiter les animaux aquatiques ; la plupart des gens peuvent assister à l'abattage des poissons, par exemple, sans éprouver le traumatisme qu'ils pourraient ressentir en assistant à l'abattage d'un cochon. Il semblerait que, parce que les animaux aquatiques semblent si fondamentalement différents des humain·e·s, si étrangers, nous nous sentons suffisamment éloigné·e·s d'eux pour que leur souffrance reste invisible, même lorsqu'elle est à la vue de tou·te·s.

## LE CARNISME COMPASSIONNEL : DE LA VIANDE, DES ŒUFS ET DES PRODUITS LAITIERS « SANS CRUAUTÉ »

Ces dernières années, avec la prise de conscience de la violence inhérente à l'agriculture animale contemporaine, de plus en plus de personnes ont choisi de ne pas soutenir une industrie qu'elles considèrent comme contraire à leurs valeurs morales fondamentales de compassion et de justice. L'industrie carniste a donc cherché à contrer cette tendance, notamment en offrant aux gens la possibilité de consommer des animaux qui sont censés être heureux d'être mangés, en produisant de la viande, des œufs et des produits laitiers soi-disant sans cruauté.

Les animaux élevés « humainement » souffrent souvent énormément. Même s'ils ont plus d'espace pour se déplacer, ils sont soumis à des pratiques douloureuses, telles que la castration sans anesthésie (comme dans la production de viande) ou le fait que leur progéniture soit jetée dans des hachoirs à viande (comme dans la production d'œufs) ou leur soit retirée quelques heures après la naissance (comme dans la production laitière). Et presque tous les animaux finissent dans les mêmes abattoirs[125]. En tant que telle, la notion même de produits carnés sans cruauté est irrationnelle.

Il peut être difficile d'apprécier l'absurdité du « carnisme compassionnel » si l'on ne sort pas de la prison carniste. Considérons donc ceci : la plupart d'entre nous trouveraient cruel d'abattre un golden retriever heureux et en bonne santé simplement parce que les gens aiment le goût de ses cuisses - mais lorsque la même chose est faite à des individus d'autres espèces, nous sommes censé·e·s la considérer comme faite avec humanité. La viande, les œufs et les produits laitiers produits sans cruauté - le carnisme compassionnel - sont en effet une contradiction en soi.

## « CETTE TORTURE… OBSCÈNE DOIT CESSER, ET SEULS DES GENS COMME NOUS PEUVENT AIDER. »

En Corée du Sud, des millions de chiens sont tués chaque année pour leur viande (une pratique qui arrivera heureusement à son terme en 2027, quand la nouvelle loi l'interdisant sera appliquée).

En 2002, le journal britannique *Telegraph* a publié un article documentant la vie et la mort des chiens élevés pour leur viande :

*La puanteur et les cris des chiens en cage peuvent faire mal au ventre, mais Lee Wha-jin se contente de servir des plats de ragoût de viande de chien sur les tables en plastique blanc de son restaurant situé dans le célèbre marché nocturne de Moran, à Séoul.*

*À l'arrière de chaque boutique, des chiots de huit mois - considéré comme l'âge idéal pour être mangés - sont entassés dans de minuscules cages soudées les unes aux autres sur trois ou quatre mètres de haut. Les client·e·s choisissent l'animal vivant qu'iels souhaitent. Le chien est ensuite emmené au fond du magasin, où un rideau fragile ou une porte battante masque la vue, mais pas le son, d'une mort atroce…*

*Avant d'arriver dans les sinistres cages des restaurants, la plupart des chiens ont dû endurer la misère d'une ferme canine coréenne cachée dans les collines à la campagne. Il n'est pas rare que les chiots grandissent à 10 dans une cage, couverts de plaies et de poux…*

*La mort des chiens est aussi inhumaine que leur élevage. La majorité d'entre eux sont battus à mort, car on pense que cela stimule la production d'adrénaline qui, selon les hommes sud-coréens, renforce leur virilité. Une fois morts, ou presque, les chiens sont plongés dans l'eau bouillante, dépouillés et suspendus par la mâchoire à un crochet à viande. De nombreux·ses cuisinier·ère·s utilisent ensuite un chalumeau pour émailler la carcasse*[126].

Le commerce de la viande de chien en Corée du Sud a suscité une violente opposition de la part des groupes de défense des animaux et des étranger·ère·s, dont beaucoup consomment régulièrement de la viande de porc, de poulet et de bovin. Lee Won-bok, président de l'association coréenne pour la protection des animaux, a déclaré : « C'est horrible d'imaginer de la viande de chien exposée à côté du bœuf et du jambon dans les supermarchés. » Des blogueur·se·s horrifié·e·s sur le site de la *American Society for the Prevention of Cruelty to Animals* (ASPCA, la Société américaine pour la prévention de la cruauté envers les animaux) ont fait écho à ce sentiment. Comme Won-bok, les blogueur·se·s ont exprimé ce que de nombreuses personnes ressentent lorsqu'elles prennent conscience de la cruauté envers les animaux* :

*[L]es gens décents ne peuvent pas se résoudre à faire face à cette question en raison de l'horreur absolue qu'est la consommation de chiens/chats qui a lieu en Extrême-Orient, où des millions de chiens et de chats sont écorchés vifs, bouillis vifs, certains même écorchés vifs,*

*PUIS bouillis vifs. [L]'Extrême-Orient est responsable de la pire et de la plus obscène cruauté envers les animaux que cette planète n'ait jamais connue, et ce à grande échelle.*

*... [L]a plupart des gens ne voient et n'entendent que ce qu'ils veulent et, parce que cela ne se passe pas chez eux, les gens ont tendance à l'ignorer, mais ce n'est pas parce que cela se passe à l'étranger que cela va disparaître. Il faut que les gens sortent la tête du sable et défendent ces animaux.*

*Les chiens qui sont finalement tués pour la consommation, s'ils ont eu une vie, c'était une vie de pure misère... Les chiens ne sont ni des animaux sauvages ni des animaux d'élevage... Tout le monde, dans le monde entier, doit agir maintenant. Sauvez les chiens en Corée. Vous pouvez le faire.*

*[J]'ai vu des actes de cruauté partout dans le monde, mais l'Extrême-Orient est vraiment choquant dans son attitude à l'égard des*

---

* Les déclarations suivantes ne sont pas les miennes ; elles proviennent de commentateurs en ligne qui consomment sans aucun doute de la viande de vache, de poule et de cochon, mais qui décrient néanmoins la production et la consommation de viande de chien. Ces commentaires ont simplement pour but de souligner le fait que les consommateurs de produits carnés ne voient généralement pas la contradiction dans leurs propres croyances et comportements.

*animaux. [M]a théorie est qu'ils savent que l'Occident éclairé accorde généralement aux chiens/chats le respect qu'ils méritent, et que leurs sociétés arriérées [sic] ne sont pas disposées à les rattraper.*

*[J]'en déduis que de nombreuses [personnes] ignorent tout de la situation en Extrême-Orient et, pour être honnête, on ne peut pas vraiment les blâmer. Après tout, combien de personnes honnêtes rêveraient que des animaux puissent être soumis à une telle cruauté étrangère inutile ? [P]artout, les personnes décentes doivent affronter cette question, même si elle leur donne des cauchemars...*

*[C]ette torture obscène, satanique et diabolique [sic] doit cesser, et seuls des gens comme nous peuvent aider.*

Mardi 9 janvier 2024, le Parlement sud-coréen a voté l'interdiction de la consommation et du commerce de la viande de chien, loi qui entrera strictement en vigueur en 2027[127].

## SI LES ABATTOIRS AVAIENT DES PAROIS EN VERRE

Paul McCartney a déclaré un jour que, si les abattoirs avaient des parois en verre, tout le monde serait végétarien. Il pensait que si nous connaissions la vérité sur la production de viande, nous ne pourrions pas continuer à manger des animaux.

Pourtant, à un certain niveau, nous connaissons la vérité. Nous savons que la production carniste est une entreprise désordonnée, mais nous choisissons de ne pas savoir à quel point elle est désordonnée. Nous savons que la viande provient d'animaux, mais nous choisissons de ne pas faire le lien. Et souvent, nous mangeons des animaux sans même savoir que nous faisons un choix. Les idéologies violentes sont structurées de telle sorte qu'il est non seulement possible, mais surtout inévitable que nous soyons conscient·e·s d'une vérité désagréable à un certain niveau tout en l'ignorant à un autre. Ce phénomène *de savoir sans savoir* est commun à toutes les idéologies violentes. Et c'est l'essence même du carnisme.

Les idéologies violentes s'accompagnent d'un contrat implicite entre la personne qui produit et celle qui consomme, qui s'engage à ne pas voir le mal, à ne pas entendre le mal et à ne pas parler du mal. Bien sûr, les entreprises carnistes se donnent beaucoup de mal pour protéger leurs secrets, mais nous leur facilitons la tâche. Elles nous disent de ne pas regarder, et nous nous détournons. Elles nous disent que des milliards d'animaux que nous ne voyons jamais vivent en plein air dans des fermes paisibles, et aussi illogique que cela soit, nous ne le remettons pas en question. Nous leur facilitons la tâche parce qu'à un certain niveau, la plupart d'entre nous ne veulent pas savoir ce qu'il en est réellement.

Mais en même temps, nous voulons et méritons la liberté de prendre des décisions en connaissance de cause, de penser librement, d'être actif·ve·s dans notre consommation. Cette liberté est évidemment impossible si nous ne sommes même pas conscient·e·s que nous faisons des choix. Lorsqu'une idéologie invisible guide nos croyances et nos comportements, nous devenons les victimes d'un système qui nous a volé notre liberté de penser par nous-mêmes et d'agir en conséquence.

Lorsque nous comprenons la réalité des choses - lorsque nous reconnaissons les rouages du système - alors, et seulement alors, nous sommes en mesure de faire nos choix en toute liberté. Nommer le carnisme et démystifier les pratiques de la production carniste peut nous aider à commencer à voir à travers la façade du système. Schlosser exprime ce point avec éloquence, et il semble tout à fait approprié de terminer ce chapitre par la conclusion de son parcours à travers la vie et la mort des animaux que nous mangeons :

- Tandis que je marche le long de la clôture, un groupe de bovins s'approche de moi, me regardant droit dans les yeux, comme des chiens espérant une friandise, et me suit, sous l'effet d'une mystérieuse impulsion. Je m'arrête et j'essaie d'absorber toute la scène : la brise fraîche, le bétail et son doux mugissement, un ciel sans nuages, la vapeur qui s'élève de l'usine [de viande] au clair de lune. Puis je remarque que le bâtiment possède une fenêtre, un petit carré de lumière au deuxième étage. Elle laisse entrevoir ce qui se cache derrière cette immense façade vide. À travers la petite fenêtre, on peut voir des carcasses rouge vif sur des crochets, qui tournent en rond[128].

# 4
# LES DOMMAGES COLLATÉRAUX : LES AUTRES VICTIMES DU CARNISME

*Les faits ne cessent pas d'exister parce qu'ils sont ignorés.*
– Aldous Huxley

Dans le chapitre 3, nous avons étudié la vie et la mort des animaux les plus couramment élevés pour la viande, les œufs et les produits laitiers aux États-Unis. Par souci de concision, je n'ai pas parlé des animaux moins fréquemment consommés, tels que les agneaux, les chèvres et les canards. Je n'ai pas non plus mentionné un groupe important d'animaux qui sont les autres victimes du carnisme, des animaux qui sont les *dommages collatéraux* trop souvent négligés de l'agroalimentaire.

Comme les cochons et les autres espèces dont nous avons parlé, la grande majorité de ces animaux - plus de 300 millions - sont traités comme des marchandises, comme des moyens de parvenir à une fin. Comme pour les autres animaux, leur bien-être est un obstacle au profit. Et comme les autres animaux, ils sont peu protégés par la loi.

Ces autres victimes du carnisme sont rarement au centre de l'attention lorsque l'on parle de la production carniste. Elles aussi sont des victimes invisibles - non pas parce qu'elles ne sont pas vues - mais parce qu'elles ne sont pas reconnues. Ce sont les animaux humains. Ce sont les employé·e·s d'usine, les résident·e·s qui vivent à proximité d'exploitations polluantes, les consommateur·rice·s carnistes, les contribuables. Ce sont vous et moi. Nous sommes les dommages collatéraux du carnisme ; nous payons le carnisme avec notre santé, notre environnement et nos impôts - 13,2 milliards de dollars par an (en subventions agricoles), pour être exact*[129].

* Les producteur·rice·s de viande ne reçoivent pas de soutien financier direct dans le cadre de la loi agricole de 2014 (pas plus que dans le cadre du programme antérieur à 2014), mais iels sont éligibles aux aides d'urgence et aux secours en cas de catastrophe, qui ont coûté 9,8 milliards de dollars entre 1995 et 2016. Dans l'UE, des subventions d'environ 30 milliards d'euros sont accordées aux producteur·rice·s de viande, soit environ 19 % du budget annuel total global.

Les travailleur·se·s des usines de conditionnement de la viande* passent pratiquement toutes leurs journées dans des usines surpeuplées dont les sols peuvent être couverts de sang et de graisse[130]. Le rythme effréné de la chaîne de désassemblage les expose en permanence à des risques de blessures graves, voire mortelles[131]. Les employé·e·s des CAFO, qui sont exposé·e·s à des gaz nocifs provenant de déchets concentrés, peuvent développer des maladies respiratoires graves, des dysfonctionnements reproductifs, des dégénérescences neurologiques et des crises d'épilepsie ; iels peuvent même tomber dans le coma[132].

Ces conditions de travail saturées et dangereuses peuvent entraîner toute une série d'autres maladies physiques[133], mais ces employé·e·s reçoivent rarement un traitement médical, car il est plus rentable de perdre certains d'entre eux·elles prématurément que de s'occuper de leurs besoins physiques. Il n'est pas surprenant que, comme d'autres animaux qui doivent être poussés lorsqu'ils refusent d'obéir aux ordres, les employé·e·s des usines d'animaux puissent être brutalisé·e·s, physiquement et psychologiquement, s'iels refusent de suivre un ordre[134].

Les habitant·e·s qui vivent à proximité des CAFO ont été empoisonné·e·s par les déchets des usines, notamment les sulfites et les nitrates. Ces toxines contaminent l'air et l'eau potable et peuvent provoquer de l'asthme chronique, des irritations oculaires, des bronchites, des diarrhées, des maux de tête violents, des nausées, des avortements spontanés, des malformations congénitales, des décès d'enfants et des épidémies de maladies virales et bactériennes[135].

Les consommateur·rice·s de viande, d'œufs et de produits laitiers, soit plus de 317 millions d'Américain·e·s, sont nourri·e·s à leur insu d'une multitude de contaminants. Les aliments carnés contiennent souvent des hormones synthétiques, dont certaines ont été associées au développement de divers cancers et sont interdites à la consommation humaine et animale dans l'Union européenne[136] ; des doses massives d'antibiotiques ; des pesticides, des herbicides et des fongicides toxiques qui sont des agents cancérigènes connus ; des souches de bactéries et de virus potentiellement mortels ; du pétrole ; des carcasses de rats empoisonnées ; de la saleté ; des cheveux et des excréments[137].

Dans *Fast Food Nation*, Eric Schlosser capture l'essence des dommages collatéraux du carnisme : « Il y a de la merde dans la viande. » Si Schlosser faisait spécifiquement référence à la matière fécale, le sujet de ce chapitre va bien au-delà des excréments. Il s'agit de tout ce qui contamine la viande, les œufs et les produits laitiers que nous mangeons, de la corruption à la

* Les conditions de travail dans les usines de conditionnement de produits laitiers et d'œufs sont similaires à celles des usines de viande.

maladie. *Ce sont les déchets d'un système malade.* L'histoire de la façon dont la merde s'est retrouvée dans notre viande est l'histoire de l'une des principales caractéristiques du carnisme et d'autres idéologies violentes : le système dépend d'un groupe de victimes indirectes, de victimes involontaires qui non seulement subissent les conséquences du système, mais qui l'aident également en participant involontairement à leur propre victimisation. Le système crée ces victimes en apparaissant comme ce qu'il n'est pas, afin que nous nous sentions en sécurité alors que nous sommes en danger ; et libres alors que nous avons été contraint·e·s. L'histoire de la façon dont la merde s'est retrouvée dans notre viande est l'histoire des victimes humaines du carnisme.

## À QUEL POINT SOMMES-NOUS EN SÉCURITÉ ?

En 1906, Upton Sinclair a publié *La Jungle*, son célèbre exposé sur l'industrie du conditionnement de la viande. *La Jungle* documente la corruption des agro-industries animales et les conditions sales et dangereuses qui caractérisent les usines de conditionnement de la viande et les abattoirs. Sinclair a décrit des usines où les travailleur·se·s se tenaient dans un centimètre de sang, sur des sols d'abattoirs grouillant de rats - vivants et morts - dont certains finissaient traités en même temps que la viande. Les employé·e·s risquaient constamment de se faire trancher les doigts et de tomber dans des cuves de graisses, « qu'ils négligeaient pendant des jours, jusqu'à ce que tout, à l'exception des os, soit devenu du lard *Durham's Pure Leaf** ». *La Jungle* a révélé des conditions si épouvantables et dégoûtantes que le public et les politiques ont été indigné·e·s. Cette indignation générale a conduit à l'adoption de la loi sur l'inspection des viandes et de la loi sur les aliments et les médicaments purs aux États-Unis, qui prévoyaient des inspections régulières des abattoirs et des usines de conditionnement de la viande.

Beaucoup ont entendu parler de *La Jungle* et de son impact sur les lois réglementant la production de viande. Cependant, peu de gens savent que ces lois ont rarement été appliquées et que les décennies qui ont suivi la publication de *La Jungle* n'ont guère vu d'amélioration des conditions de travail dans les usines.

En fait, à bien des égards, les conditions actuelles sont encore pires ; l'avènement d'usines plus grandes et de technologies de transformation plus rapides, associé à un nombre insuffisant d'inspecteur·rice·s fédé-

* Il s'agit d'un nom de marque fictive que l'on retrouve dans l'ouvrage et qui représente les dangers de l'industrie de la viande.

raux·ales, a alourdi le fardeau des travailleur·se·s et a rendu les installations encore plus surpeuplées et difficiles à contrôler.

## LES INFECTIONS, LES INSPECTIONS ET L'USDA

Les inspections se déroulent à deux niveaux : rapprochée et à distance. Conformément à la loi sur l'inspection des viandes de 1906, les inspecteur·rice·s de l'USDA (*United States Department of Agriculture*, département de l'Agriculture des États-Unis) devaient procéder à des inspections rapprochées : iels devaient vérifier les organes et autres parties du corps des animaux pour détecter les maladies, les équipements pour détecter les microbes, les carcasses pour détecter les premiers signes de contamination et les insectes, ainsi que les murs et les salles pour s'assurer qu'ils étaient correctement assainis. Toutefois, dans les années 1980, une nouvelle législation a transféré la charge du contrôle de la qualité du gouvernement aux usines elles-mêmes[138] (et récemment, l'administration Trump a encore aggravé la situation en réduisant de près de moitié le nombre d'inspecteur·rice·s fédéraux·ales requis dans une usine donnée[139]). Cela signifie que les employé·e·s des entreprises, plutôt que les instances fédérales, sont désormais responsables des inspections plus approfondies - des employé·e·s qui ne reçoivent pratiquement aucune formation formelle et ne peuvent pas identifier de nombreux signes de contamination et de maladie, et qui, souvent, ne parlent pas suffisamment bien anglais pour communiquer leurs trouvailles[140].

Depuis l'adoption de la nouvelle législation, des études menées dans plusieurs usines ont révélé que les inspecteur·rice·s des entreprises ne savaient pas qu'un morceau de viande portant une étiquette de l'USDA était condamné et qu'iels ne reconnaissaient pas les signes de la rougeole[141]. Ces enquêtes ont également révélé que les inspecteur·rice·s étaient incapables de reconnaître les infections à moins que du pus ne suinte d'un abcès. En fait, il semble que, dans les usines de conditionnement de viande des États-Unis, la viande contaminée soit la règle plutôt que l'exception. Une étude récente dans laquelle des échantillons de viande vendue au détail ont été testés pour E. coli a révélé que 76,7 % de la dinde hachée, 63,4 % du poulet, 47,3 % du bœuf haché et 33,8 % des côtelettes de porc étaient contaminés[142] ; et selon une étude publiée dans le *Journal of Food Protection*, une contamination fécale a été trouvée dans 85 % des filets de poisson achetés sur les marchés de détail et sur Internet[143]. De plus, l'OMS a averti que la grippe aviaire, le virus potentiellement mortel, peut se propager par les matières fécales d'oiseaux infectés[144].

Même si les travailleur·se·s étaient en mesure d'identifier les parties du corps contaminées, les normes de qualité alimentaire sont si basses que de nombreuses carcasses défectueuses passeraient quand même l'inspection[145]. Prenons l'exemple de l'enquête menée conjointement par le *Guardian* et le *Bureau of Investigative Journalism* (TBIJ, bureau du Journalisme d'investigation) sur des documents non publiés du gouvernement américain, qui a révélé un certain nombre d'incidents, tels que « des carcasses de porcs s'empilant sur le sol de l'usine après une panne d'équipement, entraînant une contamination par de la graisse, du sang et d'autres saletés ; de la viande destinée à la [consommation] humaine retrouvée criblée de matières fécales et d'abcès remplis de pus... des sols d'usine inondés d'eau sale après que les drains ont été obstrués par des morceaux de viande et d'autres débris ; [et] du poulet sale, souillé par des excréments ou tombé sur le sol, remis sur la chaîne de production après avoir été rincé avec du chlore dilué[146] ». En 2007, le *Chicago Tribune* a publié un article révélant que l'USDA jugeait acceptable que les entreprises agroalimentaires vendent de la viande contaminée par E. coli, à condition que la viande soit étiquetée « à cuire uniquement », pour être utilisée dans des produits carnés précuits (y compris ceux qui ont fini dans les cantines scolaires[147]).

L'insalubrité des bâtiments et des machines peut également constituer une menace pour la santé humaine[148]. Le rapport conjoint *Guardian-TBIJ* susmentionné a révélé que « de la viande malade - ne pouvant pas entrer dans la chaîne alimentaire humaine - a été placée dans un conteneur destiné aux produits comestibles ; de la viande souillée par des matières fécales a également été enregistrée, un inspecteur ayant noté... "J'ai observé un intestin de volaille dans la poubelle à foie. L'intestin mesurait environ 16,5 centimètres de long et des matières fécales visibles suintaient à ses deux extrémités" ; une tête de porc recouvrait partiellement un drain, ce qui avait pour effet de "remplir la zone d'eaux usées ensanglantées" ; les inspecteur·rice·s ont trouvé un évier en acier inoxydable pour le lavage des mains "bouché et rempli à environ un quart d'eau ensanglantée stagnante avec des morceaux de graisse et de viande". Les employé·e·s de la production utilisent cet évier pour nettoyer et désinfecter leurs mains et leurs gants... »

Certain·e·s inspecteur·rice·s de l'USDA ont exprimé leur vive inquiétude quant aux conditions insalubres qui règnent dans les usines de conditionnement de la viande, mais iels n'ont guère la possibilité de faire entendre leur voix pour faire changer les choses[149]. Les grandes insuffisances du système d'inspection actuel ont été décrites dans un autre article du *Chicago Tribune* en 2007. Felicia Nestor, analyste politique senior pour la *Food and Water Watch* (Surveillance des aliments et de l'eau), un groupe veillant à la sécurité alimentaire, a déclaré au *Tribune* : « Les inspecteur·rice·s ne sont pas... dans la grande majorité des usines de traitement, à temps plein. La plupart du temps, les inspecteur·rice·s des usines effectuent des patrouilles, c'est-à-dire qu'iels couvrent un certain nombre d'usines[150]. » Les agent·e·s fédéraux·ales ont signalé que les objectifs d'inspection n'ont pas été atteints depuis des années ; leur charge de travail est tellement écrasante qu'iels se contentent de vérifier superficiellement les registres de l'entreprise, au lieu de procéder à des examens physiques de la viande. Les inspecteur·rice·s passent leur temps à contrôler le plan d'analyse des risques des entreprises de viande et n'ont pas le temps d'appliquer réellement les règlements d'inspection de l'USDA. Un inspecteur a déclaré à la *Tribune* : « Elles [les entreprises de conditionnement de la viande] rédigent leur propre plan. Elles écrivent tout pour elles-mêmes. Nous "surveillons" ça maintenant. Ce n'est qu'une blague. Aujourd'hui, nous contrôlons surtout le papier. On peut mettre tout ce qu'on veut sur le papier. »

En fin de compte, les entreprises, dont l'objectif premier est d'accroître leur marge de profit, font ce qu'elles veulent. Nous avons laissé le renard garder le poulailler. Et il n'est pas surprenant que nous nous retrouvions avec de la merde dans notre viande.

## L'ABATTOIR HUMAIN ANIMAL

*La viande est depuis longtemps synonyme de liberté d'exploitation.*

– Nick Fiddes, *Meat: A Natural Symbol (La viande : un symbole naturel)*

De nombreux travailleur·se·s des usines américaines de conditionnement de la viande sont des immigrant·e·s sans papiers originaires d'Amérique centrale, d'Amérique du Sud et d'Asie, qui reçoivent peu de formation, voire aucune[151]. Schlosser a interviewé un saigneur (un employé d'abattoir) qui lui a dit : « Personne ne m'a aidé à me former – on ne m'a pas appris à utiliser le couteau... Donc vous regardez comment les gens à côté de vous font le travail, et ensuite vous le faites[152]. »

En plus de devoir effectuer des tâches pour lesquelles iels ne sont absolument pas préparé·e·s, ces employé·e·s se retrouvent dans des conditions de travail qui relèvent de l'exploitation, du danger, de l'insalubrité et de la violence. Iels passent des heures et des heures dans un environnement saturé de mort et de stress, et iels en souffrent – imaginez que vous fassiez une coupure au couteau toutes les deux ou trois secondes, soit environ *10 000 coupures* par jour[153].

Dans une interview accordée au magazine *Mother Jones*, Schlosser a commenté le rythme implacable de la chaîne de production :

– La règle d'or dans les usines de conditionnement de la viande est « la chaîne ne s'arrête pas »... Rien ne doit entraver la production, pas même les défaillances mécaniques, les pannes et les accidents. Les chariots élévateurs malfonctionnent et s'écrasent au sol, les scies surchauffent, les employé·e·s font tomber leurs couteaux, se coupent, s'effondrent et gisent inconscients sur le sol, tandis que les carcasses dégoulinantes passent devant elles·eux, et la chaîne continue... un employé m'a dit : « J'ai vu des collègues pisser le sang, parce qu'iels avaient été touché·e·s en plein dans la veine, et je veux dire qu'iels s'évanouissaient presque, et voilà le livreur qui revient, avec l'eau de javel, pour nettoyer le sang sur le sol, mais la chaîne ne s'arrête jamais. Elle ne s'arrête jamais[154]. »

Il n'est pas surprenant que le conditionnement de la viande soit sans doute le travail d'usine le plus dangereux[155], et sans aucun doute le plus violent. Par exemple, aux États-Unis, les travailleur·se·s doivent porter des masques de hockey pour éviter de se faire arracher les dents par des animaux conscients traînés sur un tapis roulant[156]. Les titres des rapports d'accidents publiés par l'administration fédérale américaine *Occupational Safety and Health Administration* (OSHA, Administration de la sécurité et de la santé au travail) donnent un aperçu de ces conditions périlleuses :

*Un employé hospitalisé pour une lacération au cou causée par une lame volante. Un employé blessé à l'œil après avoir été frappé par un crochet suspendu. Amputation du bras d'un employé pris dans un attendrisseur de viande. Un employé décapité par la chaîne d'une écharneuse. Un employé tué, la tête écrasée dans une broyeuse. Attrapé et tué par la machine à cuire les boyaux*[157].

En fait, en 2005, pour la première fois, *Human Rights Watch* (Observatoire des droits humains) a publié un rapport critiquant une seule industrie américaine – l'industrie de la viande – pour ses conditions de travail si épouvantables qu'elles violent les droits humains fondamentaux[158].

## RISQUES OPÉRATIONNELS DANS L'INDUSTRIE DU CONDITIONNEMENT DE LA VIANDE

| **Opération effectuée** | **Équipement/ substances** | **Accidents/ blessures** |
|---|---|---|
| Assommage | Pistolet de frappe | *Choc sévère, perforations du corps* |
| Écorchage/Enlèvement des pattes avant | Pince | *Amputations, lésions oculaires, coupures, chutes* |
| Démembrement de l'animal | Scies à ruban | *Lésions oculaires, syndrome du canal carpien, amputations, coupures, chutes* |
| Extraction du cerveau | Séparateur de tête | *Coupures, amputations, lésions oculaires, chutes* |
| Transport de produits | Covouyeurs à vis, vis sans fin | *Fractures, amputations, chutes* |
| Découpage, taillage, désossage | Couteaux à une main, scies circulaires, scies à ruban | *Coupures, lésions oculaires, syndrome du canal carpien, chutes* |
| Retrait de l'os de la mâchoire/du museau | Extracteur de mâchoires/ museaux | *Amputations, chutes* |
| Préparation de la coupe du lard | Presse à lard/presse à ventre | *Amputations, chutes* |
| Attendrissement | Attendrisseurs de viande électriques | *Chocs sévères, amputations, coupures, lésions oculaires* |
| Nettoyage des équipements | Verrous, étiquettes | *Amputations, coupures* |
| Hissage/ligotage | Ensemble chaîne/chariot | *Chutes, chutes de carcasses* |
| Emballage de la viande | Machine à sceller/polychlorure de vinyle, viande | *Exposition à des substances toxiques, brûlures sévères aux mains et aux bras, chutes* |
| Transport de la viande | Carcasses | *Blessures sévères au dos et aux épaules, chutes* |
| Réfrigération/durcissement, nettoyage, emballage | Ammoniac, dioxyde de carbone, monoxyde de carbone, polychlorure de vinyle | *Irritations et lésions des voies respiratoires supérieures* |

Source : Ministère américain du Travail, *Occupational and Safety Health Administration* (OSHA)

## DES TUEUR·SE·S CONDITIONNÉ·E·S

Compte tenu de la brutalité du processus carniste, il est facile de supposer que les personnes dont le travail consiste à tuer des animaux sont sadiques ou souffrent de troubles psychologiques. Pourtant, si les troubles psychologiques et même le sadisme peuvent *résulter* d'une exposition prolongée à la violence, ils ne *poussent* pas nécessairement les individus à chercher à faire carrière dans le meurtre. Dans toute idéologie violente, celles·ceux qui sont chargé·e·s de tuer ne sont pas forcément désabusé·e·s au départ, mais iels finissent par s'habituer à la violence qui les dérangeait auparavant. Cette acclimatation reflète le mécanisme de défense qu'est la *routinisation*, c'est-à-dire l'exécution régulière d'une action jusqu'à ce que l'on y soit désensibilisé·e ou engourdi·e. Par exemple, l'enquêtrice agricole Gail Eisnitz a interrogé un employé d'abattoir qui lui a dit :

– Le pire, pire que le danger physique, c'est la charge émotionnelle. Si vous travaillez dans cette fosse à perforer pendant un certain temps, vous développez une attitude qui vous permet de tuer des choses, mais qui ne vous permet pas de vous en soucier. Vous pouvez regarder dans les yeux un porc qui se promène avec vous dans la fosse pleine de sang et vous dire : « Mon Dieu, cet animal est plutôt mignon. » Vous aurez peut-être envie de le caresser. Des porcs dans la fosse d'abattage se sont approchés et se sont frottés à moi comme des chiots. Deux minutes plus tard, je devais les tuer, les battre à mort avec un tuyau. Je ne peux pas m'en soucier[159].

Et plus les travailleur·se·s sont désensibilisé·e·s – moins iels peuvent s'en soucier –, plus leur détresse psychologique s'accroît. La plupart des gens ne peuvent subir qu'une quantité limitée de violence avant d'en être traumatisés ; les études sur les anciens combattants, par exemple, démontrent à maintes reprises l'effet profond de l'exposition à la violence sur le psychisme, en particulier lorsque l'on a également participé à cette violence[160]. Les travailleur·se·s traumatisé·e·s deviennent de plus en plus violent·e·s envers les animaux et les humain·e·s, et peuvent développer des comportements addictifs pour tenter d'engourdir leur détresse. Le travailleur interrogé par Eisnitz a décrit comment il avait « eu l'idée de suspendre [le] contremaître la tête en bas sur la ligne et de le perforer[161] ». Ce travailleur a poursuivi en expliquant :

– La plupart des perforateurs ont été arrêtés pour agression. Beaucoup d'entre eux ont des problèmes avec l'alcool. Ils sont obligés de boire, car ils n'ont pas d'autre moyen de faire face au fait de tuer des animaux vivants et de leur donner des coups de pied toute la journée... Beaucoup de gars... boivent et se débarrassent de leurs problèmes par la drogue. Certains d'entre eux finissent par maltraiter leur épouse parce qu'ils n'arrivent pas à se débarrasser de leurs sentiments de mal-être. Ils quittent le travail avec cette attitude et vont au bar pour oublier. Le problème, c'est que même si vous essayez de boire ces sentiments, ils sont toujours là quand vous dessaoulez[162].

Un autre travailleur a raconté à Eisnitz :

– J'ai déversé ma pression professionnelle et ma frustration sur les animaux. [I]l y avait un porc vivant dans la fosse. Il n'avait rien fait de mal, il ne courait même pas autour de la fosse. Il était tout simplement vivant. J'ai pris un morceau de tuyau d'un mètre et j'ai littéralement battu ce porc à mort. Il ne devait pas rester un morceau d'os solide de cinq centimètres dans sa tête. En gros, je lui ai écrasé le crâne. C'est comme si j'avais commencé à frapper le porc et que je ne pouvais plus m'arrêter. Et quand j'ai fini par m'arrêter, j'avais évacué toute cette énergie et cette frustration, et je me suis demandé ce que j'avais fait[163].

Une vidéo filmée par *People for the Ethical Treatment of Animals* (Groupe pour un traitement éthique des animaux) a révélé que des travailleur·se·s écrasaient des porcelets sur le sol, se vantaient d'enfoncer des tiges dans l'arrière-train des truies et frappaient les porcs avec des tiges en métal. Alors qu'un employé frappe une truie avec une barre métallique, il crie : « Je les déteste. Ces (*insultes*) méritent d'être blessé·e·s. Faites mal, je vous dis ! Faites mal ! Faites mal ! Faites mal ! Blessez-les ! ...Déchargez vos frustrations sur eux[164]. » Bien que le comportement des employé·e·s puisse sembler extrême et irrationnel, il est le résultat inévitable d'un travail en première ligne d'un système extrême et irrationnel*. Les travailleur·se·s traumatisé·e·s qui, à leur tour, traumatisent les autres sont une autre victime de l'idéologie violente qu'est le carnisme. *La violence engendre en effet la violence.*

---

* Il ne fait aucun doute que certain·e·s travailleur·se·s d'abattoirs entrent dans l'industrie en tant qu'individus antisociaux, cliniquement « sans conscience », qui prennent souvent plaisir à faire souffrir les autres. Cependant, on ne peut que s'interroger sur une industrie qui tolère – et même *exige* – des comportements antisociaux, tels que l'agressivité extrême, l'absence de remords et la violence.

## LES INTOUCHABLES

La plupart des gens, qu'ils mangent ou non des animaux, partagent la même attitude à l'égard du processus d'abattage : ils le considèrent comme dégoûtant et offensant. De même qu'un type de viande que l'on trouve dégoûtant tend à rendre les aliments qu'il touche dégoûtants également (continueriez-vous à manger un ragoût dans lequel aurait mariné de la viande de chien ?), le processus d'abattage semble contaminer celles·ceux qui massacrent les animaux[165].

Dans diverses cultures et au cours de l'histoire, les boucher·ère·s professionnel·le·s ont été considéré·e·s comme impur·e·s, comme assumant l'immoralité de tuer des animaux et protégeant ainsi les autres de la contamination morale. Souvent, un groupe désigne un ou plusieurs individus pour effectuer la boucherie, et ces personnes sont « moralement purifiées » avant d'entrer en contact avec les autres, ou vivent à l'écart du reste de la communauté. Par exemple, le boucher désigné des Bemba de Rhodésie du Nord procède à des cérémonies de purification après l'abattage, et les boucher·ère·s des anciens Guanches des îles Canaries n'étaient pas autorisé·e·s à entrer dans les maisons des autres ou à fréquenter celles·ceux qui n'étaient pas également des boucher·ère·s. Dans certains cas, c'est un groupe social entier qui est chargé de la boucherie : au Japon, par exemple, les boucher·ère·s font partie de l'*Eta*, une classe inférieure dont les membres sont empêché·e·s d'avoir des contacts avec les autres ; en Inde, les Intouchables sont considérés comme spirituellement inférieurs et sont donc relégué·e·s à des tâches spirituellement « polluantes » telles que la boucherie et le travail du cuir ; au Tibet, les boucher·ère·s font partie des classes les plus basses, parce qu'iels violent le principe bouddhiste interdisant de tuer[166].

## NOTRE PLANÈTE, NOUS-MÊME

Même si vous ne travaillez pas dans l'industrie carniste et que vous ne mangez pas d'animaux, vous n'êtes pas à l'abri des conséquences des pratiques des agro-industries animales avec lesquelles vous partagez la planète. La production carniste est l'une des principales causes de toutes les formes significatives de dommages environnementaux : pollution de l'air et de l'eau, perte de biodiversité, érosion, déforestation, émissions de gaz à effet de serre et épuisement de l'eau douce[167].

Dans le monde industrialisé, la conséquence environnementale la plus immédiate de la production carnassière est la pollution causée par les CAFO[168]. Les monticules de déchets chimiques et pathologiques produits par ces usines s'infiltrent dans le sol et les cours d'eau et s'évaporent dans l'air, rendant toxique l'environnement et rendant malades les êtres humains qui résident à proximité. Les eaux de ruissellement des CAFO ont été associées à un certain nombre de maladies, notamment des problèmes respiratoires, de graves maux de tête et des troubles digestifs. Les déchets des CAFO ont également été associés à des avortements spontanés, des malformations congénitales, des décès d'enfants et des épidémies. En fait, les CAFO représentent un tel danger pour la santé humaine que le ministère américain de la Santé publique a demandé un moratoire sur leur déversement toxique. En France, il n'existe pas de moratoire officiel équivalent, mais plusieurs alertes sanitaires et environnementales ont été émises concernant les élevages intensifs, notamment du ministère de la Transition écologique et de la CIWF[169]. Pourtant, les agro-industries animales ont poursuivi leurs pratiques sans relâche, parce qu'elles le pouvaient. Même si elles détruisent systématiquement l'environnement et les personnes qui y vivent, ces entreprises n'enfreignent pas nécessairement les lois. Comment se fait-il que le système juridique, qui a été créé pour nous protéger de l'exploitation, finisse par protéger les industries qui nous exploitent ?

Qu'est-il arrivé à la démocratie ?

## LES COÛTS ENVIRONNEMENTAUX DU CARNISME[170]

• En 2006, les Nations Unies ont déclaré que le secteur de l'élevage était « le deuxième ou troisième secteur qui contribue le plus aux problèmes environnementaux les plus graves, à toutes les échelles, du local au mondial ». Les Nations Unies ont lancé un avertissement : « Son impact est si important qu'il doit être régulé de toute urgence. »

• En 2019, une commission internationale de 11 000 scientifiques a proclamé que les populations du monde entier devaient adopter un régime alimentaire centré sur les végétaux (essentiellement vegan) afin de contribuer à éviter une catastrophe écologique mondiale[171].

• L'agriculture animale est l'un des trois principaux facteurs de pollution de l'eau. Les principales sources de pollution sont les antibiotiques et les hormones, les produits chimiques provenant des tanneries, les déchets animaux, les sédiments provenant de l'érosion des pâturages, ainsi que les engrais et les pesticides utilisés pour les cultures fourragères[172].

• Plus de 75 % des terres autrefois boisées de l'Amazonie ont été converties en pâturages pour nourrir les animaux d'élevage[173].

• 37 % de tous les pesticides et 50 % de tous les antibiotiques utilisés aux États-Unis le sont par des entreprises agroalimentaires, et la France n'est pas en reste, et est le plus gros consommateur de pesticides en Europe, avec l'Espagne[174].

• Les animaux d'élevage doivent consommer 900 kilogrammes de céréales pour produire suffisamment de produits carnés pour nourrir une personne pendant un an. Toutefois, si cette personne mangeait directement les céréales, 180 kilogrammes suffiraient pour la nourrir pendant un an[175].

• L'agriculture animale est responsable de plus d'émissions annuelles de $CO_2$ que celles produites par 400 millions de voitures[176].

## DÉMOCRATIE OU VIANDOCRATIE ?

*La bureaucratie contribue à rendre le génocide irréel. Elle... diminue les tons émotionnels et intellectuels associés au meurtre. Il n'y a qu'un flux d'événements auquel la plupart des gens... finissent par dire oui... Les meurtres de masse sont partout et nulle part à la fois.*
– Robert Jay Lifton, *Les Médecins nazis*

Les idéologies violentes parlent leur propre langage ; les concepts de base sont traduits pour maintenir le système tout en donnant l'impression de soutenir le peuple. Dans le carnisme, par exemple, la démocratie est définie comme la liberté de choisir parmi des produits qui rendent notre corps malade et polluent notre planète, plutôt que la liberté de manger notre nourriture et de respirer notre air sans risquer d'être empoisonné·e. Mais les idéologies violentes sont intrinsèquement antidémocratiques, car elles reposent sur la tromperie, le secret, la concentration du pouvoir et la coercition, autant de pratiques incompatibles avec une société libre. Si le système global, ou la nation, peut sembler démocratique, le système violent qui le compose ne l'est pas. C'est l'une des raisons pour lesquelles nous ne reconnaissons pas les idéologies violentes qui existent au sein de systèmes apparemment démocratiques ; nous ne pensons tout simplement pas à les chercher.

Dans une société démocratique, l'un des principaux rôles du gouvernement est d'élaborer et de mettre en œuvre des politiques et des législations qui servent au mieux les intérêts de ses électeur·rice·s. Nous partons donc du principe que les aliments qui arrivent dans nos assiettes ne vont pas nous rendre malades ou nous tuer. Nous partons de ce principe parce que nous pensons que les membres de notre gouvernement travaillent pour nous, les personnes qui paient leur salaire ; nous pensons que le processus démocratique nous protège de celles·ceux qui pourraient nous faire du mal.

Cependant, lorsque le pouvoir est suffisamment concentré au sein d'une industrie, la démocratie est corrompue. C'est le cas du carnisme. L'agro-industrie animale américaine est une industrie de 195 milliards de dollars (environ 170 milliards d'euros), contre 7,1 milliards d'euros en France, contrôlée par une poignée d'entreprises. Ces entreprises sont si puissantes parce qu'elles se sont de plus en plus consolidées[177], rachetant toutes les entreprises connexes, y compris les entreprises agrochimiques et les semenciers, qui produisent des pesticides, des engrais, des semences et d'autres produits ; les entreprises de transformation qui achètent et transforment les animaux ; les fabricants de produits alimentaires qui transforment la viande, les œufs ou les produits laitiers en produits spécifiques tels que les plats surgelés ; les détaillants alimentaires, y compris les supermarchés et les chaînes de restaurants ; les systèmes de transport, y compris les chemins de fer et les lignes maritimes ; les produits pharmaceutiques ; l'équipement agricole tel que les tracteurs et les irrigateurs ; et même les plans de gestion financière. Les économistes préviennent que lorsqu'un secteur présente un taux de concentration supérieur à quatre entreprises contrôlant plus de 40 % du marché (appelé CR4, *concentration ratio* 4), la compétitivité diminue et de graves problèmes se posent, notamment dans le domaine de la protection des consommateur·rice·s ; les conglomérats sont en mesure de fixer les prix et de déterminer, par exemple, la qualité des denrées alimentaires. L'industrie carnée dépasse largement le CR4 ; par exemple, quatre entreprises de conditionnement de viande bovine contrôlent *83,5 %* du marché de la viande bovine. Le pouvoir de l'agro-industrie animale est tel que l'industrie s'est imbriquée dans le gouvernement, brouillant la frontière entre les intérêts privés et le service public[178].

En France, les 24 plus grandes entreprises réalisent 44 % du chiffre d'affaires de l'agro-industrie animale, ce qui montre une certaine concentration, mais pas une domination aussi totale par une poignée d'acteurs qu'aux États-Unis[179].

L'un des processus qui a permis l'imbrication des secteurs public et privé est le « pantouflage » par lequel les dirigeant·e·s d'entreprise et les fonctionnaires échangent des postes et renforcent leurs réseaux[180]. Par exemple, en 2004, l'actuel et l'ancien directeur de la *Grain Inspection, Packers and Stockyards Administration* (GIPSA, Administration de l'inspection des grains, des établissements d'emballage et des parcs à bestiaux) - une division de l'USDA qui facilite la commercialisation du bétail et d'autres produits agricoles - avaient tous deux travaillé avec des groupes commerciaux de l'industrie de l'emballage de la viande[181]. De plus, Ann Veneman, alors secrétaire de l'USDA, et d'autres haut·e·s fonctionnaires avaient des liens étroits avec l'agro-industrie, en particulier dans les secteurs qu'ils étaient censés superviser : Dale Moore, chef de cabinet de Veneman, était directeur exécutif des affaires législatives de l'association commerciale *National Cattlemen's Beef Association* (NCBA, association nationale des Bovins de boucherie) ; James Moseley, secrétaire adjoint, était copropriétaire d'une CAFO ; et Mary Waters, secrétaire adjointe chargée des relations avec le Congrès, était conseillère législative et directrice principale de ConAgra, l'un des principaux groupes de l'industrie de la viande du pays[182]. Et le processus du pantouflage n'a pas changé : en 2017, Craig Morris - qui a été pendant treize ans administrateur adjoint du Programme pour le bétail, la volaille et les semences du Service de marketing agricole de l'USDA - devenu vice-président du marketing international pour le *National Pork Board* (office national du porc)[183]. Toujours en 2017, après avoir travaillé pendant près de quarante ans pour le service d'Inspection et de Sécurité alimentaire de l'USDA, Alfred « Al » Almanza a été nommé au poste de responsable mondial de la sécurité alimentaire et de l'assurance qualité pour JBS USA, l'un des principaux transformateurs de viande de bovin et de cochon aux États-Unis et au Canada et le deuxième plus grand producteur de volaille aux États-Unis et au Mexique[184].

En France, plusieurs cas concrets illustrent le phénomène de pantouflage dans le secteur agroalimentaire, particulièrement lié à la filière viande. Par exemple, Jean-Marc Bournigal, ancien directeur de la Direction générale de l'alimentation (DGAL), a rejoint le groupe InVivo, influent dans la nutrition animale et la distribution agricole. De son côté, Philippe Tillous-Borde, ancien haut fonctionnaire au ministère de l'Agriculture, a dirigé Avril (ex-Sofiprotéol), un groupe actif dans les protéines végétales et la viande via sa filiale Sanders. Des enquêtes ont aussi mis en lumière la présence d'anciens fonctionnaires dans des groupes comme Bigard, LDC ou Terrena, illustrant la porosité entre les sphères publique et privée au sein de l'agro-industrie carnée[185].

Une autre raison de ce chevauchement public-privé est le financement politique massif et les efforts de lobbying au nom de l'industrie de l'élevage. Par exemple, en 2018, l'industrie de l'élevage a versé plus de 6 millions de dollars aux candidat·e·s au Congrès. (Et souvent, une grande partie des contributions des géants de l'agroalimentaire finit par aller aux membres des commissions de l'agriculture de la Chambre des représentant·e·s et du Sénat[186].) Les lobbyistes font la promotion du programme de leurs client·e·s auprès des législateur·rice·s. Le succès des efforts des lobbyistes dépend en grande partie de la solidité de leurs relations avec les représentant·e·s du gouvernement ; plus les lobbyistes peuvent se permettre d'offrir aux politiques des attentions allant de vacances extravagantes à des opportunités de carrière exclusives, plus leurs relations avec celles·ceux qu'iels cherchent à influencer sont fortes[187]. En d'autres termes, l'industrie charismatique peut influencer la législation à son avantage, et ce à un coût élevé pour nous.

Prenons l'exemple de la loi qui exige que les agro-industries animales nettoient au moins une partie des dégâts qu'elles ont causés en déversant leurs déchets, mais qui ne stipule pas que ces sociétés multimilliardaires doivent payer la facture de leur propre nettoyage. L'*Environmental Quality Incentives Program* (EQIP, Programme d'incitation à la qualité de l'environnement), un programme fédéral qui a été créé pour aider à améliorer la qualité de l'environnement et les pratiques des terres agricoles et des agriculteurs, subventionne la dépollution. L'EQIP a distribué 113 millions de dollars (11 % de ses fonds) pour aider les entreprises agricoles à neutraliser les déchets qu'elles ont déversés[188]. En d'autres termes, nous contribuons à payer la facture des dommages causés par des entreprises, telles que ConAgra, dont le PDG a gagné 14,4 millions de dollars au cours de l'année 2019[189].

En France, l'ADEME propose un programme qui finance des projets de recyclage et de traitement des déchets industriels, y compris agricoles, et notamment pour les entreprises privées, petites ou grandes, comprenant des subventions qui peuvent atteindre plusieurs centaines de milliers d'euros. Si ces aides s'inscrivent dans une logique de transition vers l'économie circulaire, elles soulèvent des critiques : elles permettent à des acteurs privés de bénéficier de subventions publiques pour neutraliser des nuisances qu'ils ont eux-mêmes générées, sans obligation systématique de repenser leur modèle en amont. Ce mécanisme revient ainsi, dans certains cas, à faire porter aux contribuables une partie des coûts environnementaux induits par des pratiques industrielles polluantes, sans transformation structurelle garantie[190]. Les subventions à l'agro-industrie animale ont été critiquées par l'ensemble du spectre politique comme étant l'un des programmes d'aide aux entreprises les plus flagrants.

Pensez également à la mauvaise gestion par l'USDA de la menace mortelle que représentait E. coli pour la santé publique en 2002. Des enfants qui avaient mangé des hamburgers contaminés ont été infectés par la bactérie. Les symptômes de l'infection à E. coli sont la fièvre, les vomissements, du sang dans les selles, les ecchymoses, les saignements du nez et de la bouche, le gonflement du visage et des mains, l'hypertension artérielle et, à terme, l'insuffisance rénale. ConAgra – la société qui avait vendu le bœuf – et l'USDA savaient que la viande était contaminée, mais ils n'ont pris aucune mesure jusqu'à ce que, deux ans plus tard, une véritable épidémie oblige à rappeler 19 millions de kilos de viande qui avaient déjà été distribués dans l'approvisionnement alimentaire du pays[191].

Si votre enfant fait partie de celles·ceux qui sont tombé·e·s malades après avoir mangé de la viande de bœuf contaminée, vous voudrez peut-être mettre en garde les autres quant à la sécurité de leur viande. Cette démarche peut s'avérer efficace, à condition de ne pas commettre l'erreur d'Oprah Winfrey et de ne pas toucher trop de monde à la fois. En 1996, Oprah Winfrey a été poursuivie en justice pour plus de 10 millions de dollars par un groupe de producteur·rice·s de bœuf du Texas pour avoir diffamé la viande de bœuf. Au plus fort de la crise de la vache folle en Grande-Bretagne, alors que vingt personnes étaient mortes après avoir mangé ce que l'on pensait être du bœuf contaminé, Oprah Winfrey a déclaré à l'antenne qu'elle ne mangerait plus jamais de hamburger. En vertu des « lois sur la diffamation alimentaire », une législation antérieure à l'affaire Winfrey et soutenue par les entreprises agricoles, il est illégal de critiquer certains aliments sans produire de preuves scientifiques « raisonnables » aux États-Unis. Il se peut donc que, lorsqu'il s'agit de dénoncer l'industrie carnée, certaines restrictions s'appliquent, en particulier celles qui concernent vos droits.

Lorsque les agro-industries animales sont devenues si puissantes qu'elles sont non seulement au-dessus des lois, mais aussi qu'elles *font* la loi – façonnant la législation au lieu de la respecter – nous pouvons dire sans risque que *notre démocratie est devenue une viandocratie*.

## MISE EN GARDE MÉDICALE : LA CONSOMMATION DE PRODUITS CARNÉS PEUT ÊTRE DANGEREUSE POUR LA SANTÉ

Si vous achetiez un paquet de cigares dans votre épicerie de quartier, vous remarqueriez qu'il porte une étiquette avertissant des dangers potentiels dudit cigare. Pourtant, les recherches suggèrent que fumer un cigare ne présente un risque que pour les fumeur·se·s modéré·e·s à lourd·e·s, qui représentent moins de 1 %[192] de la population américaine, un chiffre similaire en France.

En revanche, plus de 97 % des adultes[193] consomment des produits carnés et, malgré les nombreuses recherches démontrant le lien entre la consommation de ces produits et les maladies, nous ne sommes pas averti·e·s de ces dangers.

Selon une étude publiée dans le cadre du « *Disease Control Priorities Project* » (Projet prioritaire de contrôle des maladies), une entreprise conjointe de groupes comprenant l'OMS, les Instituts nationaux de la santé et la Banque mondiale, plus de 90 % des diabètes de type 2, 80 % des maladies coronariennes, 70 % des accidents vasculaires cérébraux et 70 % des cancers du côlon peuvent être évités par une combinaison de facteurs liés au mode de vie, y compris la consommation d'un régime alimentaire sain végétal (vegan)[194].

Mais imaginons que vous entriez dans cette même supérette pour acheter un hot-dog. Imaginons maintenant que le ministère américain de la Santé publique ait examiné les études de l'école de santé publique de Harvard et d'autres grands instituts de recherche et ait jugé bon d'apposer une étiquette d'avertissement sur les produits carnés. L'étiquette pourrait se lire comme suit :

- <u>Avertissement médical :</u> La consommation d'une seule portion par jour de viande rouge non transformée peut augmenter le risque de développer un diabète de type 2 de 12 %, la consommation d'une portion par jour de viande rouge transformée peut l'augmenter de 32 %, et la consommation de plus de 28 grammes de poisson par jour peut l'augmenter de 32 %[195].

- Avertissement médical : Manger plus de cinq œufs par semaine peut augmenter le risque de développer un cancer du côlon de 42 % et manger plus de deux œufs et demi par semaine peut augmenter le risque de développer un cancer de la prostate de plus de 81 %[196].

- Avertissement médical : La consommation de volaille augmente le taux de cholestérol de la même manière que la viande rouge, ce qui accroît le risque de maladie cardiaque et d'accident vasculaire cérébral[197].

- Avertissement médical : Si l'on vous a diagnostiqué un cancer de la prostate, la consommation de plus de trois portions quotidiennes de produits laitiers peut augmenter de 141 % votre risque de mourir de la maladie[198].

- Avertissement médical : L'animal qui est devenu votre viande peut avoir été nourri de chats et de chiens euthanasiés, de plumes, de sabots, de poils, de peau, de sang et d'intestins équarris, d'animaux tués sur la route, de fumier animal, de boulettes de plastique extraites de la panse de vaches mortes et de carcasses d'animaux de leur propre espèce.

- Avertissement médical : Ce produit peut contenir des niveaux dangereux de pesticides, d'arsenic, d'antibiotiques et d'hormones.

- Avertissement médical : Ce produit peut contenir des organismes microbiens susceptibles de provoquer des maladies ou la mort[199].

- Avertissement médical : La production de cet aliment a contribué à une grave dégradation de l'environnement, à de la cruauté envers les animaux et à des violations des droits de l'homme.

- Avertissement médical : Il y a de la merde dans votre viande.

Mais, bien entendu, les produits carnés ne sont pas accompagnés de tels avertissements, bien que ces aliments soient consommés par des centaines de millions de personnes tous les jours. Les idéologies violentes suivent leur propre logique, et celle-ci soutient le système - une logique alambiquée qui s'effiloche lorsqu'elle est elle-même étiquetée.

Comme nous en avons discuté, la caractéristique la plus notable de toutes les idéologies violentes est l'invisibilité, à la fois symbolique (en n'étant pas nommée) et littérale (en gardant la violence à l'abri des regards). J'ai donc tenté d'éclairer les aspects cachés du carnisme, afin que vous puissiez comprendre la vérité sur la production de viande, d'œufs et de produits laitiers et la raison pour laquelle le système travaille avec tant de diligence pour rester invisible.

Pourtant, l'invisibilité ne protège que jusqu'à un certain point. Des indices sur la vérité nous entourent : les hamburgers végétariens « sans cruauté » à l'épicerie, la veine résistante dans le pilon qui rappelle soudain une poule vivante, les photos d'usines de conditionnement de viande qui font parfois la une des journaux, les invité·e·s vegan à des dîners, les porcelets morts suspendus aux vitrines des marchés du quartier chinois, le cochon à la broche au barbecue de l'entreprise, et une offre infinie d'animaux morts pratiquement partout où nous nous tournons, sous la forme de viande. Ainsi, lorsque l'invisibilité faiblit inévitablement, nous avons besoin d'une solution de secours, quelque chose qui nous protège de la vérité et qui nous aide à nous rétablir rapidement si nous commençons soudainement à nous rendre compte de la réalité dérangeante du carnisme.

Nous devons remplacer la *réalité* de la consommation d'animaux par la *mythologie* de la consommation d'animaux.

# 5
# LA MYTHOLOGIE DE LA CONSOMMATION D'ANIMAUX : JUSTIFIER LE CARNISME

*Si nous croyons aux absurdités,*
*nous commettrons des atrocités.*
– Voltaire

*Le respect irréfléchi de l'autorité est le plus*
*grand ennemi de la vérité.*
– Albert Einstein

C'est un après-midi ensoleillé et la ferme pédagogique située à l'extérieur de l'épicerie locale a attiré sa foule habituelle. Les enfants et leurs parents sont collé·e·s contre la clôture en bois, certain·e·s se penchent par-dessus, les bras tendus. Je sors l'une des carottes que j'ai apportées pour l'occasion et la propose à un porcelet, en espérant l'attirer suffisamment près pour que je puisse le caresser. Pour une raison ou une autre, je ressens toujours le besoin d'établir un lien physique avec les animaux. Ce désir de les toucher, de les caresser semble presque instinctif.

Et je ne suis pas la seule. Je vois des enfants aux yeux écarquillés pousser des cris de joie lorsqu'un porcelet accepte l'une de leurs offrandes et qu'ils ont l'occasion de lui caresser furtivement la joue ou la tête. Je vois les adultes rire affectueusement lorsque le bébé animal engloutit inconsciemment sa nourriture, sans se laisser impressionner par les petites mains avides qui l'entourent. Je remarque l'attention que reçoit la vache solitaire, sollicitée de toutes parts. Lorsqu'elle choisit, sans raison apparente, ma poignée d'herbe, cela me réconforte. Je caresse son nez doux tandis que d'autres s'agglutinent autour de moi pour toucher sa tête et son cou.

Même les poules suscitent l'intérêt et l'amusement. Les enfants s'accroupissent pour jeter des miettes de pain à travers les ouvertures de la clôture, souriant jusqu'aux oreilles lorsque les oiseaux picorent le sol et s'arrêtent parfois, la tête penchée, pour observer la foule.

Il n'est pas surprenant que les spectateur·rice·s fassent des commentaires sur l'aspect adorable des poussins duveteux qui picorent et sautillent sans but apparent. C'est un spectacle à voir. Les enfants gloussent et applaudissent, les parents sourient avec tendresse et tout le monde semble déterminé à toucher et à être touché par les cochons, les vaches et les poules. Pourtant, ces personnes qui se sentent si profondément obligées d'entrer en contact avec les animaux et qui, enfants, ont peut-être pleuré en lisant *La Toile de Charlotte* et se sont endormi·e·s en serrant leurs cochons ou leurs veaux en peluche, ces mêmes personnes sortiront bientôt de l'épicerie avec des sacs contenant du bœuf, du jambon, du poulet et du fromage. Ces personnes, qui se précipiteraient sans aucun doute au secours de l'un de ces animaux de basse-cour s'il souffrait, ne sont pas indignées par le fait que onze milliards d'entre eux souffrent inutilement chaque année au sein d'une industrie qui n'a aucun compte à rendre sur ses actions.

*Où est passée notre empathie ?*

## LES TROIS N DE LA JUSTIFICATION

Pour pouvoir consommer de la viande, des œufs ou des produits laitiers de l'espèce même que nous avons caressée quelques minutes auparavant, nous devons croire si fermement qu'il est juste de manger des animaux que nous n'avons pas conscience de ce que nous faisons. À cette fin, on nous apprend à accepter une série de mythes qui maintiennent le système carniste et à ignorer les incohérences des histoires que nous nous racontons. Les idéologies violentes s'appuient sur la promotion de la fiction comme un fait avéré et sur le découragement de toute pensée critique qui menacerait d'exposer cette vérité.

Il existe une vaste mythologie autour de la consommation d'animaux, mais tous les mythes sont liés d'une manière ou d'une autre à ce que j'appelle les trois N de la justification : manger des animaux est *normal*, *naturel* et *nécessaire*. Ces trois N ont été invoqués pour justifier pratiquement tous les systèmes d'exploitation, de l'esclavage africain à l'holocauste nazi. Lorsqu'une idéologie est à son apogée, ces mythes font rarement l'objet d'un examen approfondi. Cependant, lorsque le système s'effondre enfin, les trois N sont reconnus comme ridicules. Prenons, par exemple, les justifications suivantes pour expliquer pourquoi les femmes se sont vu refuser le droit de vote aux États-Unis : le vote exclusivement masculin a été « conçu par nos ancêtres » ; si les femmes votaient, cela « causerait des dommages irréparables... à l'État » et « le désastre et la ruine s'empareraient de la nation[200] ». Les mêmes croyances se retrouvent en France et dans le monde.

Les trois N sont tellement ancrés dans notre conscience sociale qu'ils guident nos actions sans même que nous ayons à y réfléchir. Ils pensent pour nous. Nous les avons tellement intériorisés que nous vivons souvent en accord avec leurs principes, comme s'il s'agissait de vérités universelles plutôt que d'opinions largement répandues. C'est comme conduire une voiture - une fois que vous avez appris à le faire, vous n'avez plus besoin de réfléchir à chaque action. Mais ces justifications ne se contentent pas d'orienter nos actions. Elles atténuent le malaise moral que nous pourrions ressentir en mangeant des animaux ; si nous avons une bonne excuse pour nos comportements, nous nous sentons moins coupables. Les trois N agissent essentiellement comme des *œillères mentales* et *émotionnelles*, masquant les divergences dans nos croyances et nos comportements à l'égard des animaux et les justifiant si nous nous en apercevons.

## RENCONTRE AVEC LES FAISEUR·SE·S DE MYTHES

Malgré les mensonges qui tissent notre filet de sécurité psychologique et émotionnel, il faut de l'énergie pour étouffer la vérité. Il faut un effort permanent pour ignorer ce qui se trouve juste devant nous, pour rester inconscient·e des incohérences flagrantes et pour empêcher nos sentiments authentiques de faire surface. Ainsi, bien que nous soyons devenus habiles à ignorer la partie de nous qui connaît la vérité, nous devons être continuellement entraîné·e·s à maintenir la déconnexion entre notre connaissance et notre empathie.

C'est là qu'interviennent les faiseur·se·s de mythes. Les faiseur·se·s de mythes occupent tous les secteurs de la société et veillent à ce que, où que nous nous tournions, les informations que nous recevons renforcent les trois N. Ce sont les institutions qui forment les piliers du système et les personnes qui les représentent. Lorsqu'un système est bien ancré, il est soutenu par toutes les grandes institutions de la société, de la médecine à l'éducation ; il y a fort à parier que vos médecins et vos enseignant·e·s ne vous ont pas encouragé·e à vous demander s'il était normal, naturel et nécessaire de manger des animaux. Vos parents, votre pasteur ou vos élu·e·s ne vous ont pas non plus encouragé·e à vous demander si manger des animaux était normal, naturel et nécessaire. Qui peut mieux nous influencer que les établissements et les professionnel·le·s en qui nous avons appris à placer notre confiance ? Qui peut mieux nous convaincre que les personnes en position d'autorité ?

En effet, les professionnel·le·s jouent un rôle clé dans le maintien des idéologies violentes. Ils le font notamment en modélisant les principes de l'idéologie. Dans le cas du carnisme, les professionnel·le·s modèlent les attitudes et les pratiques à l'égard des animaux par leurs politiques et leurs recommandations, ainsi que par leurs propres comportements. Prenons, par exemple, la position neutre de l'*American Veterinary Medical Association* (AVMA, l'Association américaine de médecine vétérinaire) – la « voix de la communauté vétérinaire » – concernant l'utilisation des caisses de gestation, des stalles de 60 centimètres de large dans lesquelles les truies sont confinées pendant la gestation[201]. Comme je l'ai mentionné au chapitre 3, ces compartiments sont considérés comme tellement inhumains qu'ils ont été interdits dans un certain nombre de pays et d'États, et même des entreprises telles que McDonald's s'y opposent. Il faut également tenir compte du fait que de nombreux vétérinaires mangent et portent des animaux.

Les professionnel·le·s modèlent également les principes du carnisme en jouant le rôle de « voix de la raison », de « modérateur·rice·s rationnel·le·s[202] » dans le débat sur la manière dont les animaux doivent être traités. Ces personnes ont été appelées « critiques socialisées[203] » parce qu'elles donnent de la crédibilité au système en soutenant l'idéologie générale tout en s'opposant à certaines de ses coutumes. La position modérée et rationnelle des professionnel·le·s fait apparaître celles·ceux qui contestent le système comme des « extrémistes irrationnel·le·s ». Un exemple courant de modéré·e·s rationnel·le·s est celui des vétérinaires qui s'opposent à certaines pratiques d'élevage industriel, mais mangent régulièrement des animaux.

Les professionnel·le·s contribuent également au maintien d'une idéologie violente en pathologisant ou en contrecarrant celles·ceux qui ne la soutiennent pas, comme les psychologues qui supposent que le refus d'une jeune femme de manger des animaux est symptomatique d'un trouble de l'alimentation ou les médecins qui mettent en garde contre les dangers d'un régime vegan en dépit de nombreuses preuves du contraire. Cependant, bien que le soutien professionnel soit essentiel au maintien du carnisme, en général, les professionnel·le·s ne soutiennent pas consciemment l'idéologie. Iels font simplement leur travail ; ce sont des personnes qui ont été élevées dans le système et qui, par conséquent, comme le reste d'entre nous, voient le monde à travers le prisme du carnisme.

Mais tou·te·s les faiseur·se·s de mythes ne sont pas inconscient·e·s des histoires qu'iels racontent. Un autre groupe de faiseur·se·s de mythes, les agro-industries animales et leurs dirigeant·e·s, entretient activement les mythes du carnisme en influençant les institutions et les professionnel·le·s qui, à leur tour, ont un impact sur la politique et l'opinion. Prenons par exemple le partenariat entre l'*Academy of Nutrition and Dietetics* (l'Académie de nutrition et de diététique) et le *National Dairy Council* (le Conseil national de l'industrie laitière)[204]. L'Académie est la principale organisation nationale de nutritionnistes, et c'est également l'organe directeur qui supervise l'accréditation des universités qui proposent des diplômes en diététique ; tou·te·s les diététicien·ne·s agréé·e·s doivent être diplômé·e·s d'un établissement accrédité par l'Académie. (Ainsi, lorsque nous étudions la nutrition, nous étudions en fait la nutrition carniste.)

En France, les filières animales françaises, notamment Interbev pour la viande et le CNIEL (Centre National Interprofessionnel de l'Économie Laitière) pour les produits laitiers, jouent un rôle actif dans l'élaboration des contenus pédagogiques diffusés dans les écoles, souvent en partenariat avec l'Éducation nationale. À travers des programmes comme *À table les enfants !* ou des interventions en lycées professionnels, ces acteurs promeuvent la consommation de viande et de lait comme composantes essentielles d'une alimentation équilibrée. Parallèlement, ils sont présents dans des instances réglementaires comme le GEMRCN, qui définit les recommandations nutritionnelles pour la restauration collective, y compris scolaire. Cette double présence, éducative et institutionnelle, leur permet d'influencer à la fois la formation des jeunes et les normes nutritionnelles officielles, consolidant ainsi leur légitimité tout en renforçant les mythes carnistes dans l'espace public[205].

Le *National Dairy Council* est l'un des principaux « sponsors » de l'Académie. Selon cette dernière, son programme de parrainage d'entreprise aide les sociétés à avoir « accès aux principaux·les influenceur·-ceuse·s, leaders d'opinion et décideur·deuse·s du marché de l'alimentation et de la nutrition ». Et l'Académie dit que les sponsors « peuvent tirer parti des avantages pour atteindre les objectifs marketing... donner accès aux leaders de l'alimentation et de la nutrition qui influencent et qui prennent des décisions d'achat critiques... [et] ils renforcent la pertinence des marques avec son principal public cible[206] ». En d'autres termes, les détenteur·rice·s du pouvoir institutionnel, tels que le *National Dairy Council,* « sponsorisent » des institutions professionnelles, telles que l'Académie, ce qui peut contribuer à expliquer, par exemple, l'apport quotidien officiellement recommandé de trois produits laitiers, en dépit des preuves liant la consommation de ces produits à un risque accru de maladies cardio-vasculaires, de divers cancers et de diabète[207].

Cependant, bien que les faiseur·se·s de mythes déforment la vérité, leur rôle principal n'est pas de créer des mythes, mais de s'assurer que les existants continuent à prospérer. Iels fonctionnent donc en grande partie comme des *émissaires* de ces derniers. De nombreux mythes du carnisme ont été hérités, transmis de génération en génération ; parce que les systèmes sont plus grands que la somme des pensées individuelles, ils ne meurent pas naturellement, mais vivent indéfiniment. Les systèmes sont comme des ruches : même si les abeilles meurent individuellement, l'essaim persiste. Les faiseur·se·s de mythes recyclent donc les mythes du carnisme, en les modifiant si nécessaire pour les adapter à la tendance actuelle.

## LA REMISE EN QUESTION DE L'AUTORITÉ

L'étude désormais classique de Stanley Milgram sur la soumission à l'autorité montre à quel point nous sommes vulnérables face aux figures d'autorité. Au début des années 1960, Milgram a recruté quarante participants de sexe masculin et leur a dit qu'ils serviraient d'« enseignants » dans le cadre d'une expérience sur les effets de la punition sur l'apprentissage. À son arrivée, chaque participant est associé à un autre participant, un « apprenant ». À l'insu des enseignants, les apprenants étaient en fait les complices de Milgram. Les deux participants ont été conduits dans une pièce où l'apprenant a été attaché à une chaise et connecté à ce qui semblait être des électrodes. Les hommes ont été informés que l'enseignant devait énoncer des paires de mots que l'apprenant devait mémoriser, et que si l'apprenant ne les mémorisait pas correctement, il recevrait une décharge électrique de l'enseignant. Le choc augmenterait en intensité à chaque nouvelle erreur. L'enseignant était emmené dans une autre pièce, où se trouvait une console électrique censée être reliée aux électrodes de l'apprenant. Sur la console, les tensions de choc allaient de 15 à 450, et à côté de la tension la plus élevée, un panneau indiquait « Danger - Choc sévère ».

Au début de l'expérience, l'apprenant se souvenait correctement des paires de mots. Mais il a fini par commettre des erreurs. Lors des premiers chocs, l'apprenant a gémi et émis des sons d'inconfort. À 150 volts, l'apprenant s'est plaint d'avoir mal et a insisté pour sortir de l'expérience. À 285 volts, l'apprenant a poussé un cri d'agonie. Pendant tout ce temps, Milgram demandait à l'enseignant de continuer. Et la plupart des enseignants l'ont fait - trente-quatre des quarante participants ont électrocuté l'apprenant même après qu'il ait demandé à être libéré, et vingt-six de ces trente-quatre ont continué les chocs jusqu'à 450 volts. Les enseignants étaient clairement en détresse, ils transpiraient, se tenaient la tête, se plaignaient, et pourtant ils continuaient. Milgram a répété son expérience à plusieurs reprises, avec des groupes différents et dans des contextes différents, et à chaque fois, les résultats ont été les mêmes. Il en conclut que *l'obéissance à l'autorité l'emporte sur la conscience.*

La conclusion de Milgram fait froid dans le dos, mais elle n'est pas surprenante. L'histoire regorge d'exemples d'atrocités allant des conflits injustes aux génocides, rendues possibles par des millions de personnes qui ont suivi les diktats de leurs dirigeant·e·s, des personnes dont la conscience avait été désactivée par celles·ceux qui occupaient des postes d'autorité. Milgram a toutefois constaté qu'il existe deux facteurs atténuants de soumission à l'autorité : la capacité à remettre en question la légitimité de la figure d'autorité et la distance qui nous sépare de cette figure. Par exemple, lorsque Milgram demandait à un « homme ordinaire » (qui ne semblait pas être un chercheur) de donner l'ordre d'administrer des chocs, l'obéissance chutait de deux tiers ; les participants considéraient le chercheur davantage comme un égal que comme une autorité. Et lorsque le chercheur n'était pas dans la pièce avec l'enseignant, l'obéissance chutait également de deux tiers ; les enseignants trichaient.

Milgram estime que nous agissons contre notre conscience parce que lorsqu'un ordre émane d'une personne que nous percevons comme une autorité légitime, nous ne nous considérons pas comme pleinement responsables de nos actes. Et plus cette personne est proche de nous - qu'il s'agisse d'un médecin nous donnant des conseils diététiques ou d'une célébrité sur le téléviseur de notre salon nous disant que « le lait est bon pour la santé » - plus son autorité a de chances de l'emporter sur la nôtre. Tant que nous n'aurons pas appris à remettre en question l'autorité extérieure et à reconnaître notre propre autorité intérieure, nous suivrons les décrets de ceux qui maintiennent le statu quo*[208].

* Différentes études sur l'obéissance à l'autorité, menées par Milgram et par d'autres, suggèrent qu'il n'y a pas de différence appréciable entre les réponses des hommes et des femmes.

## LE SCEAU OFFICIEL DE L'APPROBATION : LA LÉGITIMATION

*Le processus de destruction [nazi] a nécessité la coopération de tous les secteurs de la société allemande. Les bureaucrates ont élaboré les définitions et les décrets ; les églises ont apporté la preuve de l'ascendance aryenne ; les services postaux ont transmis les messages de déportation ; les entreprises ont licencié leurs employé·e·s juif·ve·s et se sont emparées... des propriétés ; les chemins de fer ont transporté les victimes jusqu'à leur lieu d'exécution... l'opération a exigé et reçu la participation de toutes les grandes institutions sociales, politiques et religieuses du Reich allemand.*

– Richard L. Rubenstein, théologien

L'objectif pratique des mythes est de *légitimer* le système. Lorsqu'une idéologie est légitimée, ses principes sont sanctionnés par toutes les institutions sociales et les trois N sont diffusés par tous les canaux sociaux. Agir conformément à l'idéologie est légal et considéré comme raisonnable et éthique. Par conséquent, les principes d'idéologies concurrentes sont considérés comme *il*légitimes, ce qui explique pourquoi, par exemple, les vegan ne peuvent pas porter plainte contre les propriétaires d'entreprises agroalimentaires pour l'abattage d'animaux.

Bien que toutes les institutions contribuent à légitimer l'idéologie, deux d'entre elles jouent un rôle essentiel : le système juridique et les médias. Inscrire les principes d'une idéologie dans la loi oblige à se conformer au système. Considérons, par exemple, comment le statut juridique des animaux garantit la poursuite de la production carniste. Selon le droit américain et français, on peut être soit une *personne* morale, soit une *propriété* juridique. Une personne morale bénéficie de droits fondamentaux, notamment le droit de vivre sans être violée physiquement par autrui. En revanche, la propriété juridique n'a aucun droit ; seule la personne morale qui *possède la propriété* a des droits. C'est pourquoi, par exemple, vous pouvez poursuivre quelqu'un qui a endommagé votre voiture, mais la voiture elle-même ne peut pas porter plainte. Aujourd'hui, tous les êtres humains sont des personnes morales (bien que la Constitution américaine ait à l'origine classé les esclaves dans la catégorie trois cinquièmes de personnes, deux cinquièmes de biens), et tous les animaux sont des biens moraux – et les propriétaires ont le droit de faire ce qu'ils veulent de leurs biens privés, à quelques exceptions près. Les animaux sont donc achetés et vendus, mangés et usés, et leur corps est utilisé dans une telle variété de produits qu'il est pratiquement impossible de ne pas se conformer au système. Les sous-produits animaux se retrouvent dans des produits aussi inattendus que les balles de tennis, le papier peint, les pansements adhésifs et les films.

Les médias, notre principale source d'information, soutiennent le carnisme en agissant comme un canal direct entre l'idéologie et le·a consommateur·rice. Lorsqu'il s'agit de carnisme, les médias échouent souvent à remettre en question le système et ont plutôt tendance à le défendre : ils maintiennent l'invisibilité du système et renforcent les justifications de la consommation d'animaux. (Heureusement, cette tendance est en train de changer, car de plus en plus de professionnel·le·s des médias se font les allié·e·s du véganisme, utilisant leur influence pour remettre en question le carnisme au lieu de le soutenir.)

L'une des façons dont les médias maintiennent l'invisibilité du carnisme est l'*omission*. Les onze milliards d'animaux tués chaque année pour la consommation humaine et les conséquences violentes des pratiques agricoles animales contemporaines restent ostensiblement absents du discours public. Combien de fois avez-vous vu dans les médias des reportages sur le traitement violent des animaux d'élevage et les pratiques corrompues de l'industrie carniste ? Comparez cela à la médiatisation accordée à la fluctuation des prix de l'essence ou aux bévues des stars hollywoodiennes. La plupart des gens sont plus indignés par le fait de devoir payer cinq centimes de plus pour un litre d'essence que par le fait que des milliards d'animaux, des millions d'êtres humains et l'ensemble de l'écosystème sont systématiquement exploités par une industrie qui tire profit d'une telle violence gratuite. Et la plupart d'entre nous en savent plus sur les vêtements portés par les stars aux Oscars que sur les animaux que nous mangeons.

Les médias maintiennent également l'invisibilité du système par la *prohibition*, en empêchant activement les informations qui remettent en cause le carnisme d'atteindre les consommateur·rice·s. Par exemple, en 2004, CBS a refusé 2 millions de dollars à l'association de défense des animaux *People for the Ethical Treatment of Animals* (PETA, Pour une éthique dans le traitement des animaux), qui souhaitait diffuser une publicité contre le carnisme pendant le *Super Bowl*. La chaîne a prétendu qu'elle ne diffusait pas de « publicités politiques ». Cependant, CBS a diffusé une publicité antitabac pendant le match, et la chaîne diffuse régulièrement des publicités qui encouragent la consommation de viande.

En France, les campagnes anticarnistes sont régulièrement confrontées à des refus de diffusion, révélant une forme d'asymétrie médiatique.

En 2022, PETA s'est vu interdire une affiche en Bretagne dénonçant la séparation des veaux et de leurs mères, jugée trop critique envers l'industrie laitière, malgré la diffusion régulière de contenus promouvant les produits animaux. Les campagnes de PETA en France sont souvent marginalisées ou censurées lorsqu'elles remettent en question les normes alimentaires dominantes. Pendant que les discours favorables à la consommation de viande et de lait bénéficient d'une présomption de neutralité, les critiques sont perçues comme « idéologiques », limitant l'accès des campagnes antispécistes à l'espace public[209].

Il arrive cependant que la production carniste attire l'attention des médias. Mais lorsque cela se produit, la question est généralement présentée comme s'il s'agissait d'une aberration plutôt que de la norme. Par exemple, dans l'exposé d'une usine de conditionnement de viande dans laquelle des animaux malades avaient été traités et inclus dans la viande à destination d'écoles dont nous avons parlé au chapitre 3, il n'a pas été fait mention du fait que l'usine avait été ciblée au *hasard* par les enquêteur·rice·s de la *Humane Society of the United States*, ni de la prévalence potentielle de cette pratique au sein des entreprises carnistes. Ainsi, l'indignation publique n'a été dirigée que contre une seule entreprise, et le système lui-même n'a pas été remis en question.

En effet, le système reste incontesté chaque fois que les médias présentent les principes du carnisme comme des faits plutôt que comme des opinions, et les partisan·e·s du carnisme comme des diseur·se·s de vérité objectif·ve·s plutôt que comme des faiseur·se·s de mythes biaisé·e·s. Les grands médias, par exemple, présentent régulièrement des séquences sur la façon de célébrer les fêtes qui sont organisées autour de la consommation carniste, expliquant comment préparer une dinde pour Noël ou comment organiser un barbecue pour le 14 juillet. Les médecins et les nutritionnistes qui apparaissent dans les médias défendent fréquemment le carnisme, adoptant souvent une position « modérée raisonnable » en recommandant, par exemple, aux téléspectateur·rice·s de remplacer les viandes grasses par des viandes plus maigres.

Les médias livrent le carnisme à notre porte en nous informant non seulement de « la façon dont les choses *sont* », mais aussi de la façon dont les choses *devraient être*, *sont censées être* et *doivent être*. En d'autres termes, les médias nous apportent les trois N.

# MANGER DES ANIMAUX EST NORMAL

*La coutume réconcilie les gens*
*avec n'importe quelle atrocité.*
– George Bernard Shaw

Lorsque nous considérons les principes d'une idéologie comme normaux, cela signifie que l'idéologie s'est *normalisée* et que ses principes sont *devenus des normes sociales.* Les normes sociales ne sont pas simplement descriptives – elles décrivent le comportement de la majorité des gens – elles sont également prescriptives, dictant la manière dont nous *devrions* nous comporter. Les normes sont socialement construites. Elles ne sont pas innées et ne viennent pas de Dieu (même si certain·e·s d'entre nous ont reçu un enseignement contraire) ; elles sont créées et perpétuées par des personnes et servent à nous maintenir dans le droit chemin afin que le système reste en place.

Les normes nous maintiennent dans cette trajectoire en nous traçant des voies à suivre et en nous apprenant à nous comporter de manière à nous intégrer. La voie de la norme est la voie de la moindre résistance[210] ; c'est la voie que nous empruntons lorsque nous sommes en pilote automatique et que nous ne nous rendons même pas compte que nous suivons une ligne de conduite que nous n'avons pas choisie consciemment. La plupart des personnes qui mangent des animaux n'ont aucune idée qu'elles se comportent conformément aux principes d'un système qui a défini nombre de leurs valeurs, préférences et comportements. Ce qu'elles appellent « libre arbitre » est en fait le résultat d'un ensemble d'options étroitement construites qui ont été choisies pour elles. Elles ne se rendent pas compte, par exemple, qu'on leur a appris à accorder à la vie humaine une valeur tellement supérieure à celle de certaines formes de vie non humaines qu'il semble approprié que leurs goûts l'emportent sur les préférences des autres espèces en matière de survie. En traçant la voie de la moindre résistance, les normes occultent les voies alternatives et donnent l'impression qu'il n'y a pas d'autre façon d'être ; comme je l'ai mentionné au chapitre 2, manger des animaux est considéré comme une évidence, et non comme un choix.

Une autre manière qu'ont les normes de nous maintenir dans le droit chemin est de récompenser la conformité et de nous punir si nous nous en écartons. D'un point de vue pratique et social, il est plus facile de manger des animaux que de ne pas en manger. Les produits carnés sont facilement disponibles, tandis que les alternatives vegan doivent être recherchées activement et peuvent être difficiles à trouver (bien qu'il soit de plus en plus facile de trouver des aliments vegan). Par exemple, dans de nombreux restaurants, il n'y a toujours pas d'options vegan sur le menu, et les plats vegan classiques, comme les haricots et le riz, sont souvent préparés avec du saindoux et du bouillon de poule. Les vegan se retrouvent souvent dans l'obligation d'expliquer leurs choix, de défendre leur régime alimentaire et de s'excuser de déranger les autres. Iels sont stéréotypé·e·s comme des individus radicaux, des personnes avec des troubles alimentaires et parfois même comme œuvrant *contre* l'humain. Iels sont traité·e·s d'hypocrites s'iels portent du cuir, de puristes ou d'extrémistes s'iels n'en portent pas. Iels doivent vivre dans un monde où iels sont constamment bombardé·e·s par des images et des attitudes qui heurtent leur sensibilité la plus profonde. Il est de loin plus facile de se conformer à la majorité carniste que de s'écarter de la voie de la moindre résistance. Les normes se reflètent dans le comportement quotidien, ainsi que dans les coutumes et les traditions. Lorsqu'un comportement est coutumier ou traditionnel, sa longévité et son rôle dans le maintien du système le rendent moins susceptible d'être remis en question et beaucoup plus facile à justifier. Par exemple, pour de nombreuses personnes, Noël ne serait pas Noël sans du foie gras et du saumon sur la table ; le choix du plat de fête est rarement remis en question.

## MANGER DES ANIMAUX EST NATUREL

*La sélection naturelle [a beaucoup fait] pour le progrès de la civilisation... Les races dites caucasiennes, soi-disant plus civilisées, ont battu les Turcs dans la lutte pour l'existence. Si l'on considère le monde à une date très éloignée, on peut dire qu'un nombre infini de races inférieures auront été éliminées par les races supérieures civilisées dans le monde entier.*

– Charles Darwin

La plupart d'entre nous pensent que manger des animaux est naturel parce que l'humain consomme des animaux depuis des millénaires. Il est vrai que nous mangeons des animaux dans le cadre d'un régime omnivore depuis au moins deux millions d'années (même si, pendant la majeure partie de cette période, notre régime était essentiellement vegan). Mais nous devons reconnaître que l'infanticide, le meurtre, le viol et le cannibalisme sont au moins aussi anciens que la consommation d'animaux, et sont donc sans doute aussi « naturels » – et pourtant nous n'invoquons pas la longévité de ces actes pour les justifier. Comme pour d'autres actes de violence, lorsqu'il s'agit de manger des animaux, nous devons faire la différence entre naturel et justifiable.

La façon dont « naturel » se traduit par « justifiable » est le processus de *naturalisation*. La naturalisation est au naturel ce que la normalisation est au normal. Lorsqu'une idéologie est naturalisée, ses principes sont considérés comme conformes aux lois de la nature (et/ou aux lois de Dieu, selon que le système de croyances est fondé sur la science ou sur la foi, ou sur les deux). La naturalisation reflète une croyance dans la manière dont les choses sont *censées* être ; manger des animaux est perçu comme un simple respect de l'ordre naturel des choses. La naturalisation maintient une idéologie en lui fournissant une base (bio)logique.

Comme les normes, de nombreux comportements naturalisés sont construits, et il n'est pas surprenant qu'ils le soient par celles·ceux qui se placent au sommet de la « hiérarchie naturelle ». La croyance en la supériorité biologique de certains groupes a été utilisée pendant des siècles pour justifier la violence : les Africain·e·s étaient « naturellement » adapté·e·s à l'esclavage ; les Juif·ve·s étaient « naturellement » mauvais·es et détruiraient l'Allemagne s'iels n'étaient pas éradiqué·e·s ; les femmes étaient « naturellement » conçues pour être la propriété des hommes ; les animaux existaient « naturellement » pour être mangés par les humain·e·s. Considérez, par exemple, la façon dont nous désignons les animaux que nous mangeons, comme si la nature les avait conçus dans ce but précis : nous les appelons « animaux de ferme » (plutôt que « animaux d'*élevage* »), « poulets à griller », « vaches laitières », « poules pondeuses » et « veaux de boucherie ». Même le grand logicien Aristote a invoqué la biologie et plié la logique pour s'adapter aux normes de son époque lorsqu'il a affirmé que les hommes étaient naturellement supérieurs aux femmes et que les esclaves étaient biologiquement conçu·e·s pour servir les hommes libres. Considérons également l'une des principales justifications du carnisme, l'ordre naturel de la chaîne alimentaire. Les humain·e·s sont censé·e·s se trouver au « sommet » de la chaîne alimentaire – or, par définition, une chaîne n'a pas de sommet ; et si c'était le cas, elle serait habitée par des carnivores, et non par des omnivores.

Les disciplines clés qui soutiennent la naturalisation sont l'histoire, la religion et la science. L'histoire nous présente une perspective historique sélective et des « faits » qui prouvent que l'idéologie a toujours existé. L'optique historique *éternise* l'idéologie, en donnant l'impression qu'elle a toujours été, et donc qu'elle sera toujours ; elle explique la façon dont les choses *sont*. La religion soutient l'idéologie comme étant divinement ordonnée, et la science fournit à l'idéologie une base biologique. L'importance de la religion et de la science dans la naturalisation d'une idéologie permet d'expliquer pourquoi la spiritualité et l'intelligence ont été des critères populaires par lesquels un groupe se définit comme naturellement supérieur. Par exemple, avant que l'expérimentation animale ne devienne une pratique scientifique courante, le mathématicien et philosophe René Descartes clouait les pattes du chien de sa femme sur une planche afin de le disséquer vivant et de prouver que, contrairement aux humain·e·s, mais comme les autres animaux, le chien était une « machine » sans âme dont les cris de douleur n'étaient pas différents des ressorts et des roues d'une horloge qui réagissent automatiquement lorsqu'on les démonte. Et Charles Darwin a soutenu que, parce que les hommes sont censés naître avec une plus grande capacité de raisonnement que les femmes, au cours de l'évolution, les hommes sont devenus supérieurs aux femmes. En bref, la naturalisation rend l'idéologie historiquement, divinement et biologiquement irréfutable.

## MANGER DES ANIMAUX EST NÉCESSAIRE

*Nous, les Sudistes, ne voulons pas, ne pouvons pas, renoncer à nos institutions. Le maintien des relations existantes entre les deux races [Blancs et Noirs]... est indispensable à la paix et au bonheur des uns et des autres.*

– John. C. Calhoun, ancien vice-président des États-Unis

La croyance selon laquelle il est nécessaire de manger des animaux est étroitement liée à celle selon laquelle il est naturel de manger des animaux. Et, comme dans toutes les idéologies violentes, cette croyance reflète le paradoxe central du système : tuer est nécessaire pour le plus grand bien ; la survie d'un groupe dépend du meurtre d'un autre[211]. La croyance selon laquelle manger des animaux est nécessaire rend le système inévitable – si nous ne pouvons pas exister sans manger des animaux, alors l'abolition du carnisme s'apparente à un suicide. Bien que nous sachions qu'il est possible de survivre sans manger d'animaux, le système fonctionne comme si le mythe de la nécessité du carnisme était vrai ; ce mythe reflète une hypothèse implicite qui n'est généralement révélée que lorsqu'elle est remise en question.

Un mythe connexe est que manger des animaux est nécessaire à notre santé. Ce mythe, lui aussi, persiste malgré les preuves accablantes du contraire : la recherche suggère que la consommation d'animaux est préjudiciable à la santé, puisqu'elle a été associée au développement de certaines des principales maladies du monde industrialisé.

## LE MYTHE DES PROTÉINES

*Mais où tu trouves tes protéines ?*

C'est souvent la première question qu'un·e vegan entend après avoir révélé son régime alimentaire. En fait, cette question est si fréquente qu'elle est devenue une blague parmi les vegan du monde entier. J'utilise le terme « blague » parce que la question reflète l'un des mythes les plus courants et les plus irréalistes sur le carnisme, si ce n'est le plus courant : la viande (et, dans une certaine mesure, les œufs et les produits laitiers) est une source nécessaire de protéines. Les vegan appellent cette idée fausse le « mythe des protéines ».

La crainte d'une carence en protéines est particulièrement répandue chez les hommes, car les protéines (animales) sont traditionnellement associées au développement des muscles et de la force. La viande est depuis longtemps un symbole de masculinité, car elle représente le pouvoir, la puissance et la virilité ; à l'inverse, les aliments d'origine végétale ont été féminisés, représentant souvent la passivité et la faiblesse (pensez à la signification des expressions « *couch potato* » (patate de canapé, flemmard·e) et « *veg out* » (se relaxer, être inactif·ve). De plus en plus d'ouvrages examinent comment la masculinité a été construite – au détriment des individus et de la société – principalement autour de la domination, du contrôle et de la violence. Il n'est donc pas surprenant que la consommation (et parfois le meurtre) d'animaux ait été un élément central de la masculinité[212]. Comme d'autres mythes du carnisme, celui des protéines existe en dépit de preuves contraires de longue date, largement répandues et substantielles ; il sert à justifier la poursuite de la consommation carniste et à maintenir le paradigme carniste. Mais il s'agit bel et bien d'un mythe. Voici ce que les médecins ont à dire :

– Au début des années 1900, les Américain·e·s étaient invité·e·s à consommer plus de 100 grammes de protéines par jour. Et pas plus tard que dans les années 1950, les personnes soucieuses de leur santé étaient encouragées à augmenter leur consommation de protéines. Aujourd'hui, les Américain·e·s ont tendance à absorber deux fois la quantité de protéines dont iels ont besoin. L'excès de protéines a été associé à l'ostéoporose, aux maladies rénales, aux calculs de calcium dans les voies urinaires et à certains cancers.

– Les muscles et les autres protéines du corps sont construits à partir des acides aminés, qui proviennent des protéines consommées.

Une alimentation variée composée de haricots, de lentilles, de céréales et de légumes contient tous les acides aminés essentiels. On pensait autrefois que les différents aliments végétaux devaient être consommés ensemble pour obtenir leur pleine valeur protéique, mais les recherches actuelles suggèrent que ce n'est pas le cas.

– Pour avoir une alimentation contenant suffisamment de protéines, mais pas trop, [il suffit] de remplacer simplement les produits carnés par des céréales, des légumes, des légumineuses (pois, haricots, lentilles) et des fruits. Tant que l'on mange une variété d'aliments végétaux en quantité suffisante pour maintenir son poids, le corps reçoit suffisamment de protéines[213].

Un mythe de la nécessité particulièrement frappant est la croyance selon laquelle nous devons continuer à manger des animaux parce que si nous arrêtions maintenant, le monde serait envahi par les cochons, les poules et les vaches. Que ferions-nous de tous ces animaux ? Bien sûr, si nous arrêtions de manger des produits carnés, nous cesserions de produire les animaux qui sont à l'origine de ces produits, ce qui stopperait la croissance de la population d'animaux d'élevage. Et il y a un mythe dans ce mythe, un paradoxe qui est au cœur de toutes les idéologies violentes : il faut continuer à tuer pour justifier tous les meurtres déjà perpétrés[214]. Une fois que l'élan de la violence a atteint un certain point, il semble impossible de l'inverser.

Un autre mythe de la nécessité est que tuer est un impératif économique. Bien qu'un motif économique ait été à l'origine de nombreuses idéologies violentes – l'économie du Nouveau Monde était largement soutenue par l'esclavage, et le pillage de l'or et d'autres biens ainsi que le travail non rémunéré des victimes des nazis ont financé la machine de guerre allemande – cela ne signifie pas que l'économie s'effondrerait si les meurtres cessaient. Il est bien plus probable que le *statu quo économique* s'effondrerait ; c'est la structure de pouvoir de l'entreprise carniste, plutôt que la population, qui souffrirait de l'abolition du carnisme. Même si l'économie dépendait du carnisme, on peut se demander si cette dépendance justifierait la poursuite de la violence. Pour la plupart des gens, ce n'est pas le cas. L'histoire nous montre encore et encore que, lorsque les gens prennent conscience de la violence des idéologies, ils exigent un changement. C'est pour cette raison que les atrocités du carnisme doivent rester cachées et que les mythes du carnisme doivent rester en place – nous devons croire que nous sommes des consommateur·rice·s informé·e·s et des individus libres agissant au sein d'un système démocratique, en exerçant notre libre arbitre.

## LE MYTHE DU LIBRE ARBITRE

Les idéologies violentes exigent des participant·e·s volontaires, et la plupart des gens ne feraient pas volontairement du mal aux animaux. Nous devons donc être contraint·e·s de soutenir le système. Cependant, la coercition n'est efficace que tant qu'elle n'est pas détectée. Nous devons croire que nous agissons de notre plein gré lorsque nous achetons et consommons des animaux ; nous devons croire au mythe du libre arbitre.

Bien sûr, personne ne nous met un pistolet sur la tempe lorsque nous mangeons des animaux, mais ce n'est pas nécessaire. Dès que nous avons été sevré·e·s, nous avons mangé des animaux. Avez-vous choisi librement de manger votre plat préparé à la dinde ? Et lorsque vous étiez enfant, avez-vous mangé votre *Happy Meal* de McDonald's ? Et avez-vous interrogé vos parents, vos enseignant·e·s et vos médecins lorsqu'ils vous disaient que le lait vous rendait fort ? Avez-vous déjà regardé les boulettes de viande sur vos pâtes et vous êtes-vous demandé·e d'où elles venaient vraiment ? Si c'est le cas, votre entourage vous a-t-il encouragé à combler cette lacune dans votre conscience, ou a-t-il rapidement rétabli votre engourdissement et vous a-t-il rassuré·e sur les vertus de la consommation d'animaux ?

Il y a de fortes chances pour que le schéma selon lequel vous vous êtes lié·e aux produits carnistes ait commencé avant que vous ne soyez en âge de parler et qu'il se soit poursuivi sans interruption tout au long de votre vie. Et c'est dans ce flux de comportement ininterrompu que nous pouvons voir comment le carnisme submerge le libre arbitre. Des schémas de pensée et d'action, établis bien avant que nous ne soyons capables d'agir en tant qu'individus libres, se tissent dans le tissu de notre psyché, guidant nos choix comme une main invisible. Et si quelque chose vient interrompre notre rapport habituel aux produits carnistes – si, par exemple, nous apercevons le processus d'abattage – le réseau élaboré qui constitue la structure défensive du carnisme nous y ramène rapidement. *Le carnisme bloque les interruptions de la conscience.*

Il est impossible d'exercer son libre arbitre tant que l'on fonctionne à l'intérieur du système. Il requiert la conscience, et nos schémas de pensée omniprésents et profondément ancrés sont inconscients ; ils échappent à notre conscience et donc à notre contrôle. Tant que nous restons dans le système, nous voyons le monde à travers les yeux du carnisme. Et tant que nous regarderons avec d'autres yeux que les nôtres, nous vivrons en accord avec une vérité qui n'est pas celle que nous avons choisie. Nous devons sortir du système pour retrouver notre empathie perdue et faire des choix qui reflètent ce que nous ressentons et croyons vraiment, plutôt que ce qu'on nous a appris à ressentir et à croire.

# 6
# À TRAVERS LE MIROIR CARNISTE : LE CARNISME INTÉRIORISÉ

*Le plus grand ennemi de la connaissance n'est pas l'ignorance, c'est l'illusion de la connaissance.*
– Stephen Hawking

Imaginez que tout ce qui constitue votre réalité – votre maison, votre travail, votre famille, votre *vie* – ne soit qu'une illusion, une réalité virtuelle, fabriquée par une matrice informatique sur laquelle votre cerveau et celui de tou·te·s les autres humain·e·s sont branchés. Imaginez que cette matrice nous utilise comme des batteries ; elle siphonne notre énergie pour se maintenir en vie et nous maintient dans la complaisance en restant invisible tout en générant l'illusion de notre liberté. C'est le thème de *Matrix*, un film qui a trouvé un écho si puissant auprès de millions de téléspectateur·rice·s qu'il a été qualifié de classique moderne. Les classiques atteignent leur statut parce qu'ils parlent d'une expérience humaine fondamentale. Ils donnent une voix à des vérités qui ont été largement insaisissables et donc inexprimées. *Matrix* nous incite à nous interroger – à nous interroger sur ce que nous voyons et sur la manière dont nous nous le rapportons. Il nous incite à être curieux de ce que nous pensons et de la raison pour laquelle nous pensons comme nous le faisons. Morpheus, l'un des personnages principaux du film, explique au protagoniste, Neo :

– La matrice est universelle, elle est omniprésente. Elle est avec nous ici en ce moment même. Tu la vois chaque fois que tu regardes par la fenêtre, ou lorsque tu allumes la télévision. Tu ressens sa présence quand tu pars au travail, quand tu vas à l'église ou quand tu paies tes factures. Elle est le monde qu'on superpose à ton regard pour t'empêcher de voir la vérité... [c'est] une prison pour ton esprit.

L'esprit de Neo était emprisonné dans une matrice, un système si bien ancré qu'il l'avait privé de la capacité de penser par lui-même. En acceptant les illusions de la matrice comme étant réelles, Neo a contribué à authentifier le système ; il était à la fois prisonnier et geôlier, victime et coupable.

De même, la matrice qu'est le carnisme nous oblige à participer à notre propre coercition, en faisant le travail du système à sa place, nous nions, évitons et justifions le carnisme. Lorsque notre esprit est emprisonné par le carnisme, nous voyons le monde - et nous-mêmes - à travers les yeux du système. En conséquence, nous nous comportons non pas comme nous sommes réellement, mais comme le système voudrait que nous soyons : des consommateur·rice·s passif·ve·s plutôt que des citoyen·ne·s actif·ve·s. Les mécanismes du système se sont incrustés dans notre conscience. Nous avons *intériorisé* le carnisme.

## LE TRIO COGNITIF

Le carnisme déforme la réalité : ce n'est pas parce que nous ne voyons pas les animaux que nous mangeons qu'ils n'existent pas. Ce n'est pas parce que le système n'a pas été nommé qu'il n'existe pas. Aussi loin et aussi profonds qu'ils soient, les mythes de la consommation d'animaux ne sont pas les faits de la consommation d'animaux.

Le carnisme intériorisé déforme notre *perception* de la réalité : bien que les animaux soient des êtres vivants, nous les percevons comme des choses vivantes ; bien qu'ils soient des individus, nous les percevons comme des abstractions - comme un « tas » de choses ; et en l'absence de toute donnée objective, nous les percevons comme si leur caractère approprié pour la consommation humaine dépendait naturellement de leur espèce. Par exemple, si, malgré tous les efforts du système, nous apercevons par hasard l'un des cochons destinés à devenir notre viande, nous ne le percevons pas comme un être sensible, ni comme un individu qui a une personnalité et des préférences distinctes. Nous percevons plutôt sa « dignité » (saleté, négligence, etc.) et sa « comestibilité ». En percevant les animaux de cette manière, nous utilisons trois défenses que j'appelle le trio cognitif.

Le trio cognitif se compose de l'*objectivation*, de la *désindividualisation* et de la *dichotomisation*. Ces défenses sont en fait des processus psychologiques normaux qui deviennent des distorsions défensives lorsqu'ils sont utilisés de manière excessive, comme ils doivent l'être pour maintenir le carnisme intact. Et, contrairement à d'autres défenses, ces mécanismes sont plus internes et moins conscients et intentionnels ; ils concernent moins ce que nous pensons que la manière dont nous pensons. Chaque défense du trio cognitif a un effet unique sur notre perception des animaux. Mais la véritable force du trio réside dans la *manière dont* les trois défenses fonctionnent en harmonie les unes avec les autres. Comme dans un trio musical, le tout est plus grand que la somme de ses parties.

## L'OBJECTIVATION : CONSIDÉRER LES ANIMAUX COMME DES CHOSES

*Plus vous voyez ces agneaux sans tête, moins vous les considérez comme des animaux, mais comme des produits avec lequel vous travaillez.*
– Découpeur de viande de trente et un ans*

L'objectivation est le processus qui consiste à considérer un être vivant comme un objet inanimé, une chose. Les animaux sont objectivés de diverses manières, notamment par le langage. Le langage d'objectivation est un puissant mécanisme de distanciation. Il suffit de penser à la manière dont les employé·e·s des abattoirs désignent les animaux qu'iels vont tuer comme les objets qu'ils vont devenir, plutôt que comme les animaux vivants qu'ils sont : les poules sont appelées poulets, les cochons sont appelés porcs et les taureaux sont appelés bœuf. L'USDA parle de *pis* pour les vaches et d'*unités* pour les animaux en général, tandis que les producteur·rice·s carné·e·s parlent de *verrats* ou de *veaux de remplacement.* Considérez également notre usage courant de l'expression *chose vivante* et notre incapacité tout aussi courante à reconnaître que cette expression est un oxymore. Le carnisme a besoin que nous utilisions un tel langage objectivant ; pensez à ce que vous ressentiriez si, par exemple, vous appeliez le poulet rôti dans la vitrine du restaurant quelqu'*un* plutôt que quelque *chose*, ou si vous appeliez la pieuvre qui nage derrière le bar à sushis *il* ou *elle* plutôt que *ça.*

L'objectivation est légitimée non seulement par le langage, mais aussi par les institutions, la législation et les politiques. Par exemple, comme nous l'avons vu au chapitre 5, la loi classe les animaux dans la catégorie des biens. Lorsque nous pouvons acheter, vendre, négocier ou échanger un animal comme s'il s'agissait d'une voiture d'occasion – ou même de pièces détachées d'une voiture d'occasion – nous le transformons littéralement

* Les citations sélectionnées dans ce chapitre proviennent d'entretiens que j'ai menés dans le cadre de ma thèse de doctorat sur la psychologie de la consommation de viande.

en *pièce de bétail*. En considérant les animaux comme des objets, nous pouvons traiter leur corps en conséquence, sans éprouver le malaise moral que nous pourrions ressentir autrement.

## LA DÉSINDIVIDUALISATION : CONSIDÉRER LES ANIMAUX COMME DES ABSTRACTIONS

*Je ne [considère pas les animaux d'élevage comme des individus]. Je ne pourrais pas faire mon travail si je les voyais comme tels... Quand vous parlez d'individus, vous voulez dire en tant que personne à part entière, avec son propre nom et ses propres caractéristiques, ses propres petits jeux ? C'est ça ? Oui, je préférerais ne pas le savoir. Je suis sûr qu'il en a, mais je préfère ne pas le savoir.*

– Un boucher de trente et un ans

La *désindividualisation* est le processus qui consiste à ne considérer les individus que par leur appartenance à un groupe et à les percevoir comme étant identiques à tous les autres membres de ce groupe. Chaque fois que nous rencontrons un groupe d'autres personnes, il est naturel que nous les considérions, au moins en partie, comme un groupe. Plus il est grand, plus nous avons tendance à considérer le tout plutôt que ses parties individuelles ; lorsque vous pensez à une nation, par exemple, vous considérez probablement ses habitant·e·s avant tout comme des membres d'un groupe auquel vous avez attribué un ensemble de caractéristiques communes. La désindividualisation, en revanche, consiste à considérer les autres *uniquement* comme des membres d'un tout ; c'est l'incapacité à apprécier l'individualité des parties qui composent le tout. C'est le cas de notre perception des animaux que nous mangeons.

Par exemple, comme je l'ai mentionné précédemment, lorsque vous pensez aux cochons élevés pour la viande de porc, vous ne les considérez probablement pas comme des individus ayant leur propre personnalité et leurs propres préférences. Vous les voyez plutôt comme une *abstraction*, comme un groupe. Comme d'autres groupes victimes d'idéologies violentes, les cochons élevés pour leur viande portent des numéros plutôt que des noms et ne sont pas considérés comme différents les uns des autres ; un cochon est un cochon et tous les cochons sont les mêmes. Mais imaginez ce que vous ressentiriez si votre emballage de hot-dog comportait une étiquette avec le nom, la photo et la description du cochon dont provient la viande, ou si vous faisiez la connaissance de l'un des cochons qui allait devenir votre nourriture. D'innombrables étudiant·e·s, mangeur·se·s et découpeur·se·s de viande que j'ai interrogé·e·s dans le cadre de mes recherches ont déclaré qu'après avoir appris à connaître un animal d'élevage particulier, iels se sentaient incapables de le consommer, et certain·e·s se sentaient même mal à l'aise à l'idée de continuer à manger de la viande provenant de cette espèce. Par exemple, un découpeur de viande d'une trentaine d'années m'a dit : « J'aurais un point de vue différent sur les porcs en général si j'avais un cochon comme animal de compagnie. Je verrais mon animal de compagnie chaque fois que quelqu'un préparerait des côtes de porc ou quelque chose comme ça. »

Les réactions négatives à l'idée de consommer (ou de préparer la viande) un animal familier sont courantes dans le monde entier, et elles peuvent être très fortes. Par exemple, les Indiennes de la région de Quito, en Équateur, s'attachent aux poules, tout comme les Américain·e·s aux chiens et aux chats, et lorsque les circonstances obligent ces femmes à vendre leurs oiseaux pour l'abattage, elles le font en pleurant et en criant[215]. Pensez également aux réponses des personnes interrogées lorsque je leur ai demandé comment elles réagiraient si elles mangeaient un animal d'élevage qu'elles avaient appris à connaître. Un mangeur de viande de trente-cinq ans a expliqué : « Je me sentirais mal de manger cette [viande]. Je veux dire, j'aurais l'impression de l'avoir tué. Et pour quoi faire ? Vous voyez ce que je veux dire ? Je ne le concevrais même pas. Si c'est un animal de compagnie, c'est... interdit, c'est comme ça. Une fois qu'il est mort, on l'enterre ; c'est un peu comme un membre de la famille. »

Ce sentiment est partagé par un boucher de cinquante-huit ans, qui m'a dit : « Il faudrait que je sois affamé pour manger mon propre animal de compagnie [un cochon], [parce que], après avoir appris à vraiment le connaître, ce serait dur de devoir manger mon ami. » Lorsque je lui ai demandé pourquoi il ne ressentait pas la même chose à l'égard des cochons qu'il découpe dans le cadre de son travail, il a répondu : « Je dois tous les considérer comme de la nourriture. Si quelqu'un en élevait un comme son animal de compagnie, ce serait différent. »

Un mangeur de viande âgé de trente et un ans qui avait élevé et tué ses propres animaux dans son pays d'origine, le Zimbabwe, a expliqué : « Je ne mangerais pas quelque chose auquel je donnerais un nom... Pour moi, c'est comme un ami. On ne mange pas un animal avec lequel on a tissé des liens. »

Un autre mangeur de viande, âgé de vingt-huit ans, a déclaré qu'il n'avait même pas besoin de connaître personnellement un animal pour se sentir mal à l'aise face à son individualité : « Même un animal dans une cage avec des centaines d'autres animaux, si vous faites ce lien [qu'il s'agit d'un individu], c'est similaire au parallèle avec l'animal de compagnie de la famille. Comment peut-on tuer un animal de compagnie ? Comment peut-on tuer un cochon qui se trouve dans un enclos avec une centaine d'autres ? »

La reconnaissance de l'individualité des autres interrompt le processus de désindividualisation, rendant plus difficile le maintien de la distance psychologique et émotionnelle nécessaire pour leur nuire.

## LES CHIFFRES ET L'ENGOURDISSEMENT

Le psychologue Paul Slovic a examiné la relation entre le nombre de victimes dans une situation traumatisante et les réactions des témoins à leur souffrance[216]. Il a constaté que plus le nombre de victimes était élevé, plus les témoins les traitaient de façon floue, ou les désindividuaient, et moins iels avaient tendance à s'en préoccuper individuellement – et ce flou semblait commencer à partir de deux victimes seulement. Slovic affirme que le nombre et l'indifférenciation vont de pair. Cela signifie que les victimes individuelles, humaines ou non, sont beaucoup plus susceptibles de susciter notre compassion que les groupes de victimes.

Prenons, par exemple, l'incident de 2005 au cours duquel un moineau s'est retrouvé au milieu d'un concours de dominos aux Pays-Bas, renversant 23 000 dominos et finissant abattu : un site Web a été créé en son hommage et a attiré des dizaines de milliers de visiteur·se·s. Ou encore l'abattage, en 2001, de millions de bovins au Royaume-Uni dont on pensait qu'ils avaient été exposés à la fièvre aphteuse : malgré les demandes des défenseur·se·s des animaux de mettre fin à l'abattage, ce n'est que lorsqu'un journal a publié la photo d'un jeune veau nommé Phoenix que le gouvernement a accepté de changer sa politique. Et lorsque l'autrice Annie Dillard a dit à sa fille de sept ans qu'il lui était difficile d'imaginer que 138 000 personnes s'étaient noyées au Bangladesh, sa fille a répondu : « Non, c'est facile. Beaucoup, beaucoup de points dans l'eau bleue. » Mère Teresa ne connaissait que trop bien le phénomène des chiffres et de l'engourdissement. « Si je regarde la masse, disait-elle, je n'agirai jamais. »

## LA DICHOTOMISATION : CONSIDÉRER LES ANIMAUX PAR CATÉGORIES

*Je ne sais pas ; il est peut-être plus facile de [manger] des animaux qui ont été élevés dans le seul but [d'être mangés]... quand un écureuil court dans votre jardin et qu'il se retrouve dans votre assiette, c'est un peu dérangeant. Il y a comme une division entre les animaux que vous voyez courir à l'extérieur – ils sont à l'abri des gens qui les mangent.*

– Un mangeur de viande de vingt-deux ans

La dichotomisation est le processus qui consiste à classer mentalement les autres dans deux catégories, souvent opposées, sur la base de nos croyances à leur sujet. En soi, classer les autres dans des groupes n'est pas problématique. Comme nous l'avons vu au chapitre 1, la création de classifications mentales est un processus naturel qui nous aide à organiser l'information. Cependant, les dichotomies ne sont pas de simples classifications ; elles sont dualistes et, en tant que telles, elles créent une image de la réalité en noir et blanc. Il en résulte une division du monde en catégories rigides, chargées de valeurs et généralement basées sur des informations peu nombreuses ou inexactes. La dichotomisation nous permet donc de séparer des groupes d'individus dans notre esprit et d'éprouver des émotions très différentes à leur égard.

En matière de carnisme, les deux principales catégories d'animaux sont les animaux *comestibles* et les animaux *non comestibles*. Et à l'intérieur de la dichotomie du comestible et du non comestible, nous avons un certain nombre d'autres paires de catégories. Par exemple, nous mangeons des animaux *domestiqués* plutôt que des animaux *sauvages*, et des *herbivores* plutôt que des *omnivores* ou des *carnivores*. La plupart des gens ne mangent pas d'animaux qu'ils jugent *intelligents* (dauphins), mais consomment régulièrement des animaux qu'ils estiment *peu intelligents* (thon). De nombreuses personnes évitent de manger des animaux qu'elles considèrent comme *mignons* (lapins) et préfèrent manger des animaux qu'elles considèrent comme *moins attrayants* (dindes).

Il est moins important de savoir si les catégories dans lesquelles nous avons placé les animaux sont exactes que de savoir si nous pensons qu'elles le sont, puisque l'objectif de la dichotomisation est simplement de nous éloigner de l'inconfort lié à la consommation d'animaux. Si nous filtrons nos perceptions des animaux à travers des catégories chargées de jugements de valeur, nous pouvons, par exemple, manger notre steak tout en caressant notre chien et rester inconscients des implications de nos choix. La dichotomisation soutient donc la justification ; elle nous permet de nous sentir légitimes à manger un animal parce que, par exemple, il n'est pas intelligent, ce n'est pas un animal de compagnie, il n'est pas mignon...

Bien entendu, tous les animaux comestibles ne rentrent pas dans les catégories dans lesquelles nous les avons placés. Pour maintenir le statu quo carniste, nous conservons donc de fausses idées sur les animaux que nous mangeons afin de pouvoir continuer à les classer comme comestibles. Les cochons et les poules, pourtant intelligents, sont considérés comme stupides, et les belles dindes comme laides.

Cependant, lorsqu'on examine nos hypothèses, la nature arbitraire et irrationnelle de la dichotomisation devient évidente. Prenons, par exemple, la confusion exprimée par un mangeur de viande de quarante-trois ans lorsque je lui ai demandé d'expliquer pourquoi il ne mangeait pas d'agneau :

– [Les agneaux] sont des créatures douces... C'est une honte qu'ils soient tués et que nous les mangions. Il y a beaucoup d'autres choses qui sont également douces et que nous mangeons... les vaches, par exemple. Nous les mangeons. Je ne sais pas comment le décrire. On dirait que tout le monde mange de la vache. C'est moins cher. C'est abordable et il y en a tellement. Mais les agneaux sont tout simplement différents. Ils sont plus petits ou plus câlins. Je ne sais pas. On ne fait pas de câlins à une vache. On dirait qu'on peut manger une vache, mais qu'on ne peut pas manger un agneau... La différence est bizarre.

## LA TECHNOLOGIE, LES DISTORSIONS ET LA DISTANCIATION

*Il est plus facile de penser aux [animaux d'élevage] dans l'abstrait... Cela me fait penser à cette citation : « La mort d'une personne est une tragédie ; la mort d'un groupe est une statistique ».*

– Un mangeur de viande de trente-trois ans

Une discussion sur le trio cognitif ne serait pas complète sans mentionner le rôle de la technologie dans les distorsions psychologiques et la distanciation. La technologie renforce le trio en nous permettant de traiter certains animaux comme des objets et des abstractions – des objets, parce qu'ils deviennent littéralement des unités de production sur une chaîne de désassemblage, et des abstractions, parce que le volume d'animaux tués dans le cadre du carnisme les désindividualise inévitablement. En effet, ce n'est que grâce à la technologie que la production carniste à grande échelle est possible : les méthodes modernes nous permettent de consommer des milliards d'animaux chaque année sans assister à une seule partie du processus par lequel ces animaux deviennent notre nourriture. Cette production de masse de viande, d'œufs et de produits laitiers, associée à notre retrait du processus de production, nous a rendu·e·s à la fois plus et moins violent·e·s envers les animaux qu'auparavant ; nous sommes capables de tuer plus d'animaux, mais nous sommes moins désensibilisé·e·s ou moins à l'aise avec le fait que nous les tuons. La technologie a creusé le fossé entre nos comportements et nos valeurs, renforçant ainsi la dissonance morale que le système s'efforce d'occulter.

Mais bien sûr, la technologie n'éradique pas toujours toutes les traces de la production carniste. Et lorsqu'elle ne le fait pas, nous pouvons nous retrouver dans la position inconfortable de reconnaître que notre nourriture provenait en fait d'un être vivant. Par exemple, une jeune femme de vingt-deux ans qui mangeait de la viande m'a dit qu'elle ne mangeait pas de cochon provenant d'un marché de sa ville qui vendait des pieds de cochon et même des cochons entiers : « Je pense que c'est en partie parce que cela me rappelle que l'on ne fait pas que manger – le morceau de viande n'est pas tombé du ciel. Il est lié à l'ensemble de l'animal... au lieu d'être simplement un produit bien traité que l'on mange tout seul pour le dîner... Il faut le considérer comme une créature à part entière. »

## LES DÉFORMATIONS ET LE DÉGOÛT

*Je n'aime pas manger des cœurs de poulet. Je pense que c'est principalement parce qu'on peut vraiment voir que ce sont des petits cœurs. [Si j'en mangeais, je me sentirais] malade... C'est juste ce que nous associons au cœur, et vous savez, le foie et les choses comme ça, le cœur ou le foie de quelqu'un – ils sont associés à des personnes.*

– Un mangeur de viande de vingt-sept ans

En déformant notre perception des animaux, le trio cognitif nous empêche de nous *identifier à eux*. S'identifier aux autres, c'est voir quelque chose de soi en eux et voir quelque chose d'eux en soi, même si la seule chose à laquelle on s'identifie est le désir d'être libéré de la souffrance. L'identification est un processus cognitif, et lorsque nous considérons les animaux comme des objets, des abstractions ou des éléments de catégories fixes, nous diminuons ce processus. Et comme les pensées affectent les sentiments, moins nous nous identifions aux autres, moins nous avons d'empathie pour eux. C'est ce qu'on appelle en psychologie le *principe de similitude* : nous ressentons plus d'empathie envers celles·ceux que nous percevons comme nous ressemblant le plus. Considérez, par exemple, que vous pourriez être plus troublé·e par la mort de personnes originaires de votre ville dans un accident d'avion que par la mort d'autres passager·ère·s, même si vous ne connaissiez pas personnellement les personnes à bord. Considérez également la déclaration d'un boucher de cinquante-huit ans que j'ai interrogé :

– J'ai emmené mon fils [à la boucherie] - il a huit ans. Nous avions un agneau. Il aime l'agneau, alors il entre et dit : « Qu'est-ce que c'est ? » J'ai dit : « C'est un agneau. » Rien de grave, mais quelques jours plus tard, j'ai demandé : « Tu veux un bon steak d'agneau ? Non, a-t-il dit, je ne crois pas. Je l'ai regardé l'autre jour... [et] il me regardait en retour. »

Tout comme le degré d'identification à une autre personne détermine notre degré d'empathie à son égard, le degré d'empathie détermine, en grande partie, le dégoût que nous éprouvons à l'idée de la manger*. (Quelques exceptions possibles sont les animaux que nous classons mentalement comme dégoûtants même lorsqu'ils sont vivants, tels que les serpents et les insectes, et certaines espèces que nous considérons comme « sales », telles que les rats et les pigeons.) Le fait que l'identification et l'empathie informent le dégoût peut expliquer pourquoi les chercheur·se·s ont constaté que presque tous les objets dégoûtants sont d'origine animale (et que ceux qui ne sont pas d'origine animale ressemblent souvent à des produits d'origine animale, comme le gombo visqueux et ressemblant à du mucus).

* Si le dégoût est parfois une réaction innée destinée à nous protéger de l'ingestion de substances nocives, telles que les excréments et la végétation pourrie, il peut également s'agir d'une réaction à des stimuli purement idéationnels ou psychologiques. C'est sur le dégoût idéationnel que porte cet ouvrage.

Le diagramme suivant représente la corrélation entre l'*identification*, l'*empathie* et le *dégoût* :

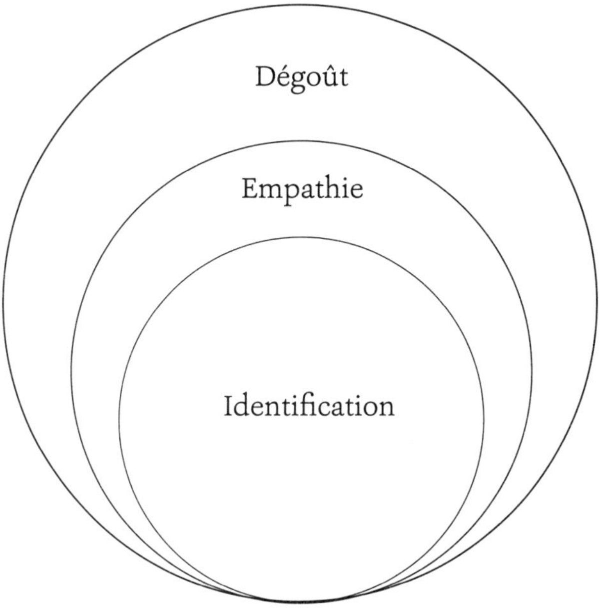


La raison pour laquelle l'empathie et le dégoût sont si étroitement liés est que l'empathie informe, dans une large mesure, notre sens moral, et que le dégoût est une *émotion morale.* En règle générale, plus nous ressentons d'empathie pour un animal, plus nous trouvons immoral - et donc dégoûtant - de le manger. Le lien entre moralité et dégoût est étayé par un certain nombre d'études qui ont montré que les gens se sentent dégoûtés à l'idée de consommer un produit qu'ils trouvent moralement offensant, qui viole leur sens de l'intégrité[217]. Prenons par exemple le commentaire d'un mangeur de viande de trente-quatre ans qui aime manger régulièrement de la viande, mais qui s'oppose éthiquement à la consommation de veau : « Imaginons que je vienne chez vous... et que vous me disiez que je viens de manger du veau. Je vomirais probablement... comme si je *devais* m'en soulager. »

## DÉGOÛTÉ·E·S PAR L'INJUSTICE

Une étude intéressante menée par des chercheur·se·s de l'université de Toronto suggère que nous sommes peut-être programmé·e·s pour nous sentir dégoûté·e·s par les offenses morales[218]. Les chercheur·se·s ont fixé des électrodes sur les visages de vingt participant·e·s, afin d'enregistrer les changements dans leurs mouvements faciaux. Les participant·e·s ont ensuite été soumis·es à une série de trois conditions différentes : on leur a fait boire des liquides au goût « dégoûtant » ; iels ont regardé des photos de choses dégoûtantes, telles que des toilettes sales et des blessures ; et iels ont été soumis·es à un traitement injuste dans le cadre d'un jeu de laboratoire auquel iels ont participé. Les chercheur·se·s ont constaté que, dans chaque condition, les mouvements faciaux automatiques des sujets étaient les mêmes : ils contractaient le muscle *levator labii*, qui relève la lèvre supérieure et plisse le nez, ce qui indique une réaction de dégoût. Les chercheur·se·s ont conclu que le « dégoût moral » pourrait en fait être étroitement lié à la réaction de dégoût primitive, ancienne, qui nous protégeait de la consommation d'aliments pourris ou contaminés. D'autres études ont abouti à des résultats similaires.

## LE CONTRÔLE DES DOMMAGES PSYCHOLOGIQUES : LE DÉGOÛT ET LA RATIONALISATION

Pour toutes sortes de raisons, nous pouvons être dégoûté·e·s par la viande, les œufs ou les produits laitiers d'animaux pourtant jugés comestibles - des produits qui ne sont pas censés nous dégoûter. Dans de tels cas, lorsque le dégoût franchit les défenses qui nous maintiennent engourdi·e·s, nous avons besoin d'une défense de secours pour agir comme un filet de sécurité ; nous avons besoin de rationaliser l'irrationnel.

La *rationalisation* est le mécanisme de défense par lequel nous fournissons une explication rationnelle à quelque chose qui ne l'est pas. Comme pour les autres défenses, la rationalisation sert à maintenir le système intact. Lorsque le processus de distanciation carniste a été perturbé et que le dégoût apparaît, nous pouvons détourner l'attention de notre malaise moral en attribuant notre dégoût à autre chose qu'au fait que nous consommons un être vivant. Par exemple, lorsque nous sommes dégoûté·e·s par une viande qui nous rappelle son origine animale, nous pouvons attribuer notre aversion à la texture de la viande ou à un risque sanitaire imaginaire. Une personne interrogée m'a dit : « Je n'aime pas manger du bacon parce que... ça me dégoûte. C'est saturé de graisse. Ça se voit que c'est mauvais pour la santé. ...Voir autant de graisse et de gras, même quand je sais que c'est bon, ça me dégoûte. » Je lui ai demandé si elle ressentait la même chose à l'égard des frites ou d'autres aliments gras, et elle a répondu : « C'est similaire, mais il y a aussi quelque chose dans le fait de voir de la viande crue quand vous cuisinez... [C]uisiner une pomme de terre n'est pas aussi rebutant, je pense. Le lien qui fait que [la viande] est un morceau de quelque chose, et pas seulement quelque chose que l'on a sorti de terre est rebutant. »

Une autre personne interrogée a expliqué : « Je ne veux pas manger de la viande crue ou à moitié crue... La vue du sang - je n'aime pas le sang, alors je ne veux certainement pas qu'il coule de ma nourriture quand je la mange. » Lorsque je lui ai demandé ce qu'elle ressentait à la vue d'une viande ensanglantée, elle a répondu : « [C'est] dégoûtant. Ce n'est pas sain, même si je sais qu'il vaut probablement mieux [la] manger saignante que bien cuite. »

Il est frappant de constater qu'une société entière composée de personnes rationnelles peut maintenir des schémas de pensée aussi irrationnels sans se rendre compte des failles béantes de la logique. Et pourtant, ce paradoxe prend tout son sens lorsqu'il est compris dans le contexte du carnisme : parce que son mode opératoire consiste à déformer la réalité plutôt que d'en rendre compte, le système est intrinsèquement irrationnel. Et parce que nous regardons le système de l'intérieur - à l'intérieur d'un schéma qui le reflète - nous avons adopté sa logique comme la nôtre.

## L'ALIMENTATION ÉMOTIONNELLE

On pense souvent que le fait qu'une culture évite de consommer certains types d'animaux est rationnel et découle de la volonté de cette culture de se préserver. Nous supposons, par exemple, qu'une culture ne préconise pas la consommation d'animaux qui sont malsains (comme les rats qui vivent dans les égouts), utiles (comme les bœufs qui labourent les champs) ou dont l'élevage et l'abattage ne sont pas rentables (comme les animaux carnivores qu'il serait dangereux de manipuler). Cependant, si dans certains cas il peut y avoir une raison logique à un tabou culturel contre la consommation d'un type particulier d'animal, la recherche suggère que, le plus souvent, c'est le contraire qui est vrai : les cultures utilisent des explications telles que celles mentionnées ci-avant pour rationaliser leurs choix irrationnels d'animaux à manger.

Dans une multitude de cultures, de nombreuses espèces d'animaux « comestibles » sont perçues comme non comestibles, ce qui suggère fortement que ce sont les préjugés culturels, plutôt que la logique, qui déterminent quels animaux sont classés comme aliments. Par exemple, les Indien·ne·s Nambikwara du Brésil élèvent des animaux domestiques qui pourraient être consommés par l'humain, mais les traitent plutôt comme des animaux de compagnie, interagissant avec eux comme les Occidentaux·les le font avec les chiens et les chats ; iels ne mangent même pas les œufs pondus par leurs poules[219]. En outre, rien n'empêche les Américain·e·s de manger des chevaux, comme le font certain·e·s Français·es, des cafards, comme le font certain·e·s Asiatiques, ou des pigeons, qui sont abondants et consommés en Égypte. Les Californien·ne·s pourraient facilement récolter les escargots qui surpeuplent leurs jardins et qui sont de la même espèce que ceux servis à table, mais iels choisissent de ne manger que des escargots importés[220]. Quant aux peuples cavaliers d'Asie, très dépendants des équidés, ils n'ont aucune interdiction de consommer de la chair de cheval. Lorsqu'il s'agit de décider quelles espèces d'animaux manger, il semble que l'émotion l'emporte sur la raison.

## RETIRER LA VIANDE DE CHIEN : LE DÉGOÛT ET LA CONTAMINATION

Le dégoût possède ce que les psychologues appellent des propriétés de contamination. En d'autres termes, une chose dégoûtante peut rendre dégoûtant tout ce avec quoi elle entre en contact. Par exemple, la plupart d'entre nous ne mangeront pas de soupe dans laquelle une mouche s'est posée, même si nous avons pu retirer rapidement l'insecte et le liquide environnant qu'il a touché. La soupe restante, sans trace résiduelle de la mouche, est irrémédiablement contaminée. La soupe elle-même n'était pas dégoûtante, mais l'*idée que* quelque chose de dégoûtant - une mouche - en ait touché ne serait-ce qu'une petite partie l'a rendue immangeable.

On vous a demandé pour la première fois de réfléchir à la propriété contaminante du dégoût au chapitre 1, lorsqu'on vous a présenté un scénario dans lequel on vous a dit qu'on vous avait servi de la viande de chien et qu'on vous a demandé si vous alliez retirer la viande du ragoût et vous contenter de manger les légumes qui l'entourent. Il y a de fortes chances que, si vous aviez été dégoûté·e par la viande de chien, vous auriez également été dégoûté·e par tout ce qu'elle touchait. En effet, contrairement au fait de ne pas aimer la saveur d'un produit, le dégoût est souvent *idéationnel* : il peut être déclenché par une idée ou une croyance à propos d'un aliment plutôt que par ce que cet aliment est réellement. L'effet contaminant du dégoût explique pourquoi de nombreux·ses vegan se sentent incapables de manger des aliments qui ont été cuisinés avec de la viande, des œufs ou des produits laitiers, ou à proximité de ceux-ci*.

## LA MATRICE DANS LA MATRICE : LE SCHÉMA CARNISTE

Le carnisme est un système social, une matrice sociale. Mais c'est aussi un système psychologique, un système de pensée, une matrice *interne*. C'est une matrice dans la matrice. Et tout comme la matrice sociale est mise en place pour maintenir le fossé dans notre conscience, la matrice psychologique l'est aussi. Cette matrice psychologique est ce que j'appelle le *schéma carniste*. Le schéma carniste est en grande partie constitué du trio cognitif, mais il inclut également les autres défenses et croyances abordées tout au long de ce livre. Le schéma carniste est essentiellement le branchement qui nous relie à la matrice plus large du carnisme.

Vous vous souvenez peut-être qu'au chapitre 1, un schéma est la lentille à travers laquelle nous voyons le monde et qu'il sert de système de classification mentale qui organise et interprète les informations qui nous parviennent. Le schéma carniste dicte quels animaux sont comestibles et lesquels ne le sont pas, et il détermine comment - ou, plus précisément, si - nous ressentons le fait de manger des produits carnistes.

Cependant, les schémas ne se contentent pas de *classer* les informations, ils les *filtrent* également ; nous avons tendance à ne remarquer et à ne retenir que ce qui confirme nos hypothèses préexistantes. Les psychologues appellent ce phénomène le *biais de confirmation*. Le schéma carniste laisse entrer de manière sélective les informations qui maintiennent le fossé dans notre conscience et déforme notre perception des informations qui menacent de combler ce fossé. En d'autres termes, le schéma carniste détermine ce que nous remarquons, comment nous l'interprétons et si nous nous en souvenons.

---

* Un phénomène intéressant que j'ai observé est que de nombreux·ses vegan ont tendance à être moins dégoûté·e·s par les œufs et les produits laitiers que par la viande. Il n'existe pas de recherches sur ce phénomène. Cependant, je soupçonne que, parce qu'il semble possible d'obtenir des œufs et des produits laitiers sans violence (même si c'est en fait pratiquement impossible), ces aliments sont perçus comme moins offensants sur le plan moral et donc moins dégoûtants.

Par exemple, lors de l'exercice en classe que j'ai décrit au chapitre 2, au cours duquel mes élèves ont partagé leur conviction que les cochons sont stupides et dégoûtants, certain·e·s ont admis plus tard qu'iels avaient, à un moment donné de leur vie, rencontré des informations discréditant cette croyance. Pourtant, ces informations avaient été rapidement oubliées, car leur schéma carniste avait remis en place leur vision initiale des cochons. Un autre exemple de biais de confirmation est la façon dont la détresse ressentie par les gens lorsqu'ils sont témoins d'images d'animaux abattus se dissipe souvent peu de temps après.

## LE SYNDROME DE TOLSTOÏ

Le phénomène que les psychologues appellent « biais de confirmation » a également été appelé « syndrome de Tolstoï », d'après l'auteur russe qui a écrit sur notre tendance à être aveuglé·e·s par nos croyances. Comme l'a dit Tolstoï :

*Je sais que la plupart des humain·e·s, y compris celles·ceux qui sont à l'aise avec les problèmes les plus complexes, peuvent rarement accepter la vérité la plus simple et la plus évidente si cela les oblige à admettre la fausseté des conclusions qu'ils ont tissées, fil par fil, dans les tissus de leur vie.*

Le schéma carniste, qui déforme l'information de sorte que le non-sens semble avoir un sens parfait, explique également pourquoi nous ne voyons pas les absurdités du système. Pensez, par exemple, aux campagnes publicitaires dans lesquelles des cochons dansent joyeusement au-dessus du gril où ils vont être rôtis ; dans lesquelles des poules portent des tabliers tout en suppliant le·a téléspectateur·rice de les manger. Considérez également le serment des vétérinaires de l'*American Veterinary Medical Association* (Association américaine de médecine vétérinaire). « Je jure solennellement d'utiliser mes compétences pour soulager la souffrance animale », alors que la grande majorité des vétérinaires mangent des animaux simplement parce qu'iels en aiment le goût.

Ou pensez à la façon dont les gens peuvent refuser de remplacer leurs hamburgers par des hamburgers végétariens, même si la saveur est identique, parce qu'ils prétendent que, s'ils essaient suffisamment, ils peuvent détecter une différence subtile dans la texture. Ce n'est qu'en déconstruisant le schéma carniste que nous pouvons voir l'absurdité de placer notre préférence pour la recréation parfaite d'une texture au-dessus de la vie et de la mort de milliards d'autres individus.

## L'ÉCHAPPATOIRE : LA FISSURE DANS LA MATRICE CARNISTE

Le système carniste est truffé d'absurdités, d'incohérences et de paradoxes. Il est fortifié par un réseau complexe de défenses qui nous permet de le croire sans poser de questions, de savoir sans penser et d'agir sans ressentir. C'est un système coercitif qui a cultivé en nous une routine élaborée de gymnastique mentale qui nous empêche d'être ancré·e·s dans notre vérité. On ne peut donc s'empêcher de s'interroger : pourquoi toutes ces acrobaties ? *Pourquoi le système doit-il se donner tant de mal pour se maintenir en place ?*

La réponse est simple. Parce que nous nous soucions des animaux et de la vérité. Et parce que le système dépend de notre indifférence, et que le système est construit sur la tromperie. Le carnisme est un château de cartes, un système fracturé et fragmenté qui a besoin d'une forteresse solide pour se protéger de ses propres partisan·e·s – nous.

Et comme le cinématographique *Matrix*, la matrice du carnisme ne peut emprisonner nos esprits et nos cœurs que tant que nous gardons nos propres cellules, tant que nous sommes des participant·e·s volontaires. Elle ne peut bloquer la vérité que tant que nous pouvons tolérer de vivre dans le mensonge. Comme Morpheus l'a expliqué à Neo :

– Je le vois dans tes yeux. Tu as le regard d'un homme qui accepte ce qu'il voit parce qu'il s'attend à se réveiller... Laisse-moi te dire pourquoi tu es ici. Tu es ici parce que tu sais quelque chose. Ce que tu sais, tu ne peux pas l'expliquer, mais tu le sens. Tu l'as senti toute ta vie : il y a quelque chose qui ne va pas dans le monde. Tu ne sais pas ce que c'est, mais c'est là, comme une écharde dans ton esprit... J'essaie de libérer ton esprit, Neo. Mais je ne peux que te montrer la porte. C'est à toi de la franchir.

# 7
# LE TÉMOIGNAGE : DU CARNISME À LA COMPASSION

*Dans une période sombre, l'œil commence à voir.*
– Theodore Roethke

*Nos petits-enfants nous demanderont un jour :*
*Où étiez-vous pendant l'holocauste des animaux ?*
*Qu'avez-vous fait contre ces crimes horribles ?*
*Nous ne pourrons pas donner la même excuse pour*
*la deuxième fois, à savoir que nous ne savions pas.*
– Helmut F. Kaplan

En novembre 1995, Emily la vache se tenait dans une file de bovins dans un abattoir de Nouvelle-Angleterre, attendant son tour pour franchir les portes battantes menant à la salle d'abattage. Peut-être était-ce l'odeur du sang ou le fait que celles·ceux qui l'avaient précédée n'étaient pas revenu·e·s, mais Emily s'est soudain élancée hors de la file, a sprinté vers la clôture d'un mètre cinquante de haut qui délimitait le terrain, et a soulevé son corps de sept cents kilogrammes par-dessus. Elle s'est enfuie à travers les bois et a échappé aux employé·e·s incrédules qui la poursuivaient.

Pendant quarante jours et quarante nuits glaciales, Emily s'est cachée de ses poursuivant·e·s dans les bois de Hopkinton, une petite ville rurale dans le Massachusetts. Et pourtant, les habitant·e·s étaient déterminé·e·s à l'aider dans sa fuite vers la liberté. Les fermier·ère·s lui ont laissé des bottes de foin ; les habitant·e·s ont délibérément trompé la police en donnant de fausses informations sur l'endroit où elle se trouvait.

Lewis et Megan Randa, fondateurs de l'abbaye de la Paix à proximité, un centre spirituel et éducatif pour une vie non violente, ont appris le sort d'Emily. Les Randa ont proposé d'acheter Emily à A. Arena & Sons. Ils espéraient qu'Emily pourrait finir sa vie dans le petit sanctuaire pour animaux situé sur leur terrain. Le propriétaire de l'abattoir, Frank Arena, a été ému par l'histoire d'Emily et a accepté de vendre la vache de 500 dollars pour seulement 1 dollar. Cet acte de bienveillance inattendu a été suivi d'un autre : la productrice de films Ellen Little a acheté les droits de l'histoire d'Emily pour une somme couvrant les soins de la vache jusqu'à la fin de sa vie et a fait don de 10 000 dollars supplémentaires pour construire une nouvelle étable pour Emily et un centre éducatif adjacent axé sur les questions animales.

Emily, autrefois une vache laitière anonyme, est devenue un individu qui a inspiré la compassion dans les nombreuses vies qu'elle a touchées. Des personnes du monde entier ont déclaré qu'elles avaient cessé de manger des animaux simplement parce qu'elles avaient entendu parler d'elle. Les défenses carnistes se sont effondrées et ont été remplacées par de la compassion. Sinon, pourquoi une communauté de mangeur·se·s de viande et d'agriculteur·rice·s aiderait-elle une vache en fuite à échapper à l'abattoir ? Sinon, pourquoi le propriétaire d'un abattoir aurait-il fait don de sa vache à un sanctuaire animalier doublé d'un centre d'éducation vegan ? Emily a vécu le reste de sa vie à l'abbaye de la Paix et est morte d'un cancer de l'utérus à l'âge de dix ans. Sa cérémonie commémorative a attiré l'attention du monde entier et les témoignages ont duré plus d'une heure. L'un d'entre eux a particulièrement bien saisi l'essence de l'histoire d'Emily :

– Par ta seule présence, tu as initié une nouvelle prise de conscience chez les gens. Un seul regard dans tes grands yeux bruns lumineux a communiqué bien plus que les mots ne pourraient jamais le faire… Tu as témoigné sans mots de l'urgente nécessité d'une compassion globale… Il ne peut y avoir de « derniers hommages » à ton égard, Emily, et ce n'est pas fini tant que le dernier abattoir n'a pas fermé ses portes, tant que tous les êtres n'ont pas fait preuve de compassion les uns envers les autres, localement et globalement. C'est un processus qui me survivra, à moi aussi. Ton courageux parcours de vie me rappellera sans cesse que je ne dois jamais abandonner. Tu ne l'as jamais fait[221].

Et le parcours d'Emily continue d'être un rappel. Il nous rappelle que nous devons refuser de laisser le système violent qu'est le carnisme nous aveugler sur la vérité : de la souffrance inutile de milliards d'animaux, et du fait que nous nous sentons concerné·e·s.

Emily est immortalisée par une statue de bronze grandeur nature à son effigie, qui se dresse au-dessus de sa tombe à l'abbaye de la Paix. Cette statue, sur laquelle est inscrit « Emily la vache sacrée », témoigne des milliards d'animaux qui sont les victimes anonymes du carnisme et des innombrables humain·e·s qui luttent pour leur liberté. La statue de la vache sacrée incarne l'acte sacré de témoigner.

## VOIR AVEC LE CŒUR : LE POUVOIR DU TÉMOIGNAGE

Lors de ma dernière visite à l'abbaye de la Paix, je me suis arrêtée devant chacun de ses monuments. En regardant l'imposante statue de Gandhi, j'ai vu le monde comme il l'avait vu – plein de violence et de souffrance, mais aussi un endroit d'une grande beauté et d'un grand potentiel. Je me suis souvenue de la Marche du sel de 1930 et j'ai pensé à la dignité des Indien·ne·s qui ont donné leur vie au nom de la libération non violente. J'ai de nouveau considéré ce paradoxe de l'expérience humaine en regardant le monument en forme de pierre tombale portant l'inscription « civils innocent·e·s tué·e·s à la guerre ». J'ai imaginé les rues de l'Irak, les champs du Cambodge et les jungles du Nicaragua, jonchés de corps de toutes formes, tailles, couleurs et âges. Mais je me suis aussi souvenue des 400 000 personnes avec lesquelles j'ai défilé dans les rues gelées de New York le 15 février 2003, lors d'une manifestation pacifique contre l'invasion imminente de l'Irak. Puis, en regardant la statue d'Emily, j'ai imaginé ce que cela avait été pour elle, mise au monde pour servir de machine vivante. J'ai pensé aux sombres usines, à la terreur et à l'impuissance des innombrables animaux qui s'y trouvaient. Mais j'ai aussi pensé aux enquêteur·rice·s infiltré·e·s de la *Humane Society of the United States*, dont la vidéo montrant la brutalité des traitements infligés aux animaux dans un abattoir a suscité l'indignation de l'opinion publique et le plus grand rappel de viande de bœuf de l'histoire des États-Unis. À chaque monument, j'ai vu le monde à travers les yeux de celles·ceux qu'il commémorait. Je suis devenue un témoin.

Lorsque nous témoignons, nous ne nous contentons pas d'agir en tant qu'observateur·rice·s ; nous nous *associons émotionnellement à l'expérience* de celles·ceux dont nous sommes les témoins. *Nous faisons preuve d'empathie.* Et ce faisant, nous comblons le fossé dans notre conscience, celui qui permet à la violence du carnisme de perdurer.

Nous avons abordé cette lacune dans notre conscience au chapitre 1. Il s'agit du chaînon manquant dans notre perception, de notre incapacité à relier la viande, les œufs et les produits laitiers à leur source animale. Cette lacune bloque notre dégoût et notre empathie. Elle nous empêche de prendre conscience de l'incongruité entre nos valeurs et nos comportements lorsqu'il s'agit de manger des animaux. Le fait d'être témoin comble ce fossé parce qu'il nous met en contact avec la vérité. Lorsque nous témoignons, nous validons ou rendons réelle la souffrance que le système s'efforce de cacher, et nous validons également notre réaction authentique à cette souffrance. Le témoignage nous met en contact avec la vérité des pratiques carnistes, ainsi qu'avec notre vérité intérieure, notre empathie. Nous témoignons aux autres et à nous-mêmes.

Tout comme le témoignage individuel comble le fossé de notre conscience, le *témoignage collectif* comble le fossé de la conscience sociale. Le témoignage collectif conduit à un public informé et mobilisé et donc à un système dans lequel les valeurs et les pratiques sont plus alignées. Pensez-y : pratiquement toutes les atrocités commises dans l'histoire de l'humanité ont été rendues possibles par une population qui s'est détournée d'une réalité qui lui semblait trop douloureuse à affronter, alors que pratiquement toutes les révolutions pour la paix et la justice ont été rendues possibles par un groupe de personnes qui ont choisi de témoigner et ont encouragé les autres à faire de même. L'objectif de tous les mouvements pour la justice est d'activer le témoignage collectif afin que les pratiques sociales reflètent les valeurs sociales. Un mouvement réussit lorsqu'il atteint une masse critique de témoins, c'est-à-dire un nombre suffisant de témoins pour faire pencher la balance du pouvoir en faveur du mouvement. Le témoignage de masse étant probablement la plus grande menace pour le carnisme, tout le système est organisé pour empêcher ce processus. En effet, le seul but des défenses carnistes est de bloquer le témoignage.

Le témoignage peut prendre de nombreuses formes : manifestations, veillées aux chandelles, enquêtes sous couverture, lobbying politique, créations artistiques... Le témoignage a toujours été un acte créatif : pensez à la musique révolutionnaire des années 1960, à la Quilt du SIDA, qui s'étend sur 84 kilomètres et porte plus de 91 000 noms, à l'immense mur du mémorial des vétérans du Vietnam, qui attire trois millions de visiteurs chaque année, à la marche pour les droits des animaux en Israël en 2017, qui a rassemblé 30 000 manifestant·e·s, et aux actions massives organisées dans des villes du monde entier par le mouvement Extinction Rebellion.

Le témoignage, acte de création, semble être une réponse humaine naturelle à la destruction qu'il cherche à transformer. Comme nous le dit la célèbre psychiatre Judith Lewis Herman, « la réponse ordinaire aux atrocités est de les bannir de la conscience... Les atrocités, cependant, refusent d'être enterrées. La conviction que le déni ne fonctionne pas est tout aussi puissante que le désir de nier les atrocités[222] ». Herman poursuit en disant que le pouvoir de dire l'indicible lève les barrières du déni et de la répression, libérant ainsi une formidable énergie créatrice.

## PROGRAMMÉ·E·S EMPATHIQUES ?

Des recherches récentes suggèrent que l'empathie pourrait avoir une base biologique. En d'autres termes, les êtres humains (ainsi que certains autres animaux) pourraient être intrinsèquement empathiques. Les scientifiques ont découvert que nos neurones miroirs, c'est-à-dire les neurones de notre cerveau qui se déclenchent en réponse à des actions, peuvent être activés, que nous exécutions les actions ou que nous en soyons simplement les témoins[223]. Par exemple, le fait de voir quelqu'un taper dans un ballon, pleurer, être blessé·e ou se tortiller en sentant un insecte rampant sur sa jambe active les mêmes zones de notre cerveau que celles qui seraient activées si les événements nous arrivaient directement. Ainsi, dans une certaine mesure, nous savons ce que ressent une autre personne non seulement parce que nous essayons de nous mettre à sa place, mais aussi parce que nous ressentons littéralement la même chose.

Les implications de ces résultats sont importantes. Si l'empathie est inscrite dans notre cerveau, qu'elle est une réponse automatique, alors notre état naturel est de ressentir quelque chose pour les autres. Il se peut que, lorsque nous ne parvenons pas à faire preuve d'empathie, nous passions en fait outre une impulsion naturelle. Les défenses carnistes peuvent donc aller à l'encontre de notre nature.

## DE L'APATHIE À L'EMPATHIE

Tous les systèmes violents sont menacés par le témoignage de masse parce que leur survie dépend de son contraire : la *dissociation* de masse. La dissociation est la défense centrale du carnisme, le cœur de l'engourdissement psychique ; toutes les autres défenses soutiennent ce mécanisme central. La dissociation consiste à se déconnecter psychologiquement et émotionnellement de la vérité de notre expérience ; c'est le sentiment de ne pas être pleinement « présent·e » ou conscient·e.

Comme d'autres mécanismes, la dissociation est parfois adaptative ou bénéfique. Par exemple, lorsqu'une personne est victime d'une agression, elle dissocie souvent automatiquement pour ne pas être submergée par le stress. Elle peut décrire cette sensation comme un sentiment d'« éloignement » ou comme une « expérience hors du corps ». Mais comme d'autres mécanismes, la dissociation peut être *inadaptée* ; elle peut être utilisée pour perpétuer la violence au lieu d'y répondre. Dans sa forme la plus extrême, la dissociation peut permettre à une personne de développer une double identité, un autre « moi » qui prend le dessus lorsqu'iel violente d'autres personnes. Le psychiatre Robert Jay Lifton aborde ce phénomène dans son livre *Les Médecins nazis*, où il décrit des médecins qui travaillaient comme tueurs le jour, mais qui étaient capables de retourner dans leur famille en tant que maris et pères normaux en apparence. La plupart d'entre nous, cependant, ne se dissocient pas au point de tuer directement ; nous nous dissocions simplement suffisamment pour soutenir les meurtres perpétrés par d'autres. Lorsqu'il s'agit de manger des animaux, la dissociation nous empêche de faire le lien entre ce que nous faisons et ce que nous pouvons ressentir. La dissociation nous rend essentiellement impuissant·e·s à faire des choix qui reflètent ce que nous ressentons vraiment.

Il n'est pas surprenant que les animaux que nous mangeons ne soient pas les seuls à payer le prix de notre dissociation. La dissociation limite notre conscience de soi et constitue donc un obstacle à notre développement personnel. Pratiquement toutes les grandes traditions psychologiques et spirituelles considèrent la connexion à soi, ou l'*intégration*, comme le but du développement humain. L'intégration est la synthèse des différents aspects de nous-mêmes en un tout harmonieux : le corps, l'âme et l'esprit ; le moi, le ça et le surmoi ; les valeurs, les croyances et les comportements, etc. Comme la dissociation, l'intégration ne fonctionne pas selon la logique du tout ou rien. Elle existe sur un spectre. Plus nous sommes intégré·e·s, plus notre caractère est cohérent. Par exemple, si nous sommes suffisamment intégré·e·s, nous ne sommes pas fondamentalement différent·e·s sur notre lieu de travail de ce que nous sommes à la maison ou avec nos ami·e·s.

Le témoignage cultive l'intégration, car il s'agit d'un acte de connexion. Cela se produit au niveau individuel, lorsque nous nous connectons à notre expérience interne, mais aussi au niveau social, lorsque nous nous connectons à l'expérience des autres. C'est pourquoi le témoignage est le talon d'Achille du carnisme : il dissipe la dissociation et conduit à une société plus intégrée. Une société intégrée ne peut pas être composée de personnes qui se soucient des animaux tout en soutenant encore la cruauté animale à grande échelle.

## TÉMOIGNER DE NOTRE RÉTICENCE

Malgré le pouvoir de transformation du témoignage, de nombreuses personnes sont réticentes à témoigner de la réalité du carnisme. Pour vaincre cette réticence, nous devons en comprendre les sources – nous devons témoigner de notre réticence.

La raison la plus évidente de notre réticence est que le système est conçu pour la renforcer. Au chapitre 5, nous avons vu comment les systèmes dominants façonnent nos pensées, nos sentiments et nos comportements en nous traçant des « chemins de moindre résistance » invisibles à suivre. Ces voies nous dictent la façon « normale » d'être, qui consiste à croire et à agir conformément aux principes du système. Les systèmes dominants maintiennent leur domination en nous contraignant à nous conformer à la norme. Témoigner, c'est s'écarter de la voie de la moindre résistance.

Une autre raison qui nous empêche de témoigner de la vérité du carnisme est que cela fait *mal*. Prendre conscience de la souffrance intense de milliards d'animaux et de notre propre participation à cette souffrance peut susciter des émotions douloureuses : peine et chagrin pour les animaux ; colère face à l'injustice et à la tromperie du système ; désespoir face à l'énormité du problème ; crainte que les autorités et les institutions auxquelles on fait confiance ne soient, en fait, pas dignes de confiance ; et culpabilité d'avoir contribué à ce problème. Témoigner signifie *choisir de ressentir de la douleur*. En effet, l'empathie consiste littéralement à « ressentir avec ». Choisir de ressentir la douleur est particulièrement difficile dans une société qui est accro au confort – une société qui nous enseigne que la douleur doit être évitée autant que possible et que l'ignorance est un bonheur. Nous pouvons réduire notre réticence à témoigner en valorisant l'authenticité plutôt que le plaisir personnel, et l'intégration plutôt que l'ignorance.

Une raison connexe pour laquelle nous pouvons être réticent·e·s à l'idée de témoigner de la vérité du carnisme est que nous nous sentons impuissant·e·s à changer une souffrance d'une telle ampleur. Il est trop facile de se décourager si nous pensons que « résoudre » un problème signifie que le changement doit être immédiat et total. Il est important d'accepter que le changement, surtout s'il est important, est un processus. En fait, l'acte même de témoigner est un acte d'autonomisation ; il entraîne un changement immédiat en nous-mêmes, en intégrant nos valeurs et nos pratiques. Comme le souligne Eddie Lama, défenseur du véganisme, « je réalise que les animaux continueront à souffrir et à mourir, mais pas à cause de *moi*[224] ».

Il existe une dernière raison, peut-être plus fondamentale, pour laquelle nous pouvons être réticent·e·s à l'idée de témoigner de la vérité du carnisme : si nous ne nous sentons plus autorisé·e·s à tuer et à consommer des animaux, notre identité en tant qu'êtres humains est remise en question. Le fait d'être témoin nous oblige à nous considérer comme des fils de la toile de la vie, plutôt que comme des êtres se trouvant au sommet de ce que l'on appelle la chaîne alimentaire. Le témoignage remet en question notre sentiment de supériorité humaine ; il nous oblige à reconnaître notre interconnexion avec le reste du monde naturel, que notre espèce s'est efforcée de nier pendant des milliers d'années. Et pourtant, le témoignage est en fin de compte libérateur. Lorsque nous reconnaissons que nous ne sommes pas des fragments isolés dans un monde déconnecté, mais que nous faisons plutôt partie d'un vaste collectif vivant, nous nous connectons à une puissance bien plus grande que notre moi individuel. Nous ne soutenons plus un système fondé sur la domination et l'assujettissement, un système qui suit le credo de Hitler selon lequel « celui qui ne possède pas le pouvoir perd le droit à la vie[225] ». Nous apprenons, comme le dit l'auteur Matthew Scully, à ne pas mesurer nos vies « en termes de choses appropriées, écrasées et tuées[226] ».

Le paradoxe est que la raison même pour laquelle nous sommes réticent·e·s à témoigner de la vérité du carnisme est la même raison pour laquelle nous désirons témoigner : parce que nous nous *sentons concerné·e·s.* C'est la grande vérité qui se cache sous les mécanismes élaborés et labyrinthiques du système. C'est parce que nous nous sentons concerné·e·s que nous voulons nous détourner. Et c'est parce que nous nous sentons concerné·e·s que nous nous sentons obligé·e·s de témoigner. Le moyen de surmonter ce paradoxe est d'intégrer notre témoignage : *nous devons témoigner de la vérité du carnisme tout en témoignant de nous-mêmes.* Nous devons nous accorder à nous-mêmes la même compassion que celle que nous nous permettons d'éprouver pour les animaux. Lorsque nous sommes témoins de nous-mêmes avec compassion, nous sommes témoins de nos sentiments, mais sans jugement. Nous nous reconnaissons comme des victimes d'un système qui nous a conduits sur la voie de la moindre résistance. Mais nous reconnaissons également que nous avons le pouvoir de choisir une autre voie : nous avons la possibilité de faire nos choix librement, sans les contraintes psychologiques d'un système caché et coercitif.

## TÉMOIGNER DE L'AIR DU TEMPS

Malgré la portée considérable du carnisme, il y a des raisons de croire que le système va se déstabiliser et que le moment est venu de pousser à la transformation. La remise en question du carnisme est opportune pour plusieurs raisons : une prise de conscience accrue de la crise environnementale, une préoccupation croissante pour la protection des animaux, la crédibilité et la popularité grandissantes du véganisme et la disponibilité sans précédent d'informations sur le carnisme et le véganisme.

Comme indiqué aux chapitres 3 et 4, l'agriculture animale est l'une des principales causes de la destruction de l'environnement, y compris du changement climatique[227]. Le méthane émis par des milliers de kilos de fumier appauvrit la couche d'ozone. Les écoulements toxiques provenant des tonnes de produits chimiques utilisés sur les animaux - hormones synthétiques, antibiotiques, pesticides et fongicides - polluent l'air et les cours d'eau. Des milliers d'hectares de forêts sont coupés pour permettre la plantation de cultures fourragères, ce qui entraîne l'érosion de la couche arable et la déforestation. La quantité d'eau douce prélevée dans les réservoirs est supérieure à celle qui peut être reconstituée. Les engrais chimiques s'infiltrent dans les rivières et les ruisseaux, favorisant la prolifération de micro-organismes qui détruisent la vie aquatique. D'éminent·e·s scientifiques s'accordent à dire que le système de production de masse carniste ne peut perdurer sans provoquer une dégradation de l'écosystème. La protection de l'environnement est devenue une préoccupation de plus en plus importante, comme en témoigne la prolifération de produits, de publications et de politiques « verts ». À mesure que les gens se préoccupent de l'écologie, ils s'inquiètent invariablement des pratiques carnistes.

Ce n'est peut-être pas une coïncidence si les gens se préoccupent davantage de la protection des animaux d'élevage et sont plus ouverts au véganisme. En témoignent les innombrables organisations de protection des animaux d'élevage et de défense du véganisme qui ont vu le jour aux États-Unis et dans le monde entier, la croissance massive de l'industrie alimentaire vegan (en 2022, la taille du marché mondial de l'alimentation vegan était évaluée à 15,3 milliards d'euros, et il est prévu qu'il se développe à un taux de croissance annuel composé de 10,7 % entre 2023 et 2030[228]) et la prolifération de livres et de films axés sur le véganisme, tels que le succès de James Cameron *The Game Changers*.

Le véganisme, autrefois considéré comme une idéologie extrême et un régime alimentaire à la valeur nutritionnelle douteuse, est en train de faire son chemin dans le grand public. Bien que les vegan ne représentent encore qu'une minorité de la population et que de nombreux professionnel·le·s de santé s'accrochent encore aux mythes carnés, les personnes qui évitent les produits carnés sont beaucoup moins marginalisées et pathologisées qu'elles ne l'étaient il y a à peine cinq ans. Le visage du véganisme n'est plus celui du hippie des années 1960 ; des célébrités, de Moby à Billie Eilish en passant par Natalie Portman, sont les ambassadeurs d'un mouvement diversifié et en pleine expansion. De plus en plus d'études ont contraint la communauté médicale à admettre que non seulement un régime végétal peut être aussi sain qu'un régime carné, mais qu'il y a de fortes chances qu'il soit même meilleur pour la santé. En effet, la prolifération des publications, des produits alimentaires, des marques, des restaurants et des organisations vegan montre que le mouvement vegan prend rapidement de l'ampleur et de la force.

Une dernière raison pour laquelle le moment est venu de remettre en question le carnisme est que la principale défense du système, l'invisibilité, s'est affaiblie. Il devient de plus en plus difficile pour les industries carnistes de cacher leurs secrets au public ; les agro-industries animales qui dépendent du contrôle de l'information pour entretenir les mythes du carnisme ont été constamment remises en question par une source d'information omniprésente et non réglementée : Internet. Le carnisme est comme le magicien d'Oz : une fois que le rideau est tiré sur le système, son pouvoir disparaît pratiquement.

**Les menaces sont RÉELLES**
**Les menaces sont ACTUELLES**
**L'impact potentiel est énorme**

– Diapositive à la fin d'une présentation PowerPoint intitulée *Animal Welfare and Activism: What You Need to Know* (Bien-être animal et activisme : ce que vous devez savoir), de la conférence 2008 du *Food Marketing Institute/American Meat Institute Meat Conference (Institut de la promotion alimentaire/Institut américain de la viande).*

## LE TÉMOIGNAGE EN PRATIQUE : CE QUE VOUS POUVEZ FAIRE

Comme je l'ai mentionné précédemment, le fait d'être témoin des souffrances considérables inhérentes au carnisme peut susciter un sentiment d'impuissance et de frustration. Mais *il y a* des choses que vous pouvez faire et qui auront un impact direct sur votre propre vie, sur celle des animaux d'élevage et sur l'environnement.

Pour commencer, vous pouvez prendre trois mesures importantes : vous engager à faire en sorte que chaque repas soit le plus vegan possible, soutenir une organisation de défense du véganisme et continuer à vous informer et à informer les autres. En bref, soyez *un·e allié·e du véganisme* : usez de votre influence pour soutenir le véganisme et les vegan, même si vous n'êtes pas encore totalement vegan vous-même.

Bien que l'élimination de la consommation de produits animaux soit un objectif à atteindre, la réduction de la quantité de ces produits dans votre régime alimentaire au cours de votre transition alimentaire peut avoir un impact significatif sur les animaux, l'environnement et vous-même. Par exemple, une personne qui consomme des produits carnés une ou deux fois par mois consomme beaucoup moins d'animaux qu'une personne qui mange de tels produits quotidiennement. Il est clair que cela aide les animaux et réduit votre empreinte carbone. Mais vous en bénéficiez également, car vous vous sentez plus intégré·e dans vos valeurs et vos pratiques et vous en tirez probablement des avantages substantiels en termes de santé.

Et vous n'êtes pas seul·e : des millions de personnes à travers le monde travaillent activement à faire changer les choses, et il est plus facile que jamais de les rejoindre ou de les soutenir. S'il n'existe pas de groupe ou d'organisation vegan dans votre région, vous pouvez entrer en contact avec celui de votre choix en ligne. En vous impliquant dans une organisation, vous avez la possibilité de contribuer à la cause. Vous pouvez faire un don d'argent, participer à des actions de plaidoyer ou faire tout autre chose pour contribuer au changement. (Vous trouverez d'autres suggestions et ressources sur carnism.org.)

Enfin, vous pouvez et devez continuer à apprendre et à éduquer les autres. Il est trop facile d'oublier, de retomber dans le cocon de l'engourdissement carniste. Rappelez-vous : votre schéma carniste vous ramènera à la mentalité carniste ; votre conscience du mécanisme carniste diminuera probablement si vous ne travaillez pas activement à vous tenir informé·e et à essayer d'approfondir votre compréhension de la question*. Faites du témoignage votre credo.

## AU-DELÀ DU CARNISME

Les mécanismes qui permettent une consommation carniste à grande échelle ne sont pas propres au carnisme. Comme je l'ai souligné, le carnisme n'est qu'une des nombreuses idéologies violentes ou systèmes oppressifs**.

---

* Rester informé·e ne signifie pas s'exposer continuellement à des images graphiques de l'exploitation animale. Une fois que vous êtes conscient·e de la souffrance des animaux d'élevage, vous n'avez pas besoin de vous exposer à des informations traumatisantes.

** J'ai récemment publié un livre sur ce sujet : *Powerarchy: Understanding the Psychology of Oppression for Social Transformation* (*Powerarchy : Comprendre la psychologie de l'oppression pour la transformation sociale*).

Et toute idéologie qui requiert la participation d'individus qui, s'ils étaient mieux informés, pourraient choisir de ne pas apporter leur soutien, utilise les mêmes mécanismes que le carnisme. Comprendre le carnisme peut donc nous aider à réfléchir de manière plus critique à tous les systèmes auxquels nous participons. Prenons les arguments et la psychologie qui ont permis la haine et la discrimination généralisées à l'égard des membres de la communauté LGBTQ+, le système profondément enraciné de l'apartheid et le génocide du Darfour, au Soudan. Dans chacun de ces cas, la violence a été niée, justifiée et déformée pour obtenir un soutien massif.

Il en va de même pour le témoignage : étant donné que les systèmes violents partagent des caractéristiques structurelles similaires, le témoignage du carnisme peut nous fournir un cadre pour témoigner d'autres systèmes. En effet, la capacité à témoigner s'étend au-delà du carnisme, car le témoignage n'est pas simplement quelque chose que l'on fait, c'est une façon d'être. Le témoignage n'est pas une pratique isolée, mais une manière d'être en relation avec soi-même et avec le monde. C'est un mode de vie qui informe nos interactions avec nous-même et avec les autres. Et il n'y a pas de limites à notre capacité à témoigner*. En fait, comme le témoignage est une source d'autonomie, plus nous témoignons, plus notre capacité à témoigner s'accroît. Tout comme la compassion, notre capacité à témoigner se développe avec la pratique.

## LE COURAGE DE TÉMOIGNER

Témoigner demande du courage. Il faut du courage pour ouvrir son cœur à la souffrance des autres et pour reconnaître que, pour le meilleur ou pour le pire, nous faisons partie du système dans lequel cette souffrance s'inscrit. En effet, comme l'explique James O'Dea, ancien directeur d'Amnesty International :

– Le témoin se tient debout, à l'intérieur, avec celles·ceux qui sont blessé·e·s, attaqué·e·s, violé·e·s ; le témoin a une capacité extraordinaire à se tenir dans les feux de la haine et de la violence sans augmenter ces

* Bien que le témoignage puisse parfois être douloureux, il ne doit jamais vous faire sentir en danger sur le plan émotionnel. Témoigner signifie rester mentalement et émotionnellement ouvert·e à son expérience et à celle des autres ; cela ne signifie pas se forcer à absorber des informations profondément pénibles. De nombreux défenseur·se·s des animaux deviennent traumatisé·e·s en se surexposant aux horreurs de la production carniste – ce type de témoignage n'est pas nécessaire et est finalement contre-productif.

> éléments. En fait, la forme la plus profonde de témoignage est une forme de compassion pour tous les êtres souffrants. En réalité, nous ne sommes jamais des observateur·rice·s extérieur·e·s. Nous sommes ensemble à l'intérieur de la blessure. C'est juste que certain·e·s ressentent et que d'autres sont engourdi·e·s. Nous sommes à l'intérieur de ce qui doit être transformé[229].

Pour témoigner, il faut avoir le courage de refuser de suivre le chemin de la moindre résistance. Comme Emily, la vache, nous avons été rassemblé·e·s dans une file d'attente, on nous a appris à suivre une voie qui a été tracée pour nous. Mais comme Emily, nous pouvons choisir de sortir du rang et de changer la trajectoire de notre vie.

Que vous ayez été ou non conscient·e de la vérité du carnisme, le fait que vous ayez choisi de lire ce livre témoigne de votre courage d'emprunter le chemin le moins fréquenté. Les informations contenues dans ce livre sont provocantes, stimulantes et parfois dérangeantes, et il faut du courage pour en témoigner.

*Témoigner demande le courage de réaliser le potentiel de l'esprit humain.* Témoigner exige que nous fassions appel aux qualités les plus élevées de notre espèce, des qualités telles que la *conviction*, l'*intégrité*, l'*empathie* et la *compassion*. Il est de loin plus facile de conserver les attributs de la culture carniste : *apathie, complaisance, intérêt personnel* et *ignorance « béate »*.

J'ai écrit ce livre – qui est lui-même un acte de témoignage – parce que je crois qu'en tant qu'êtres humains, nous avons un désir fondamental de nous efforcer de devenir la meilleure personne que nous pouvons être. Je crois que nous avons pratiquement tou·te·s la capacité d'agir en tant que témoins puissant·e·s dans un monde qui en a grandement besoin.

J'ai eu l'occasion d'interagir avec des milliers de personnes dans le cadre de mon travail d'enseignante, d'autrice et de conférencière, ainsi que dans ma vie personnelle.

J'ai été témoin, encore et encore, du courage et de la compassion de la personne dite moyenne : des étudiant·e·s auparavant apathiques qui deviennent des activistes passionné·e·s ; des mangeur·se·s de viande qui pleurent ouvertement lorsqu'iels sont exposé·e·s à des images de production carniste, et ne mangent plus jamais d'animaux ; des boucher·ère·s qui relient soudain la viande à sa source vivante et deviennent incapables de continuer à tuer des animaux ; et une communauté de mangeur·se·s de viande qui aident une vache en fuite à échapper à l'abattoir.

En fin de compte, témoigner exige le courage de choisir un rôle. Judith Lewis Herman souligne que, face à la violence de masse, tous les spectateur·rice·s sont contraint·e·s de prendre parti, par leur action ou leur inaction, et que la neutralité morale n'existe pas.

En effet, comme l'a déclaré Elie Wiesel, lauréat du prix Nobel de la paix et survivant de l'Holocauste, « la neutralité aide l'oppresseur·se, jamais la victime. Le silence encourage le bourreau, jamais le·a tourmenté·e[230] ».

Le témoignage nous permet de choisir notre rôle plutôt que de nous en voir assigner un. Et même si celles·ceux d'entre nous qui choisissent de se tenir aux côtés de la victime peuvent ressentir une certaine douleur émotionnelle, comme le dit Herman, « il n'y a pas de plus grand honneur[231] ».

# Postface

Dix ans se sont écoulés depuis la première publication de *Why We Love Dogs**, et c'est un privilège de contribuer à cette nouvelle édition et de réfléchir aux événements et aux idées que le livre a contribué à catalyser.

## UN TRÈS BREF RÉSUMÉ UNE DÉCENNIE APRÈS LA PREMIÈRE PUBLICATION DE *WHY WE LOVE DOGS*

À l'heure actuelle, *Why We Love Dogs* a été publié ou est en cours d'impression dans 17 langues - dont certaines éditions sont des best-sellers et ont été primées - et il est considéré comme un ouvrage de référence dans le canon de la littérature sur les droits des animaux. Sa publication en 2010 m'a conduite à entamer ce qui est devenu une tournée mondiale de conférences, couvrant six continents et une cinquantaine de pays et attirant l'attention de nombreux médias, de la BBC à ABC Australia. En outre, *Why We Love Dogs* a joué un rôle dans mon obtention de plusieurs prix importants, notamment le prix Ahimsa, qui avait été décerné auparavant à Nelson Mandela et au Dalaï-Lama.

Le livre a également établi les bases de mon organisation, Beyond Carnism, une ONG internationale dont la mission est d'exposer et de transformer le carnisme à l'échelle mondiale. L'un de nos principaux programmes est le *Center for Effective Advocacy* (CEA, Centre pour la défense des droits), dirigé par le stratège vegan Tobias Leenaert et moi-même, et dont l'objectif actuel est d'accroître l'impact de la défense des intérêts des vegan dans le monde entier. Tobias et moi voyageons beaucoup, donnant des formations et apportant d'autres formes de soutien aux défenseur·se·s du véganisme dans le monde entier.

*Why We Love Dogs* m'a également ouvert la voie pour cofonder ProVeg International, une ONG de sensibilisation à l'alimentation dont le siège se trouve à Berlin, en Allemagne, où j'ai finalement déménagé pour travailler aux côtés de Sebastian Joy, son PDG fondateur (que j'ai épousé). La mission de ProVeg est de réduire la consommation mondiale d'animaux de 50 % d'ici à 2040.

* Note de l'éditeur : le titre mentionné ici est le titre original de cet ouvrage : *Why We Love Dogs, Eat Pigs, And Wear Cows.*

D'autres ont également utilisé *Why We Love Dogs* comme plate-forme pour examiner et remettre en question la psychologie et l'idéologie carnistes. Par exemple, un certain nombre de chercheur·se·s en sciences sociales se sont appuyé·e·s sur ma théorie du carnisme et l'ont testée de manière empirique, en développant des instruments pour évaluer sa validité et pour comprendre le carnisme comme une forme de préjudice.

*Why We Love Dogs* a non seulement contribué à lancer un réseau mondial de défenseur·se·s et d'allié·e·s, mais il a également établi les bases qui m'ont permis de développer de nouvelles idées qui se sont appuyées sur mon analyse initiale, l'approfondissant et l'élargissant.

## L'ÉLARGISSEMENT DE LA THÉORIE DU CARNISME : LE NÉOCARNISME ET LES DÉFENSES SECONDAIRES DU CARNISME

Peu après la sortie de *Why We Love Dogs*, j'ai commencé à élargir ma théorie du carnisme. Deux de ces extensions sont nées grâce à une réalisation : la prise de conscience de l'injustice de l'agriculture animale augmentait en même temps que le retour de bâton contre le véganisme.

En 2012, j'ai publié un article sur ce que j'ai appelé le néocarnisme, de nouvelles formes de carnisme qui ont émergé dans le cadre de la « réaction carniste », servant à soutenir un système qui avait été de plus en plus contesté. Il existe trois manifestations principales du néocarnisme, chacune fournissant une justification carniste destinée à affaiblir l'un des trois principaux arguments en faveur du véganisme : le bien-être animal, la protection de l'environnement et la santé humaine. Chaque néocarnisme renforce également l'un des trois N de la justification - manger des animaux est normal, naturel et nécessaire - et promeut ainsi les mythes selon lesquels ne pas manger d'animaux est *a*normal, *contre* nature et *in*utile.

Le néocarnisme que j'appelle « carnisme compassionnel » s'exprime par la croyance qu'il est possible de se procurer de la viande, des œufs et des produits laitiers « sans cruauté » ; et cette forme de néocarnisme reflète un retour de bâton contre l'argument du bien-être animal en faveur du véganisme. Si le bien-être des animaux d'élevage était réellement possible (ce qui n'est pas le cas, étant donné le système actuel, et ce qui ne pourra jamais l'être, étant donné que l'existence même des animaux d'élevage s'oppose à leur bien-être - les animaux d'élevage ont été créés par et pour les humain·e·s et sont, par définition, exploités), alors le véganisme ne serait pas nécessaire. Le carnisme compassionnel renforce le mythe selon lequel manger des animaux est normal et ne pas en manger est anormal. Le véganisme, présenté par les entreprises agroalimentaires et d'autres institutions comme extrême et radical, est juxtaposé à la viande, aux œufs et aux produits laitiers « sans cruauté », ce qui donne l'impression que le carnisme compassionnel est une alternative courante (normale) aux deux extrêmes : la brutalité de l'élevage industriel traditionnel et la pratique apparemment radicale du véganisme. En d'autres termes, les consommateur·rice·s carnistes peuvent rester dans la norme carniste tout en soulageant leur conscience en croyant qu'ils mangent des animaux qui ont été soi-disant bien traités.

Le néocarnisme que j'appelle « écocarnisme » s'exprime principalement à travers les mouvements locavore et, dans une certaine mesure, *foodie* (amateur·ice·s culinaires). L'écocarnisme présente la chasse et l'élevage de ses propres animaux de boucherie comme naturels et sains, tout en présentant le véganisme comme une tendance, une aberration de la vie moderne. Les vegan sont présenté·e·s comme des citadin·e·s et des bobos hypersensibles et insupportables, éloigné·e·s de la véritable source de leur alimentation et donc déconnecté·e·s de la réalité.

L'écocarnisme renforce le mythe selon lequel manger des animaux est naturel et ne pas en manger est contre nature. Les partisan·e·s de l'écocarnisme affirment que pour vivre et manger sainement, nous devons revenir à la nature – notre nature humaine et le monde naturel – ce qui implique de transcender notre réticence à nous salir les mains en labourant la terre et en tuant des animaux. L'écocarnisme glorifie notre histoire omnivore, dans laquelle nous étions beaucoup moins éloigné·e·s de l'abattage des animaux et apparemment plus à l'aise avec celui-ci. Il ne faut pas oublier qu'à des époques antérieures, nous étions également moins éloigné·e·s et plus à l'aise avec le fait de tuer des humain·e·s – pensez aux jeux romains et aux exécutions publiques – mais nous ne sommes pas encouragé·e·s à réadopter ces comportements aujourd'hui parce que nous réalisons que l'empathie et la compassion sont des qualités que nous devrions nous efforcer de cultiver, plutôt que de les transcender.

Enfin, le néocarnisme que j'appelle « biocarnisme » est une manifestation de l'opposition à l'argument de la santé en faveur du véganisme. Ce néocarnisme se manifeste par des modes telles que le régime paléo ou keto (cétogène), et il entretient les mythes selon lesquels manger des animaux est nécessaire et ne pas en manger est inutile.

L'analyse de la réaction carniste m'a également amenée à reconnaître qu'il n'y avait pas un, mais deux types de défenses carnistes, et en 2013, j'ai écrit un article sur ce phénomène. J'ai réalisé que le carnisme (et, par extension, d'autres systèmes oppressifs) ne peut persister que s'il reste plus fort que le contre-système qui le défie, et que les défenses carnistes devaient donc atteindre deux objectifs : elles devaient à la fois valider le carnisme et invalider le véganisme. Je me réfère aux défenses qui servent la première fin comme « défenses primaires » et à celles qui servent la seconde comme « défenses secondaires ».

Les défenses secondaires invalident le véganisme de trois façons : en invalidant l'idéologie vegan, le mouvement vegan et les vegan. Les défenses secondaires invalident l'idéologie vegan en suggérant, par exemple, que le véganisme est anormal, contre nature et inutile. Elles invalident le mouvement vegan en suggérant, par exemple, qu'il n'y *a pas* de mouvement (que le véganisme n'est qu'une « tendance » ). Et elles invalident les vegan en grande partie en promulguant des stéréotypes négatifs et inexacts qui poussent les mangeur·se·s de viande - ou les *non vegan* - à se sentir sur la défensive face aux informations partagées par les vegan : si nous tirons sur le·a messager·ère, nous n'avons pas à prendre au sérieux les implications de son message.

Par exemple, les vegan sont souvent décrit·e·s comme des personnes sentimentales, trop émotives, aimant trop les animaux. Si quelqu'un est trop émotif, par définition, il n'est pas rationnel, et les gens qui ne sont pas rationnels ne valent pas la peine d'être écoutés. (Bien sûr, la tristesse et la colère sont des réponses légitimes et saines à l'atrocité qu'est le carnisme ; l'apathie épidémique, qui est une conséquence inévitable de la zombification carniste généralisée, est beaucoup plus préoccupante.) Malheureusement, il existe une longue liste de stéréotypes anti-vegan qui poussent les gens à résister à l'information même qui les libérerait de la prison carniste dans laquelle iels ne se rendent même pas compte qu'iels sont enfermé·e·s, et les défenses secondaires veillent à ce que ces stéréotypes restent intacts.

## AU-DELÀ DU CARNISME : ALPHABÉTISATION RELATIONNELLE ET *POWERARCHY*

Au cours de mes conférences et formations, j'ai commencé à remarquer une tendance qui me préoccupait. Un certain nombre de participant·e·s vegan racontait des histoires similaires : après être devenu·e·s vegan, leurs relations et leur communication avec les non vegan avaient commencé à se dégrader. Ces histoires faisaient également l'objet d'innombrables mails et messages Facebook que je recevais. Il est clair que les vegan (et parfois les végétarien·ne·s et même les mangeur·se·s de viande qui interagissent avec des végétarien·ne·s ou des vegan) avaient besoin de conseils sur la manière de gérer leurs relations et dialogues inter-idéologiques, qui étaient devenus problématiques.

Je me suis sentie personnellement attristée par ces histoires, ainsi que par l'ironie du fait que nous vivons dans un monde où le choix de l'intégrité se fait si souvent au prix de la perte des personnes que nous aimons. Je me suis également sentie frustrée ; j'ai travaillé comme coach relationnel pendant un certain nombre d'années et je savais qu'une grande partie de la souffrance dont j'étais témoin pouvait être évitée et était réversible, avec les bons outils.

Je me suis rendu compte que la rupture des relations et de la communication faisait payer un lourd tribut aux vegan et, par conséquent, au mouvement vegan dans son ensemble. En effet, les recherches ont montré que les personnes qui entretiennent des relations étroites et épanouissantes s'en sortent mieux dans pratiquement tous les domaines de la vie : elles vivent plus longtemps, elles sont en meilleure santé, elles sont plus heureuses et elles réussissent mieux dans leur carrière. Une quantité massive d'énergie était détournée d'un mouvement qui avait besoin de toute l'aide possible.

Sept ans s'étaient écoulés depuis la publication de *Why We Love Dogs*, et je m'étais promis que ce serait mon dernier livre. Mais j'étais particulièrement bien placée pour écrire sur le sujet des relations et de la communication entre vegan et non vegan, puisque j'étais psychologue, coach en relations humaines et défenseuse de longue date de la cause vegan. Je me suis donc consacrée à la rédaction d'un nouveau livre, en me plongeant dans toutes les recherches pertinentes que j'ai pu trouver, puis en décortiquant et en analysant ce qui m'a semblé être une énorme quantité d'informations, pour finalement les synthétiser avec mes propres théories et points de vue. Le résultat est *Beyond Beliefs: A Guide to Improving Relationships and Communication Among Vegans, Vegetarians, and Meat Eaters* (*Au-delà des croyances : Un guide pour améliorer les relations et la communication entre vegan, végétarien·ne·s et mangeur·se·s de viande*).

Dans ce livre, je présente un concept que j'appelle « résilience relationnelle », un modèle de relations saines, et j'adapte cette approche spécifiquement aux personnes qui vivent des relations impliquant au moins un·e vegan (ou un·e végétarien·ne). J'aborde des idées telles que la façon dont le carnisme est un intrus invisible dans les relations entre vegan et non vegan, les triangulant et déformant les perceptions des deux parties ; et la façon dont le traumatisme que subissent de nombreux·se vegan lorsqu'iels sont témoins de la souffrance animale peut les amener à se déconnecter inconsciemment des non vegan et des autres vegan.

L'écriture de *Beyond Beliefs* a libéré une pléthore de pensées refoulées, déclenchant un processus d'analyse qui a généré de nouvelles idées, lesquelles ont ensuite justifié l'écriture de nouveaux livres. Ainsi, après des années de quasi-absence d'écriture, je me suis soudain retrouvée incapable de m'arrêter. J'avais inclus un chapitre dans *Beyond Beliefs* qui abordait une nouvelle théorie que je développais sur la dynamique du pouvoir relationnel et la psychologie de l'oppression. Il s'est avéré que ce chapitre n'avait pas sa place dans le livre et j'ai donc décidé de le supprimer.

Finalement, ce chapitre a évolué pour devenir un livre à part entière : *Powerarchy: Understanding the Psychology of Oppression for Social Transformation* (*Powerarchy* : Comprendre la psychologie de l'oppression pour la transformation sociale*). Dans *Powerarchy*, je pars du principe que l'oppression (et aussi la maltraitance, qui est essentiellement une oppression à plus petite échelle et qui n'est pas institutionnalisée) reflète et renforce le dysfonctionnement relationnel, un dysfonctionnement dans la manière dont nous sommes en relation : en tant que groupes sociaux, en tant qu'individus avec d'autres êtres humains et non humains et avec l'environnement, et même avec nous-mêmes.

Tous les systèmes oppressifs et abusifs (tels que le sexisme, le carnisme ou une relation abusive) reflètent la même mentalité essentielle et partagent la même structure de base : ce sont tous des systèmes relationnellement dysfonctionnels, ou *non relationnels*. Les systèmes non relationnels sont fondés sur la croyance en une hiérarchie de la valeur morale - selon laquelle certains individus ou groupes sont plus dignes de considération morale que d'autres - et ils sont structurés de manière à créer et à maintenir des déséquilibres de pouvoir injustes. Ces systèmes nous conditionnent à penser et à agir d'une manière qui va à l'encontre des relations saines : ils nous apprennent à violer notre intégrité (nous ne pratiquons pas la justice et la compassion) et à porter atteinte à la dignité d'autrui, ce qui entraîne une déconnexion entre nous et les autres, mais aussi à l'intérieur de nous-mêmes. Si nous imaginons les oppressions comme les rayons d'une roue, le *powerarchy* en est le moyeu. C'est le *métasystème* de l'oppression.

Dans *Powerarchy*, je déconstruis le système, en décrivant sa structure défensive de la même manière que dans *Why We Love Dogs*, mais en y incorporant davantage d'éléments et d'analyses. Je propose également des outils de transformation, en particulier le développement de ce que j'appelle la *littératie relationnelle* - la compréhension et la capacité à pratiquer des modes de relation sains - qui est le thème du livre suivant que j'ai écrit.

---

* Note de l'éditeur : Néologisme de l'autrice, qui mêle « pouvoir » et « hiérarchie » et qui signifie « hiérarchie du pouvoir ».

J'ai toujours envisagé de retravailler le manuscrit qui est devenu *Beyond Beliefs* pour en faire un livre destiné au grand public, parce que les dysfonctionnements relationnels touchent tout le monde, et que la souffrance qu'ils causent est largement évitable et traitable avec la bonne compréhension et les bons outils. Ayant coaché d'innombrables personnes aux prises avec leurs relations amoureuses, leur dynamique familiale et l'autorité, j'ai longtemps souhaité avoir un livre vers lequel je pourrais les orienter et qui couvrirait toutes les approches pertinentes de la santé relationnelle - un « guide unique » qui mettrait également l'accent sur la façon dont les systèmes d'oppression ont inévitablement, mais profondément un impact sur les relations. De plus, lorsque je me suis plongée dans les recherches et la théorisation pour *Beyond Beliefs* et *Powerarchy*, j'ai pris conscience du rôle essentiel que joue le développement de l'alphabétisation relationnelle dans la culture d'une transformation sociale authentique et durable. En effet, si notre niveau collectif d'alphabétisation relationnelle n'était pas si bas - si nous ne vivions pas dans l'âge des ténèbres relationnelles - nous reconnaîtrions sans aucun doute les dirigeant·e·s, les politiques et les pratiques toxiques et non relationnelles pour ce qu'iels sont et nous leur refuserions notre soutien. Le monde serait profondément différent.

La bonne nouvelle, c'est que les principes et les outils qui sous-tendent les relations interpersonnelles saines s'appliquent à tous les types de relations. Ainsi, les personnes qui apprennent à améliorer leurs relations interpersonnelles sont invariablement plus à même - et susceptibles - d'améliorer leurs relations avec les autres. En d'autres termes, lorsqu'une personne apprend à être plus attentive, consciente d'elle-même, empathique et engagée à pratiquer l'intégrité envers sa famille, ses ami·e·s et ses collègues (et qu'elle comprend comment les systèmes d'oppression la conditionnent à se déconnecter de ses pensées et sentiments authentiques), elle est mieux placée pour traiter les autres, y compris les autres animaux, avec plus de respect et pour aider à créer un monde plus compatissant pour tous les êtres. Mon livre *Getting Relationships Right: How to Build Resilience and Thrive in Life, Love, and Work* (*Établir de bonnes relations : Comment renforcer la résilience et s'épanouir dans la vie, l'amour et le travail*) vise à favoriser la transformation personnelle et sociale, à soutenir un changement holistique et durable en promouvant l'alphabétisation relationnelle.

Le quatrième livre publié après *Why We Love Dogs* est un court texte sur la façon dont le pouvoir hiérarchique, et plus particulièrement les dynamiques de privilèges et d'oppression qu'il crée, opère au sein du mouvement vegan. Il s'intitule *The Vegan Matrix: Understanding and Discussing Privilege Among Vegans to Build a More Inclusive and*

*Empowered Movement* (*La Matrice vegan : Comprendre et discuter des privilèges parmi les vegan pour construire un mouvement plus inclusif et plus puissant*) et il a commencé comme une série d'essais que j'ai écrits peu de temps après le soulèvement #ARMeToo*. J'ai écrit *The Vegan Matrix* pour aider à résoudre le problème des privilèges non examinés chez les vegan et pour fournir des lignes directrices sur la façon de parler des privilèges lorsque les nôtres sont remis en question ou que nous remettons en question les privilèges d'autrui.

Je savais depuis longtemps que le sexisme, le racisme, le classisme et d'autres hiérarchies de pouvoir non examinées créaient des problèmes interpersonnels parmi les vegan ainsi qu'entre les vegan et celles·ceux qui pourraient être des allié·e·s du mouvement, tel·le·s que les féministes et les défenseur·se·s de la justice sociale. Mais je n'avais pas la capacité d'entreprendre un autre projet d'écriture. Cependant, j'ai fini par prendre conscience de l'ampleur des dégâts causés par ce problème. J'ai également réalisé que, bien qu'il existe d'excellents documents sur le sujet des privilèges et de l'oppression chez les vegan, ces documents ne s'adressaient souvent pas aux personnes qui n'étaient pas déjà relativement bien informées sur la question. De plus, la conversation post-#ARMeToo qui se déroulait créait d'une certaine manière plus de problèmes qu'elle n'en résolvait ; la communication était rompue et les divisions entre vegan s'accentuaient.

Dans *The Vegan Matrix*, j'utilise le privilège carniste en juxtaposition avec d'autres formes de privilège pour créer un point d'entrée familier pour les lecteur·rice·s vegan qui souhaitent en savoir plus sur le privilège et l'oppression dans le mouvement (et au-delà). Le livre comprend également des suggestions sur la façon de discuter des privilèges non examinés afin que le dialogue ne débouche pas sur une impasse. Le but de ce livre est d'aider à unifier les vegan afin de créer un mouvement plus puissant et donc une force plus efficace et plus percutante pour les animaux. L'objectif de ce livre est également de réduire l'injustice et la souffrance au-delà du mouvement vegan.

*Why We Love Dogs* a lancé un processus qui continue de se dérouler d'une manière que je n'aurais jamais pu imaginer et il a aujourd'hui une vie qui lui est propre. Je suis curieuse, motivée et pleine d'espoir à l'idée de découvrir ce que l'avenir nous réserve. Je continuerai à travailler pour exposer et transformer le carnisme, pour donner du pouvoir à ceux qui sont en première ligne du mouvement vegan, pour sensibiliser à la *powerarchy* de manière plus générale, et pour promouvoir l'alphabétisation relationnelle comme un outil clé de la transformation.

* #ARMeToo est la version droits des animaux de #MeToo.

Je ne doute pas qu'un jour le véganisme remplacera le carnisme en tant qu'idéologie dominante. Pour moi, la question n'est pas de savoir *si*, mais *quand*. En effet, je n'aurais jamais imaginé vivre assez longtemps pour voir l'épanouissement du mouvement vegan qui se déroule actuellement - le nombre croissant de vegan, d'organisations et d'établissements vegan, et d'allié·e·s du véganisme dans le monde entier. Même si, dans certains endroits, la consommation de produits carnés augmente (les grandes entreprises agroalimentaires suivent les traces des grandes entreprises du tabac et exportent leurs problèmes vers des pays plus vulnérables à leur influence toxique) et que l'exploitation des animaux d'élevage reste une catastrophe mondiale, le mouvement vegan est en plein essor.

Je suis convaincue que nous sommes à l'aube d'une révolution, qui transformera à jamais l'humanité et le monde tel que nous le connaissons, et je me sens honorée et touchée d'avoir pu jouer un petit rôle dans ce processus profondément inspirant.

# Guide de discussion pour les groupes de lecture

## CHAPITRE 1. AIMER OU MANGER ?

- Les gens ont tendance à avoir des niveaux de tolérance différents en ce qui concerne la consommation de types ou de morceaux de viande « inhabituels ». Par exemple, certain·e·s mangeur·se·s de viande évitent les morceaux atypiques (comme le cou de dinde), tandis que d'autres sont plus « aventureux·ses » et prêt·e·s à essayer différents types de viande. Pourquoi pensez-vous qu'il en soit ainsi et comment la compréhension de ces différences peut-elle influencer la façon dont on discute de l'éthique de la consommation d'animaux ?
- Pourquoi l'empathie fait-elle « partie intégrante de notre sentiment d'identité » et comment le fait de bloquer notre empathie à l'égard de certaines espèces peut-il avoir un impact sur notre capacité d'empathie en général ?
- Avant de lire la scène du dîner au début du livre, vous étiez-vous déjà demandé·e pourquoi vous mangez certains animaux et pas d'autres ? Si non, pourquoi ? Si oui, quand et pourquoi ?
- Y a-t-il eu un moment dans votre vie où vous vous êtes senti·e mal à l'aise en mangeant des types et des morceaux de viande « normaux » ? Pourquoi ? Comment avez-vous réagi à ce malaise ?
- Y a-t-il eu un moment dans votre vie où vous avez eu une impression négative des végétarien·ne·s ou des vegan ? Quelle était cette impression et pourquoi pensez-vous l'avoir eue ?

# CHAPITRE 2. CARNISME : « C'EST AINSI QUE LES CHOSES SE PASSENT »

- Le spécisme est l'idéologie selon laquelle il est considéré comme approprié de valoriser certains animaux par rapport à d'autres. Comment le spécisme influence-t-il le carnisme ? Quelles sont les similitudes et les différences entre ces idéologies ?
- Le carnisme est-il le « contraire » du végétarisme ou du véganisme ?
- Les féministes ont réussi à lutter contre le sexisme non pas en affirmant que tout le monde devrait devenir féministe, mais en mettant en évidence l'idéologie du patriarcat, qui est à l'origine du sexisme. La plupart des gens ne soutiennent pas le sexisme, mais ne se considèrent pas non plus comme des féministes. Comment ceux et celles qui souhaitent lutter contre le carnisme pourraient-iels adopter une approche similaire ?
- Le carnisme recadre le fait de manger des animaux de sorte que cette pratique ne soit pas simplement considérée comme une question d'éthique personnelle, mais comme le résultat final inévitable d'un système de croyances profondément enraciné. Comment ce recadrage pourrait-il aider à faire reconnaître le fait de manger des animaux comme une question de justice sociale, et quelles sont les implications pour la défense du véganisme ?

# CHAPITRE 3. LES CHOSES TELLES QU'ELLES *SONT*

- Ce chapitre se concentre sur les abus inhérents aux fermes industrielles, ou CAFO, où sont produits la majorité des produits carnés. Pensez-vous que le concept de carnisme s'applique aux petites exploitations familiales ? Pourquoi ?
- Ce chapitre peut être difficile à lire, car il contient des descriptions graphiques de la souffrance animale. Quel effet la lecture de ce chapitre a-t-elle eu sur vous ? Qu'est-ce qui vous a le plus intéressé·e ou choqué·e ?

# CHAPITRE 4. LES DOMMAGES COLLATÉRAUX

- Ce chapitre décrit les conséquences du carnisme sur l'humain et l'environnement. Comment celles·ceux qui se préoccupent de la protection des animaux peuvent-iels utiliser le concept de carnisme pour atteindre ou s'allier à celles·ceux qui travaillent pour les droits de l'humain et la justice environnementale ?
- Les lobbies de l'agro-industrie animale jouent un rôle majeur dans le maintien du pouvoir économique et législatif de l'industrie carnée, tout comme les lobbies du tabac l'ont fait pour l'industrie du tabac. Comment le fait de considérer la consommation d'animaux comme un comportement idéologiquement motivé pourrait-il contribuer à remettre en cause les lobbies et la législation ou les autres aides qu'ils préconisent, telles que les subventions à la viande, aux œufs et aux produits laitiers ?
- La « routinisation » est courante chez les personnes qui travaillent dans l'industrie du conditionnement de la viande. Pensez-vous que la routinisation joue également un rôle dans l'expérience des consommateur·rice·s de produits carnés ?

# CHAPITRE 5. LA MYTHOLOGIE DE LA CONSOMMATION D'ANIMAUX

- Le mouvement locavore, porté par des personnalités telles que Michael Pollan (*Le Dilemme de l'omnivore*), s'oppose à l'élevage industriel, mais soutient et même célèbre l'abattage et la consommation de (certains) animaux. Pollan, par exemple, a déclaré que la chasse est une expression de l'ordre naturel de la vie : « ...L'homme n'a rien fait pour créer cette chaîne alimentaire, il n'a fait qu'entrer dans un rôle préparé depuis longtemps pour le prédateur » (362-3). Il affirme également que l'ambivalence morale du chasseur est ce qui rend la chasse louable (361). Comment le concept de carnisme s'applique-t-il au mouvement locavore ? Sur lequel des trois N (manger de la viande est normal, naturel et nécessaire) s'appuie-t-on le plus pour soutenir l'« écocarnisme » ?*
- Pensez-vous qu'il est éthique de consommer de la viande, des œufs ou des produits laitiers provenant d'animaux élevés dans de petites exploitations ? Pourquoi ou pourquoi pas ?
- Michael Pollan a également déclaré que, bien qu'une partie de lui envie la cohérence morale des végétarien·ne·s, une autre partie les plaint parce que « les rêves d'innocence ne sont que cela ; ils dépendent généralement d'un déni de la réalité qui peut être sa propre forme d'orgueil démesuré » (362). Comment ce commentaire peut-il être interprété à travers le prisme du carnisme ?
- Chaque personne est affectée différemment par les trois N ; certaines personnes sont plus influencées par un N que par d'autres. Comment la compréhension de ce point peut-elle contribuer à la sensibilisation au véganisme ? Quels sont les N qui vous ont le plus influencé·e ?
- Une justification carniste courante, non mentionnée dans ce livre, est l'argument selon lequel si les plantes sont sensibles (comme le suggèrent certaines recherches), alors manger des animaux n'est pas différent de manger des plantes. Comment l'argument « les plantes souffrent aussi » peut-il être utilisé pour soutenir le carnisme, et comment peut-on répondre à cette justification ?

---

* Pour une explication de l'écocarnisme, voir la postface.

- Étant donné qu'il faut beaucoup plus de plantes pour nourrir les animaux qui sont ensuite consommés par les humain·e·s que si les humain·e·s mangeaient directement les plantes, pourrait-on affirmer que le carnisme nuit à plus de plantes qu'il n'est nécessaire pour soutenir les consommateur·rice·s humain·e·s ?

# CHAPITRE 6. À TRAVERS LE MIROIR CARNISTE

- Les ovo-lacto-végétarien·ne·s, qui consomment des produits laitiers de certains animaux et des œufs de certains oiseaux, pratiquent-ils l'abrutissement carniste ? Comment et pourquoi ?
- Avez-vous le sentiment d'être sorti·e de la matrice carniste ? Si oui, qu'est-ce qui a provoqué cela ? S'agit-il d'un événement unique ou d'une série d'événements ? Si vous ne l'avez pas fait, pourquoi ?

# CHAPITRE 7. LE TÉMOIGNAGE

- Le témoignage est la pierre angulaire de la justice sociale. Quelles sont les actions concrètes que les témoins peuvent mener pour contribuer à rendre justice aux animaux et aux autres victimes de systèmes oppressifs ?
- Le surtémoignage est une expérience courante parmi celles et ceux qui travaillent pour le changement social, et il peut conduire à des traumatismes et à l'épuisement. Quels sont les moyens d'être un·e témoin actif·ve sans s'épuiser ?
- Comment pouvons-nous créer une atmosphère qui aide les autres à témoigner ?

# Notes de fin

1 Pour des informations sur les tabous relatifs à la consommation de viande dans le monde, voir : Victor Benno Meyer-Rochow, “Food Taboos: Their Origins and Purposes” (Les tabous alimentaires : leurs origines et leurs objectifs), *Journal of Ethnobiology and Ethnomedicine*, vol. 8, 2009 : article 18. Disponible sur : https://ethnobiomed.biomedcentral.com [consulté le 4 juin 2025] ; Daniel M. T. Fessler, Carlos David Navarrete, “Meat Is Good to Taboo: Dietary Proscriptions as a Product of the Interaction of Psychological Mechanisms and Social Processes” (La viande est bonne à être tabou : les prescriptions alimentaires comme produit de l'interaction de mécanismes psychologiques et de processus sociaux), *Journal of Cognition and Culture*, 2003. Disponible sur : https://www.semanticscholar.org [consulté le 4 juin 2025]. Pour des informations sur les sanctions suite à la violation des tabous, voir : Nida Najar, Suhasini Raj, “Indian State Is Expanding Penalty for Killing a Cow to Life in Prison” (L'État indien étend la peine encourue pour avoir tué une vache à la prison à vie), *New York Times*, 31 mars 2017. Disponible sur : https://www.nytimes.com [consulté le 4 juin 2025] ; Krishnadev Calamur, “India's Food Fight Turns Deadly” (La lutte alimentaire en Inde devient mortelle), *The Atlantic*, 8 octobre 2015. Disponible sur : https://www.theatlantic.com [consulté le 4 juin 2025] ; Supriya Nair, “The Meaning of India's ‘Beef Lynchings'” (La signification des « lynchages de bœuf » en Inde), *The Atlantic*, 24 juillet 2017. Disponible sur : https://www.theatlantic.com [consulté le 4 juin 2025] ; Anna Collinson, “Why the UK Doesn't Eat Dog Meat, but People in China Do” (Pourquoi le Royaume-Uni ne mange pas de viande de chien, alors que la Chine en mange), *Newsbeat*, 22 juin 2015. Disponible sur : https://www.bbc.com [consulté le 4 juin 2025] ; Telegraph Reporters, “EDL Protesters Holding Pig's Head in Anti-Muslim Slur Clash with Police at Counter-Terror March in Manchester” (Des manifestants de l'EDL tenant une tête de cochon en guise d'injure antimusulmane affrontent la police lors d'une marche contre le terrorisme à Manchester), *Telegraph*, 12 juin 2017. Disponible sur : https://www.telegraph.co.uk [consulté le 4 juin 2025] ; “Seoul: Anti-Dog Meat Protestors Facing Provocative Dog Meat Consumers” (Séoul : Des manifestants contre la viande de chien font face à des consommateurs de viande de chien provocateurs), *EuroNews*, 12 juillet 2019. Disponible sur : https://www.euronews.com [consulté le 4 juin 2025].

2 Lotte Holm, M. Mohl, “The Role of Meat in Everyday Food Culture: An Analysis of an Interview Study in Copenhagen” (Le rôle de la viande dans la culture alimentaire quotidienne : Analyse d'une étude par entretiens à Copenhague), vol. 34, juin 2000, pages 277 à 283. Disponible sur : https://www.sciencedirect.com [consulté le 4 juin 2025].

3 Chine. Le pénis à toutes les sauces, Courrier international, 2 juillet 2008. Disponible sur : https://www.courrierinternational.com/ [consulté le 20 juin 2025] ; Chine : des pénis d'animaux pour booster la libido, *Le Parisien*, 2 octobre 2013. Disponible sur : https://www.leparisien.fr/ [consulté le 20 juin 2025].

4 AFP, Au Cambodge, les tarentules, victimes de la déforestation et des gastronomes, *GEO*, 6 avril 2018. Disponible sur : https://www.geo.fr/ [consulté le 20 juin 2025].

5 Que manger en Islande ?, *Destination Islande*. Disponible sur : https://www.destination-islande.com/ [consulté le 20 juin 2025].

6 VTC News, Le balut est délicieux et nutritif, mais il est « tabou », pour ces personnes, *Vietnam.vn*, 9 mars 2024. Disponible sur : https://www.vietnam.vn/fr/ [consulté le 20 juin 2025].

7 Nick Fiddes, *Meat: A Natural Symbol* (*La viande : un symbole naturel, 1991, pas de traduction française*) ; Peter Farb, George Armelagos, *Anthropologie des coutumes alimentaires*, Denoël, 1985 ; Frederick J. Simoons, *Eat Not This Flesh: Food Avoidances in the Old World* (*Ne mangez pas cette chair : les aliments à éviter dans l'Ancien Monde*, 1961, pas de traduction française) ; Daniel M. T. Fessler, Carlos David Navarrete, "Meat Is Good to Taboo" (La viande est bonne à être tabou).

8 Peter Farb, George Armelagos, *Anthropologie des coutumes alimentaires*, Denoël, 1985. Simoons, *Eat Not This Flesh* (*Ne mangez pas cette chair*) ; Daniel Kelly, Edouard Machery, Ron Mallon, Kelby Masonet Stephen Stich, "The Role of Psychology in the Study of Culture" (Le rôle de la psychologie dans l'étude de la culture), *Purdue University*, 2006. Disponible sur : https://web.ics.purdue.edu [consulté le 4 juin 2025].

9 Zeiad Amjad Aghwan, Joe Mac Regenstein, "Slaughter Practices of Different Faiths in Different Countries" (Pratiques d'abattage de différentes religions dans différents pays), *Journal of Animal Science and Technology* 61, n° 3, 2019, pages 111 à 121. Disponible sur : https://pmc.ncbi.nlm.nih.gov [consulté le 4 juin 2025] ; E. Szűcs, R. Geers, T. Jezierski, E. N. Sossidou, D. M. Broom, "Animal Welfare in Different Human Cultures, Traditions and Religious Faiths" (Le bien-être animal dans les différentes cultures, traditions et religions humaines), *Asian-Australasian Journal of Animal Sciences* 25, n° 11, 2012, pages 1499 à 1506. Disponible sur : https://pmc.ncbi.nlm.nih.gov [consulté le 4 juin 2025] ; Vegetarianism, *Encyclopedia Britannica*, n.d., https://www.britannica.com ; Gunnel Ekroth, "Meat in Ancient Greece: Sacrificial, Sacred or Secular?" (La viande dans la Grèce antique : Sacrificielle, sacrée ou laïque ?), *Food & History* 5, n° 1, 2007, pages 249 à 272. https://www.academia.edu [consulté le 4 juin 2025] ; Notario Pachecho, Fernando. « L'approvisionnement en bœufs sacrificiels dans l'Athènes classique ». *Pour une histoire de la viande*, édité par Bruno Laurioux et Marie-Pierre Horard, Presses universitaires François-Rabelais, 2017. Disponible sur : https://books.openedition.org/pufr/ [consulté le 4 juin 2025].

10 Pour les données sur les États-Unis, voir : Harish, "How Many Animals Does a Vegetarian Save?" (Combien d'animaux un végétarien sauve-t-il ?), *Counting Animals*, 16 mars 2015. Disponible sur : https://countinganimals.com [consulté le 4 juin 2025].
Pour les données sur la France, voir : L214, « Les chiffres clés de la souffrance animale : animaux abattus en France », 2023. Disponible sur : https://www.l214.com [consulté le 20 juin 2025].

11 Cité dans l'ouvrage de Dave Grossman, *On Killing: The Psychological Cost of Learning to Kill in War and Society* (*À propos du meurtre : le coût psychologique de l'apprentissage du meurtre à la guerre et dans la société*, 1996, pas de traduction française).

12 Grossman, *On Killing* (*À propos du meurtre*), 12.

13 Grossman, *On Killing* (*À propos du meurtre*) ; Martha Stout, *The Sociopath Next Door* (*Le sociopathe d'à-côté*, 2005, pas de traduction française).

14 Grossman, *On Killing* (*À propos du meurtre*), 15.

15 National Agricultural Statistics Service, "Poultry Production and Value" (Production et valeur de la volaille), *2018 Summary*, Washington, DC: USDA, 2019. Disponible sur : https://www.nass.usda.gov [consulté le 4 juin 2025].

16 National Agricultural Statistics Service, "Poultry Production and Value" (Production et valeur de la volaille).

17 M. Shahbandeh, "Per Capita Consumption of Beef in the U.S. from 2000 to 2028" (Consommation de viande bovine par habitant aux États-Unis de 2000 à 2028), *Statista*, 19 mars 2019. Disponible sur : https://www.statista.com [consulté le 4 juin 2025].

18 US Department of Agriculture, "Per Capita Availability of Chicken Higher Than That of Beef" (La disponibilité du poulet par habitant est supérieure à celle de la viande de bœuf), 28 août 2019. Disponible sur : https://www.ers.usda.gov [consulté le 4 juin 2025].

19 National Agricultural Statistics Service, "Poultry Production and Value" (Production et valeur de la volaille) ; M. Shahbandeh, "Per Capita Consumption of Beef in the U.S." (Consommation de viande bovine par habitant aux États-Unis) ; US Department of Agriculture, "Per Capita Availability of Chicken Higher Than That of Beef" (La disponibilité du poulet par habitant est supérieure à celle du bœuf) ; Megan Durisin and Shruti Singh, "Americans Will Eat a Record Amount of Meat in 2018" (Les Américains mangeront une quantité record de viande en 2018), *Bloomberg*, 2 janvier 2018. Disponible sur : https://www.bloomberg.com [consulté le 4 juin 2025].

20 US Department of Agriculture, "Food Availability (Per Capita) Data System" (Système de données [par habitant] sur les disponibilités alimentaires), mis à jour le 8 janvier 2025. Disponible sur : https://www.ers.usda.gov [consulté le 4 juin 2025].

21 Food and Agriculture Organization of the United States, "Food Supply - Livestock and Fish Primary Equivalent" (Approvisionnement alimentaire — Élevage et pêche primaire équivalente), n.d. Disponible sur : https://www.fao.org/4/y4683e/y4683e06.htm [consulté le 4 juin 2025].

22 M. Shahbandeh, "Per capita consumption of milk in the EU-27 from 2019 to 2023 (in kilograms)" (Consommation de lait par habitant dans l'UE-27 de 2019 à 2023 [en kilogrammes]), Statista. Disponible sur : https://www.statista.com [consulté le 4 juin 2025] ; Oceans and fisheries European Commission, "The UE Fish Market 2021 edition is now online" (L'édition 2021 de l'UE Fish Market est désormais en ligne), 22 november 2021. Disponible sur : https://oceans-and-fisheries.ec.europa.eu [consulté le 4 juin 2025] ; Our Wolrd in Data, "Per capita meat consumption in the EU28" (Consommation de viande par habitant dans l'UE28), n.d. Disponible sur : https://ourworldindata.org [consulté le 4 juin 2025].

23 Le marché de la viande en France — Faits et chiffres, *Statista*, 2023. Disponible sur : https://fr.statista.com/ [consulté le 20 juin 2025] ; Tristan Gaudiaut, Dans quels pays mange-t-on le plus de viande ?, *Statista*, 1er septembre 2023. Disponible sur : https://fr.statista.com/ [consulté le 20 juin 2025].

24 US Department of Agriculture, “Livestock and Meat Domestic Data” (Données domestiques sur le bétail et la viande), mis à jour le 28 mai 2025. Disponible sur : https://www.ers.usda.gov [consulté le 4 juin 2025].

25 Harish, “How Many Animals Does a Vegetarian Save?” (Combien d’animaux un végétarien sauve-t-il ?).

26 US Department of Agriculture, “Cattle/Calves Accounted for Nearly 40 Percent of 2018 U.S. Animal/Product Receipts” (Les bovins et les veaux ont représenté près de 40 % des recettes de produits animaux aux États-Unis en 2018), n.d. Disponible sur : https://www.ers.usda.gov [consulté le 4 juin 2025].

27 Eurostat, Agriculture, “Forestryand Fishery Statistics” (Statistiques sur la sylviculture et la pêche), Luxembourg: Eurostat, 2018. Disponible sur : https://ec.europa.eu/eurostat/ [consulté le 4 juin 2025] ; US Department of Agriculture, “Cattle/Calves Accounted for Nearly 40 Percent” (Les bovins et les veaux représentent près de 40 %).

28 Le marché de la viande en France — Faits et chiffres, *Statista*, 2023. Disponible sur : https://fr.statista.com/ [consulté le 20 juin 2025].

29 Natural Resources Conservation Service, “Animal Feeding Operations” (Opérations d’alimentation animale), mis à jour le 28 mars 2025. Disponible sur : https://www.epa.gov [consulté le 4 juin 2025].

30 Health for Animals, “Animal Disease” (Maladies animales), n.d. Disponible sur : https://healthforanimals.org [consulté le 4 juin 2025].

31 Daniel Zwerdling, “A View to a Kill” (La mort en perspective), *Gourmet*, juin 2007, http://www.gourmet.com [consulté le 4 juin 2025]. Voir aussi Kim Severson, Upton Sinclair, “Now Playing on YouTube” (En cours de lecture sur YouTube), *New York Times*, 12 mars 2008. Disponible sur : https://www.nytimes.com [consulté le 4 juin 2025] ; Le Monde avec AFP, Deux militants de l’association L214 condamnés à une amende pour s’être introduits dans un abattoir, *Le Monde*, 10 octobre 2017. Disponible sur : https://www.lemonde.fr [consulté le 20 juin 2025].

32 Eric Schlosser, *Fast Food Nation*, Éditions Autrement, 2006.

33 Center for Constitutional Rights and Defending Rights & Dissent, “Ag-Gag Across America: Corporate-Backed Attacks on Activists and Whistleblowers” (Le bâillon à travers l’Amérique : attaques contre les activistes et les dénonciateurs soutenues par les entreprises), 2017. Disponible sur : https://ccrjustice.org [consulté le 4 juin 2025] ; American Society for the Prevention of Cruelty to Animals (ASPCA), “What Is Ag-Gag Legislation?” (Qu’est-ce que la législation Ag-Gag ?), n.d. Disponible sur : https://www.aspca.org [consulté le 4 juin 2025] ; American Civil Liberties Union (ACLU), “ACLU Letter to Congress Urging Opposition to the Animal Enterprise Act, S. 1926 and H.R. 4239” (Lettre de l’ACLU au Congrès demandant de s’opposer à la loi sur les entreprises animales [Animal Enterprise Act], S. 1926 et H.R. 4239), 6 mars 2006. Disponible sur : https://www.aclu.org [consulté le 4 juin 2025].

34 À Vannes, la réalité virtuelle des élevages et des abattoirs montrée par L214, *Le Télégramme*, 27 juillet 2023. Disponible sur : https://www.letelegramme.fr/ [consulté le 20 juin 2025].

35 Étude citée par la Humane Society of the United States, une organisation américaine qui lutte pour la protection animale, disponible sur leur site : http://www.hsus.org [consulté le 4 juin 2025].

36 Lori Marino et Christina M. Colvin, “Thinking Pigs: A Comparative Review of Cognition, Emotion and Personality in *Sus domesticus*” (Des cochons qui pensent : Une étude comparative de la cognition, des émotions et de la personnalité chez *sus domesticus*), *International Journal of Comparative Psychology* 28, 2015, pages 1 à 22. Disponible sur : https://escholarship.org [consulté le 4 juin 2025] ; Anna K. Johnson et Jeremy N. Marchant-Forde, “Natural Farrowing Behavior of the Sow and Piglets” (Comportement naturel de la truie et des porcelets lors de la mise-bas), *Pork Information Gateway*, 29 décembre 2010. Disponible sur : https://porkgateway.org [consulté le 4 juin 2025] ; L214, Cochons : intelligence et vie sociale, n.d. Disponible sur : https://www.l214.com [consulté le 20 juin 2025].

37 Jim Barrett, “United States Hog Inventory Up 4 Percent” (Les stocks de porcs aux États-Unis augmentent de 4 %), *US Department of Agriculture*, 27 juin 2019. Disponible sur : https://data.nass.usda.gov [consulté le 4 juin 2025] ; FranceAgrimer, Viande porcine, fiche filière, 2024. Disponible sur : https://www.franceagrimer.fr [consulté le 20 juin 2025].

38 American Veterinary Medical Association (AVMA), “Tail Docking and Teeth Clipping of Swine” (Coupe de la queue et des dents des porcs), n.d., Disponible sur : https://www.avma.org [consulté le 4 juin 2025] ; Commission Européenne, “Animal welfare — tail-biting and tail-docking of pigs” (Bien-être des animaux — morsure de la queue et coupe de la queue des porcs), 2019. Disponible sur : https://ec.europa.eu [consulté le 20 juin 2025].

39 Yuzhi Li, Lee Johnston et Wayne Martin, “Docking the Tail or Not: Effect on Tail Damage, Skin Lesions and Growth Performance in Growing-Finishing Pigs” (Couper la queue ou non : effet sur les dommages à la queue, les lésions cutanées et les performances de croissance chez les porcs en fin de croissance), US Department of Agriculture, 18 mai 2018. Disponible sur : https://mnshmp.dl9.umn.edu [consulté le 4 juin 2025].

40 Pour plus d’informations sur le syndrome de stress porcin (SSP) voir : Stefan Hutter, Caudophagie chez les porcs, *ufarevue*, 12 janvier 2023. Disponible sur : https://www.ufarevue.ch [consulté le 20 juin 2025].
Pour plus d’informations sur les bases génétiques du trouble du stress post traumatique (TSPT) voir : Andrea Cooper, Les traumatismes peuvent-ils se transmettre par les gènes, *National Geographic*, 14 juin 2024. Disponible sur : https://www.nationalgeographic.fr [consulté le 20 juin 2025].

41 Stefan Hutter, Caudophagie chez les porcs, *ufarevue*.

42 Annette Charlotte Olsson, Jos Botermanset Jan-Eric Englund, “Piglet Mortality — A Parallel Comparison Between Loose-Housed and Temporarily Confined Farrowing Sows in the Same Herd” (Mortalité des porcelets — Comparaison entre des truies mettant bas en stabulation libre et des truies mettant bas en stabulation temporaire dans le même troupeau), *Acta Agriculturea Scandinavica* 68, 9 décembre 2018, pages 52 à 62. Disponible sur : https://www.tandfonline.com [consulté le 4 juin 2025].

43 E. Mainau, D. Templeet X. Manteca, “Pre-Weaning Mortality in Piglets” (Mortalité pré-sevrage chez les porcelets), *Farm Animal Welfare Education Centre*,

janvier 2015. Disponible sur : https://awecadvisors.org [consulté le 4 juin 2025] ; L214, Cochons : claquage des porcelets, n.d. Disponible sur : https://www.l214.com [consulté le 20 juin 2025] ; Nicolas Da Silva, Porcelets à l'agonie, cadavres au milieu des enclos : L214 dénonce les pratiques « barbares » d'élevages de cochons devant un supermarché Leclerc, *franceinfo*, 12 avril 2025. Disponible sur : https://france3-regions.franceinfo.fr [consulté le 20 juin 2025].

44 Preventive Veterinary medecine, "Swine Production" (Production porcine), 2018. Disponible sur : https://www.sciencedirect.com [consulté le 20 juin 2025].

45 Preventive Veterinary medecine, "Swine Production" (Production porcine) ; Andrew Jacobs, "Stealing Lauri: A Pig Kidnapping Highlights the Concerns over Antibiotics in Livestock" (Le vol de Lauri : l'enlèvement d'un cochon met en lumière les inquiétudes concernant les antibiotiques dans le bétail), *New York Times*, 4 août 2019. Disponible sur : https://www.nytimes.com [consulté le 4 juin 2025].

46 National Agricultural Library, US Department of Agriculture, "Twenty-Eight Hour Law" (La loi des vingt-huit heures), 49 USC, Section 80502, 17 mars 2020. Disponible sur : https://www.nal.usda.gov [consulté le 4 juin 2025] ; Agence nationale de sécurité sanitaire de l'alimentation, de l'environnement et du travail (Anses), La grippe du porc, une problématique pour les élevages et la santé humaine, 18 décembre 2024. Disponible sur : https://www.anses.fr [consulté le 20 juin 2025].

47 Fiona Rioja-Lang, Jennifer A. Brown, Egan J. Brockhoff et Luigi Faucitano, "A Review of Swine Transportation Research on Priority Welfare Issues: A Canadian Perspective" (Examen de la recherche sur le transport des porcs en ce qui concerne les questions prioritaires de bien-être : Une perspective canadienne), *Frontiers in Veterinary Science*, 22 février 2019. Disponible sur : https://www.frontiersin.org [consulté le 4 juin 2025].

48 Matthew Ritter, Chad Yoder, Corey Jones, Scott Carr, Michelle Calvo-Lorenzo, "Transport losses in market weight pigs: II. U.S. incidence and economic impact" (Pertes lors du transport chez les porcs pour le marché : II. Incidence et impact économique aux États-Unis), *National Library of Medecine*, 2 avril 2020. Disponible sur : https://pmc.ncbi.nlm.nih.gov [consulté le 20 juin 2025].

49 Gail Eisnitz, *Slaughterhouse: The Shocking Story of Greed, Neglect and Inhumane Treatment Inside the U.S. Meat Industry* (*Abattoir : L'histoire choquante de la cupidité, de la négligence et des traitements inhumains au sein de l'industrie de la viande aux États-Unis*, 1997, pas de traduction française), 102-104.

50 Allegra McEvedy, "My Visit to the Slaughterhouse: Crossing the Line Between Life and Meat" (Ma visite à l'abattoir : franchir la frontière entre la vie et la viande), Guardian, 29 août 2014. Disponible sur : https://www.theguardian.com [consulté le 4 juin 2025].

51 Schlosser, *Fast Food Nation*.

52 Eisnitz, *Slaughterhouse* (*Abattoir*), 68.

53 Food Safety and Inspection Service, Livestock Slaughter Inspection Training, "Humane Handling Verification of Livestock and Good Commercial Practices for Poultry" (Vérification de la manipulation sans cruauté du bétail et bonnes pratiques commerciales pour la volaille), Livestock Slaughter Inspection

Training, US Department of Agriculture, 9 avril 2019. Disponible sur : https://www.fsis.usda.gov [consulté le 4 juin 2025].

54 Eisnitz, *Slaughterhouse* (*Abattoir*), 84.

55 Eisnitz, 93.

56 Wilson G. Pond, Fuller W. Bazer et Bernard E. Rollin (eds.), *Animal Welfare in Animal Agriculture* (*Bien-être animal dans l'élevage*, 2011, pas de traduction française), 151.

57 Pour des informations sur les caisses de gestation : Dylan Matthews, "America's Largest Pork Producer Pledged to Make Its Meat More Humane. An Investigation Says It Didn't" (Le plus grand producteur de porc américain s'est engagé à rendre sa viande plus humaine. Une enquête révèle que ce n'est pas le cas), *Vox*, 8 mai 2018. Disponible sur : https://www.vox.com [consulté le 4 juin 2025].
Pour des informations sur la fécondation forcée des truies : Peter J. Lammers, David R. Stender et Mark S. Honeyman, "Mating or Insemination" (Accouplement ou insémination), *Niche Pork Production*, 2007. Disponible sur : https://www.ipic.iastate.edu [consulté le 4 juin 2025] ; Cheryl Day, "Increase in U.S. Sow Mortality a Real Mystery" (L'augmentation de la mortalité des truies aux États-Unis est un véritable mystère), *National Hog Farmer*, 23 mai 2017. Disponible sur : https://www.nationalhogfarmer.com [consulté le 4 juin 2025] ; Iowa Pork Industry Center, "Iowa Pork Center Leads Industry-Wide Collaboration to Address Sow Mortality" (L'Iowa Pork Center mène une collaboration à l'échelle de l'industrie pour lutter contre la mortalité des truies), Iowa State University, n.d. Disponible sur : https://mydigimag.rrd.com [consulté le 4 juin 2025] ; Andrew Wasley, Natalie Jones et Chris Cook, "Two Amputations a Week: The High Cost of Working in a US Meat Plant" (Deux amputations par semaine : le coût élevé du travail dans une usine de transformation de viande aux États-Unis) Bureau of Investigative Journalism, 5 juillet 2018. Disponible sur : https://www.thebureauinvestigates.com [consulté le 4 juin 2025] ; Matthew Prescott, "Your Pig Almost Certainly Came from a Factory Farm, No Matter What Anyone Tells You" (Votre porc provient presque certainement d'un élevage industriel, quoi qu'on vous dise), *Washington Post*, 15 juillet 2014. Disponible sur : https://www.washingtonpost.com [consulté le 4 juin 2025] ; Joshua Specht, "The Price of Plenty: How Beef Changed America" (Le prix de l'abondance : comment le bœuf a changé l'Amérique), *The Guardian*, 7 mai 2019. Disponible sur : https://www.theguardian.com [consulté le 4 juin 2025] ; Animal Legal & Historical Center, Title 9 — Animals and Animal Products ; Chapter III — Food Safety and Inspection Service, Department of Agriculture ; Subchapter A — Agency Organization and Terminology ; Mandatory Meat and Poultry Products Inspection and Voluntary Inspection and Certification ; Part 313 — Humane Slaughter of Livestock ; Andrew Wasley et Natalie Jones, "Suffocation, Scalding, Heat Stress: Chickens Suffer 'Inexcusable' Welfare Breaches at US Abattoirs" (Suffocation, ébouillantage, stress thermique : Les poulets sont victimes de manquements « inexcusables » au bien-être dans les abattoirs américains), *The Bureau of Investigative Journalism*, 17 décembre 2018. Disponible sur : https://www.thebureauinvestigates.com [consulté le 4 juin 2025] ; Madlen Davies et Andrew Wasley, "New Animal Cruelty Figures Show Need for Cameras" (De nouveaux chiffres sur la cruauté envers les animaux montrent la nécessité des caméras), *The Bureau of Investigative Journalism*, 11 août 2017. Disponible sur : https://www.thebureauinvestigates.com [consulté le 4 juin 2025] ; Occupational Safety and Health Administration, "Safety and Health Guide for the Meatpacking Industry" (Guide de sécurité et de santé pour l'industrie du conditionnement de la viande), US Department of Labor, 1988. Disponible sur : https://www.osha.gov [consulté le 4 juin 2025] ; Matt McConnell, 'When We're Dead and Buried, Our Bones Will Keep

Hurting': Workers Rights Under Threat in US Meat and Poultry Plants" (Quand nous serons morts et enterrés, nos os continueront de nous faire souffrir : les droits des travailleurs menacés dans les usines de transformation de viande et de volaille aux États-Unis), Human Rights Watch, 4 septembre 2019. Disponible sur : https://www.hrw.org [consulté le 4 juin 2025] ; Mercy For Animals, "JBS Torture" (Torture JBS), juillet 2018. Disponible sur : https://jbstorture.com/ [consulté le 4 juin 2025] ; Mercy For Animals, "Undercover Investigations" (Enquêtes sous couverture), 29 juillet 2022. Disponible sur : https://mercyforanimals.org [consulté le 4 juin 2025].

58 David Irvin, "Control Debate, Growers Advised" (Les producteurs conseillent de contrôler le débat), *Arkansas-Democrat Gazette*, Northwest Arkansas edition vol. 2, 2007. Disponible sur : https://scholar.google.com [consulté le 4 juin 2025].

59 Cité dans l'ouvrage de Joan Dunayer, *Animal Equality: Language and Liberation* (*Égalité animale : Langage et libération*, 2001, pas de traduction française), 138.

60 Dunayer, *Animal Equality* (*Égalité animale*), 137.

61 Dunayer.

62 Cité dans l'ouvrage de Fiddes, *Meat* (*La viande*), 96.

63 Welfarm, Spécial Salon de l'agriculture : les chiffres de l'élevage en France, le 23 février 2024 (sur les chiffres de 2022). Disponible sur : https://welfarm.fr [consulté le 9 juillet 2025].

64 Michael Pollan, *The Omnivore's Dilemma: A Natural History of Four Meals* (*Le dilemme de l'omnivore : une histoire naturelle de quatre repas*, 2006, pas de traduction française), 72.

65 Temple Grandin, "Evaluation of the Welfare of Cattle Housed in Outdoor Feedlot Pens" (Évaluation du bien-être des bovins logés dans des parcs d'engraissement extérieurs), *Veterinary and Animal Science* 1-2, 2016, pages 23 à 28. Disponible sur : https://www.sciencedirect.com [consulté le 4 juin 2025].

66 Pollan, *The Omnivore's Dilemma* (*Le dilemme de l'omnivore*), 69.

67 Voir Clyde Lane, Richard Powell, Brian White et Steve Glass, "Castration of Beef Calves" (Castration des veaux de boucherie), *TheBeefSite.com: The Website for the Global Beef Industry*, 1 mars 2007. Disponible sur : https://www.thebeefsite.com [consulté le 4 juin 2025].

68 Michael Pollan, "Power Steer" (Direction assistée), *New York Times*, section 6, 31 mars 2002. Disponible sur : https://www.nytimes.com [consulté le 4 juin 2025]; Institute for Agriculture and Trade Policy, "Pollution from Giant Livestock Farms Threatens Public Health" (La pollution des grandes fermes d'élevage menace la santé publique), *National Resources Defense Council*, 25 juillet 2001. Disponible sur : https://www.iatp.org [consulté le 4 juin 2025] ; Associated Press, "Nebraska Beef Recalls 1.2 Million Pounds of Meat" (Nebraska Beef rappelle 1,2 million de livres de viande), *Fox News*, 9 août 2008. Disponible sur : https://www.foxnews.com [consulté le 4 juin 2025].

69 Eilish Lynch, Mark McGee et Bernadette Earley, "Weaning Management of Beef Calves with Implications for Animal Health and Welfare" (Gestion du sevrage des veaux de boucherie et implications pour la santé et le bien-être des animaux),

*Journal of Applied Animal Research* 47, 7 mars 2019, pages 167 à 175. Disponible sur : https://www.tandfonline.com [consulté le 4 juin 2025] ; Daniel Enriquez, Maria J. Hötzel et Rodolfo Ungerfeld, "Minimising the Stress of Weaning of Beef Calves: A Review" (Minimiser le stress du sevrage des veaux de boucherie : une étude), *Acta Veterinaria Scandinavica* 53, 13 mai 2011, article 28. Disponible sur : https://actavetscand.biomedcentral.com [consulté le 4 juin 2025] ; Carolyn Stull, Sheila Berry et Wayne Jensen, eds., *Beef Care Practices* (Pratiques de soins aux bovins, pas de traduction française), Publication 8257, Davis : University of California, 2007 ; Chaire bien-être animal, Les veaux sont séparés de leur mère dès la naissance : VRAI ou FAUX ?, 13 mai 2024. Disponible sur : https://chaire-bea.vetagro-sup.fr [consulté le 9 juillet 2025].

70 Stan Smith, "Why Consider Backgrounding a Calf?" (Pourquoi envisager la mise en place d'un contexte pour un veau ?), Ohio Beef Cattle Letter, The Ohio State University, 28 août 2019. Disponible sur : https://u.osu.edu [consulté le 4 juin 2025] ; US Department of Agriculture, "USDA Chief Scientist Statement on WHO Guidelines on Antibiotics" (Déclaration du scientifique en chef de l'USDA concernant les directives de l'OMS sur les antibiotiques), 7 novembre 2017. Disponible sur : https://www.usda.gov [consulté le 4 juin 2025] ; Economic Research Service, "Sector at a Glance: U.S. Cattle Production and U.S. Beef and Cattle Trade" (Le secteur en un coup d'œil : production bovine américaine et commerce de bœuf et de bovins aux États-Unis), US Department of Agriculture, mis à jour le 22 mai 2025. Disponible sur : https://www.ers.usda.gov [consulté le 4 juin 2025].

71 J. E. Lombard, C. B. Tucker, M. A. G. von Keyserlingk, C. A. Kopral et D. M. Weary, "Associations Between Cow Hygiene, Hock Injuries and Free Stall Usage on US Dairy Farms" (Associations entre l'hygiène des vaches, les blessures aux jarrets et l'utilisation des stalles libres dans les fermes laitières américaines), *Journal of Dairy Science* vol. 93, n° 10, octobre 2010, pages 4668 à 4676. Disponible sur : https://www.sciencedirect.com [consulté le 4 juin 2025] ; James Drouillard, "Current Situation and Future Trends for Beef Production in the United States of America—A Review" (Situation actuelle et tendances futures de la production de viande bovine aux États-Unis d'Amérique — Un bilan), *Asian-Australasian Journal of Animal Sciences* vol. 31, n° 7, juin 2018, pages 1007 à 1016, Figure 2. Disponible sur : https://pmc.ncbi.nlm.nih.gov [consulté le 4 juin 2025] ; Temple Grandin, "Euthanasia and Slaughter of Livestock" (Euthanasie et abattage du bétail), *Journal American Veterinary Medical Association* vol. 204, 1994, pages 1354 à 1360. Disponible sur : https://www.grandin.com [consulté le 4 juin 2025] ; Chiara Disanto, Giuseppe Celano, Michele Varvara, Nunziana Fusiello, Armida Fransvea, Giancarlo Bozzo et Gaetano Vitale Celano, "Stress Factors During Cattle Slaughter" (Facteurs de stress lors de l'abattage des bovins), *Italian Journal of Food Safety* vol. 3, n° 3, 2014, page 1682. Disponible sur : https://pmc.ncbi.nlm.nih.gov [consulté le 4 juin 2025].

72 Eisnitz, *Slaughterhouse* (*Abattoir*), 46.

73 Eisnitz, 43-44.

74 Schlosser, *Fast Food Nation.*

75 Joby Warrick, "They Die Piece by Piece: in Overtaxed Plants, Humane Treatment of Cattle Is Often a Battle Lost" (Ils meurent morceau par morceau : dans les usines surchargées, le traitement humain du bétail est souvent un combat perdu d'avance), *The Washington Post*, 9 avril 2001. Disponible sur : https://www.washingtonpost.com [consulté le 4 juin 2025].

76 Voir Sandra Blakeslee, “Minds of Their Own: Birds Gain Respect” (Un esprit bien à eux : les oiseaux se font respecter), *The New York Times*, 1er février 2005. Disponible sur : https://www.nytimes.com [consulté le 4 juin 2025] ; L214, Poules pondeuses : intelligence et vie sociale, n.d. Disponible sur : https://www.l214.com [consulté le 9 juillet 2025].

77 L214, « Les chiffres clés de la souffrance animale : animaux abattus en France”, 2023. Disponible sur : https://www.l214.com [consulté le 9 juillet 2025] ; National Agriculture Statistics Service, “Poultry—Production and Value, 2024 Summary” (Volaille — Production et valeur, résumé 2024), Washington, DC: USDA, 2025. Disponible sur : https://usda.library.cornell.edu [consulté le 4 juin 2025].

78 University of Arkansas, “Poultry Feed Efficiency Research Has Implications for Human Health” (La recherche sur l'efficacité alimentaire des volailles a des répercussions sur la santé humaine), 4 janvier 2018. Disponible sur : https://news.uark.edu [consulté le 4 juin 2025].

79 Poultry Service Association, “Poultry Handling and Transportation Manual” (Manuel de manutention et de transport des volailles), Ontario, Canada, Poultry Service Association, 2017. Disponible sur : https://www.poultryserviceassociation.com [consulté le 4 juin 2025] ; Toby G. Knowles, Steve C. Kestin, Susan M. Haslam, Steven N. Brown, Laura E. Greenandrew Butterworth, Stuart J. Pope, Dirk Pfeiffer et Christine J. Nicol, “Leg Disorders in Broiler Chickens: Prevalence, Risk Factors and Prevention” (Troubles des pattes chez les poulets de chair : prévalence, facteurs de risque et prévention), PLOS One vol. 3, nº 2, 6 février 2008. Disponible sur : https://journals.plos.org [consulté le 4 juin 2025] ; L214, Poulets de chair : l'abattage, n.d. Disponible sur : https://www.l214.com [consulté le 9 juillet 2025] ; Fondation 30 millions d'amis, « On entend les pattes des poulets se briser » : un employé d'un élevage de la marque DUC témoigne, 19 novembre 2025. Disponible sur : https://www.30millionsdamis.fr [consulté le 9 juillet 2025].

80 National Chicken Council, “Animal Welfare for Broiler Chickens” (Bien-être animal pour les poulets de chair), n.d. Disponible sur : https://www.nationalchickencouncil.org [consulté le 4 juin 2025].

81 Peter Singer, *La Libération animale*, édition définitive (Payot, 2024).

82 Union of Concerned Scientists (Union des scientifiques inquiet·ète·s), “USDA Increases Line Speeds, Endangering Poultry Processing Plant Workers” (L'USDA augmente la cadence des chaînes de production, mettant en danger les travailleurs des usines de transformation de volaille), 9 janvier 2019. Disponible sur : https://www.ucs.org [consulté le 4 juin 2025].

83 Josh Balk, “COK Investigation Exposes Chicken Industry Cruelty; Undercover Footage of Perdue Slaughter Plant Reveals Routine Abuse” (L'enquête de COK révèle la cruauté de l'industrie du poulet ; des images d'infiltration de l'usine d'abattage de Perdue révèlent des abus routiniers), *Compassion Over Killing*. Disponible sur : https://animaloutlook.org/ [consulté le 4 juin 2025].

84 Helen Harrison, “Why Infant Surgery without Anesthesia Went Unchallenged” (Pourquoi la chirurgie infantile sans anesthésie n'a pas été contestée), *New York Times*, 17 décembre 1987. Disponible sur : https://www.nytimes.com [consulté le 4 juin 2025].

85 Lindsey Beaver, “Switzerland Bans Boiling Live Lobsters, but Scientists Wonder Why” (La Suisse interdit de faire bouillir les homards vivants, mais les scientifiques s’interrogent sur les raisons de cette interdiction), *Washington Post*, reprit par le *New Zealand Herald*, 14 janvier 2018. Disponible sur : https://www.nzherald.co.nz [consulté le 4 juin 2025].

86 Rebecca Morelle, “Further Evidence Crabs and Other Crustaceans Feel Pain” (D’autres preuves que les crabes et autres crustacés ressentent la douleur), *BBC News*, 17 janvier 2013. Disponible sur : https://www.bbc.com [consulté le 4 juin 2025].

87 Pour plus d’informations sur les études de la douleur discutées dans cette section, voir K. J. S. Anand, D. Philand et P. R. Hickey, “Pain and Its Effects in the Human Neonate and Fetus” (La douleur et ses effets chez le nouveau-né et le fœtus humains), The Circumcision Reference Library (CIRP, La bibliothèque de référence sur la circoncision), 5 septembre 2006. Disponible sur : https://pubmed.ncbi.nlm.nih.gov [consulté le 4 juin 2025] ; K. J. S. Anand, D. Philand et P. R. Hickey. “Pain and its Effects in the Human Neonate and Fetus” (La douleur et ses effets chez le nouveau-né et le fœtus humains), *New England Journal of Medicine* 317, nº 21, novembre 1987, pages 1321 à 1329. Disponible sur : https://www.bbc.com [consulté le 4 juin 2025] ; Liz Austin, “Whole Foods Market Bans Sale of Live Lobsters” (Whole Foods Market interdit la vente de homards vivants), *NBC News*, 16 juin 2006. Disponible sur : https://www.nbcnews.com [consulté le 4 juin 2025] ; David B. Chamberlain, “Babies Remember Pain” (Les bébés se souviennent de la douleur), CIRP.org: The Circumcision Reference Library, 15 décembre 2006. Disponible sur : https://www.cirp.org [consulté le 4 juin 2025] ; J. P. Chambers et autres, “Self-Selection of the Analgesic Drug Carprofen by Lame Broiler Chickens” (Autosélection du médicament analgésique Carprofen par les poulets à griller boiteux), *Veterinary Record* 146, nº 11, 2000, pages 307 à 311. Voir aussi Mary T. Phillips, “Savages, Drunksand Lab Animals: The Researcher’s Perception of Pain” (Sauvages, ivrognes et animaux de laboratoire : la perception de la douleur par les chercheurs), *Society and Animals* 1, nº 1, 1993, pages 61 à 81.

88 Wasley et Jones, “Suffocation, Scalding, Heat Stress” (Suffocation, brûlure, stress thermique).

89 Joel L. Greene et Tadlock Cowan, “Table Egg Production and Hen Welfare: Agreement and Legislative Proposals” (Tableau de production d’œufs et bien-être des poules : accord et propositions législatives), Washington, DC: *Congressional Research Service*, 14 février 2014. Disponible sur : https://sgp.fas.org [consulté le 4 juin 2025].

90 Joel L. Greene et Tadlock Cowan, “How Hens Are Confined” (Comment les poules sont-elles enfermées ?), *New York Times*, 14 août 2010. Disponible sur : https://archive.nytimes.com [consulté le 4 juin 2025] ; L214, Poules pondeuses : l’élevage en cage, n.d. Disponible sur : https://www.l214.com [consulté le 11 juillet 2025].

91 Pour plus d’informations sur les cages de batterie aux États-Unis, voir : Martin Hickman, “The End of Battery Farms in Britain—but Not Europe” (La fin des fermes en batterie en Grande-Bretagne, mais pas en Europe), *Independent*, 27 décembre 2011. Disponible sur : https://www.independent.co.uk [consulté le 4 juin 2025] ; Mattha Busby, “EU Imposes Hen Welfare Standards on Egg Imports for the First Time” (L’UE impose pour la première fois des normes de bien-être des poules aux importations d’œufs), *Guardian*, 2 octobre 2019. Disponible sur : https://www.theguardian.com [consulté le 4 juin 2025] ; Kelsey Piper, “Egg-Laying Hens Live in Horrific Conditions. Washington State Just Passed a Law to Change That” (Les poules pondeuses vivent dans des conditions horribles. L’État de Washington vient d’adopter une loi pour

changer cela.), *Vox*, 10 mai 2019. Disponible sur : https://www.vox.com [consulté le 4 juin 2025].
Pour plus d'informations sur les cages de batterie en France, voir : L214, Poules pondeuses : distributeurs et sociétés ayant banni les œufs de batterie, n.d. Disponible sur : https://www.l214.com [consulté le 11 juillet 2025] ; Audrey Garric, L'industrie alimentaire se détourne en masse des œufs de poules en cage, *Le Monde*, 9 janvier 2017. Disponible sur : https://www.lemonde.fr [consulté le 11 juillet 2025] ; Frédéric Mouchon, Les poules en batterie, c'est bientôt fini, *Le Parisien*, 14 avril 2017. Disponible sur : https://www.leparisien.fr [consulté le 11 juillet 2025].

92 M. M. Bain, Y. Nysand et I. C. Dunn, "Increasing Persistency in Lay and Stabilising Egg Quality in Longer Laying Cycles. What Are the Challenges?" (Augmenter la persistance de la ponte et stabiliser la qualité des œufs dans les cycles de ponte plus longs. Quels sont les défis à relever ?), *British Poultry Science* 57, n° 3, 2016, pages 330 à 338. Disponible sur : https://pmc.ncbi.nlm.nih.gov [consulté le 4 juin 2025] ; M. N. Romanov et S. Weigend, "Breeding and Genetics: Analysis of Genetic Relationships between Various Populations of Domestic and Jungle Fowl Using Microsatellite Markers" (Élevage et génétique : analyse des relations génétiques entre diverses populations de poules domestiques et de poules sauvages à l'aide de marqueurs microsatellites), *Poultry Science* 80, n° 8, 2001, pages 1057 à 1063. Disponible sur : https://www.sciencedirect.com [consulté le 4 juin 2025].

93 Rodrigo A. Espinosa, "Prolapse of the Oviduct in Poultry" (Prolapse of the Oviduct in Poultry), *MSD Manual Veterinary Manual*, mis à jour en septembre 2024. Disponible sur : https://www.msdvetmanual.com [consulté le 4 juin 2025].

94 U.S. Departement of Agriculture, "Poultry Industry Manual: FAD PRep—Foreign Animal Disease Preparedness and Response Plan" (Manuel de l'industrie avicole : PRep-Maladies animales exotiques — Plan de préparation et d'intervention en cas de maladies animales exotiques), 2013 (mis à jour le 2 mai 2025). Disponible sur : https://www.aphis.usda.gov [consulté le 4 juin 2025] ; Compassion in World Farming, "The Life of: Laying Hens" (La vie des : poules pondeuses), Farm Animal Welfare Compendium, 1er mars 2012. Disponible sur : https://www.ciwf.org.uk [consulté le 4 juin 2025] ; Cynthia Schuck-Paim, Elsa Negro-Calduch et Wladimir J. Alonso, "Laying hen mortality in different indoor housing systems: a meta-analysis of data from commercial farms in 16 countries" (Mortalité des poules pondeuses dans différents systèmes d'élevage en intérieur : méta-analyse de données provenant d'élevages commerciaux de 16 pays), *Scientific Reports*, 11, 2021. Disponible sur : https://www.nature.com [consulté le 11 juillet 2025].

95 Jia-rui Chong, "Wood-Chipped Chickens Fuel Outrage" (Les poulets déchiquetés suscitent l'indignation), *Los Angeles Times*, 22 novembre 2003. Disponible sur : https://www.latimes.com [consulté le 4 juin 2025].

96 Pour plus d'informations sur l'élevage des vaches laitières aux États-Unis, voir : Lombard et autres, "Associations between Cow Hygiene, Hock Injuries and Free Stall Usage" (Liens entre l'hygiène des vaches, les lésions du jarret et l'utilisation des stalles libres), *Journal of Dairy Science* 93, n° 10, octobre 2010, pages 4668 à 4676. Disponible sur : https://www.sciencedirect.com [consulté le 4 juin 2025] ; Albert De Vries, Hailegziabher Dechassa et Henk Hogeveen, "Economic Evaluation of Stall Stocking Density of Lactating Dairy Cows" (Évaluation économique de la densité de chargement des vaches laitières en lactation), *Journal of Dairy Science* 99, n° 5, 2016, pages 3848 à 3857. Disponible sur : https://www.sciencedirect.com [consulté le 4 juin 2025].

Pour plus d'informations sur l'élevage des vaches laitières en France, voir : Compassion in World Farming France (CIWF France), Veaux et vaches laitières, mis à jour en 2024. Disponible sur : https://www.ciwf.fr [consulté le 11 juillet 2025] ; Chaire bien-être animal et VetAgro Sup, Fiche élevage — Tout savoir sur l'élevage de vaches laitières !, 14 février 2023. Disponible sur : https://chaire-bea.vetagro-sup.fr [consulté le 11 juillet 2025].

97 American Cancer Society, "Recombinant Bovine Growth Hormone", mis à jour le 29 mai 2024. Disponible sur : https://www.cancer.org [consulté le 4 juin 2025] ; US Department of Agriculture, "Dairy 2014: Health and Management Practices on U.S. Dairy Operations", *Fort Collins CO: USDA*, 2014. Disponible sur : https://www.aphis.usda.gov [consulté le 4 juin 2025] ; Cordis, "Development of a unique means of detecting and proving illegal administration of recombinant somatotropin in dairy cows" (Mise au point d'un moyen unique de détecter et de prouver l'administration illégale de somatotropine recombinante chez les vaches laitières, résultats en bref disponibles en français), *Commission européenne*, mis à jour le 15 mai 2015. Disponible sur : https://cordis.europa.eu [consulté le 11 juillet 2025].

98 US Department of Agriculture, "Dairy 2014 ; Institute of Agriculture and Natural Resources, Pregnant Cows, Timing of Pregnancy, Open Cows, Pregnancy Rate" (Produits laitiers 2014 ; Institut de l'agriculture et des ressources naturelles, Vaches gestantes, moment de la gestation, vaches ouvertes, taux de gestation), University of Nebraska-Lincoln, n.d. Disponible sur : https://beef.unl.edu [consulté le 4 juin 2025] ; ministère de l'Agriculture et de la Souveraineté alimentaire, Le bien-être et la protection des vaches laitières, 28 février 2019. Disponible sur : https://agriculture.gouv.fr [consulté le 11 juillet 2025].

99 Pour plus d'informations sur l'alimentation des vaches laitières aux États-Unis, voir : John Dhuyvetter, "Feeding Grain to Stock Cows" (Alimentation en céréales des vaches d'élevage), North Dakota State University, n.d. Disponible sur : https://www.ndsu.edu [consulté le 4 juin 2025] ; Ron Scott, "Why Feed High-Fat Cattle Supplements" (Pourquoi donner des suppléments aux bovins à forte teneur en matières grasses ?), *Purina Animal Nutrition*, n.d. Disponible sur : https://www.purinamills.com [consulté le 4 juin 2025] ; US Food & Drug Administration, "Feed Ban Enhancement: Implementation Questions and Answers" (Amélioration de l'interdiction d'alimentation : questions et réponses sur la mise en œuvre), n.d. Disponible sur : https://www.fda.gov [consulté le 4 juin 2025].
Pour plus d'informations sur l'alimentation des vaches laitières en France, voir : Centre national interprofessionnel de l'économie laitière (CNIEL), L'économie laitière en chiffres, rapport 2024. Disponible sur : https://www.cniel.com [consulté le 11 juillet 2025].

100 Food Safety and Inspection Service, "Veal from Farm to Table" (Le veau de la ferme à la table), *US Department of Agriculture*, 6 août 2013. Disponible sur : https://www.fsis.usda.gov [consulté le 4 juin 2025] ; L214, Bovins : l'élevage des veaux laitiers, n.d. Disponible sur : https://www.l214.com [consulté le 11 juillet 2025].

101 Julie Føske Johnsen et autres, "The Effect of Nursing on the Cow- Calf Bond" (L'effet de l'allaitement sur le lien vache-veau), *Applied Animal Behavior Science*, 2014, page 74. Disponible sur : https://www.researchgate.net [consulté le 4 juin 2025] ; Melissa C. Cantor, Heather W. Neaveand et Joao H.C. Costa, "Current Perspectives on the Shortand Long-Term Effects of Conventional Dairy Calf Raising Systems: A Comparison with the Natural Environment" (Perspectives actuelles sur les effets à court et à long terme des systèmes conventionnels d'élevage des vaches laitières :

comparaison avec l'environnement naturel), Translational Animal Science, nº 1, 2019, pages 549 à 563. Disponible sur : https://pubmed.ncbi.nlm.nih.gov [consulté le 4 juin 2025] ; Kamil Hakan Dogan et Serafettin Demirci, "Livestock-Handling Related Injuries and Deaths" (Blessures et décès liés à la manipulation du bétail), Livestock Production, ed. Khalid Javed, *IntechOpen*, 24 octobre 2012. Disponible sur : https://www.intechopen.com [consulté le 4 juin 2025].

102 Pour plus d'informations sur la provenance de la viande bovine aux États-Unis, voir : N. M. Nor, W. Steeneveldand et H. Hogeveen, "The Average Culling Rate of Dutch Dairy Herds over the Years 2007 to 2010 and Its Association with Herd Reproduction, Performance and Health" (Le taux de réforme moyen des troupeaux laitiers néerlandais au cours des années 2007 à 2010 et son association avec la reproduction, la performance et la santé du troupeau), *Journal of Dairy Research* 81, nº 1, février 2014, pages 1 à 8. Disponible sur : https://pubmed.ncbi.nlm.nih.gov [consulté le 4 juin 2025].
Pour plus d'informations sur la provenance de la viande bovine en France, voir : Confédération nationale de l'élevage, Les chiffres clés du GEB — Bovins 2019, productions lait et viande, *Idele*, 2019. Disponible sur : https://idele.fr [consulté le 11 juillet 2025].

103 Wyatt Bechtel, "Dairy Cattle Beef Up Beef Industry" (Les bovins laitiers stimulent l'industrie de la viande bovine), *Dairy Herd*, 19 novembre 2020. Disponible sur : https://www.dairyherd.com [consulté le 4 juin 2025] ; Julien Jurquet, Amandine Launay, Terence Dechaux, Sandra Dominique, Hélène Croiseau-Leclerc, Philippe Roussel et Gilles Thomas, 3R2024 — Quelle longévité des vaches laitières françaises ? État des lieux et perspectives, *Idele*, 5 février 2025. Disponible sur : https://idele.fr [consulté le 11 juillet 2025].

104 The Human League, Veal: what animal does it come from and why is it cruel?, 5 octobre 2021. Disponible sur : https://thehumaneleague.org [consulté le 16 juillet 2025].

105 Josh Stull, "USDA Proposes Changes to Improve Humane Handling of Veal Calves" (L'USDA propose des changements pour améliorer la manipulation humaine des veaux de boucherie), Food Safety and Inspection Service, *US Department of Agriculture*, 8 mai 2015.Disponible sur : https://www.fsis.usda.gov [consulté le 4 juin 2025] ; Marie-José Cougard, Bien-être animal : l'Europe recommande de ne plus séparer les veaux de leur mère, *Les Échos*, 29 mars 2023. Disponible sur : https://www.lesechos.fr [consulté le 16 juillet 2025].

106 CattleUSA.com, "Live Cattle Auctions" (Vente aux enchères de bétail vivant), n.d. Disponible sur : https://www.cattleusa.com [consulté le 4 juin 2025] ; Empire Livestock Marketing, disponible sur : https://empirelivestock.com/ [consulté le 4 juin 2025] ; Lanesboro Sales Commission, disponible sur : https://www.lanesborosalescommission.com/ [consulté le 4 juin 2025] ; Delphine Scohy, Veau laitier de 15 jours : un prix minimum de 200 € pour 70 % des éleveurs, *Web-agri*, 25 mars 2025. Disponible sur : https://www.web-agri.fr [consulté le 16 juillet 2025].

107 CalfCare.ca, "Preventing Navel Infections in Newborn Calves" (Prévention des infections du nombril chez les veaux nouveau-nés), 1er août 2019. Disponible sur : https://calfcare.ca [consulté le 4 juin 2025].

108 American Veterinary Medical Association, "Welfare Implications of the Veal Calf Husbandry" (Implications de l'élevage des veaux de boucherie en termes de bien-

être),13 octobre 2008. Disponible sur : https://www.avma.org [consulté le 4 juin 2025]. Food Safety and Inspection Service, US Department of Agriculture, “Veal from Farm to Table" (Le veau, de la ferme à la table), 5 mars 2020. Disponible sur : https://www.fsis.usda.gov [consulté le 4 juin 2025].

109 Food Safety and Inspection Service, Livestock Slaughter Inspection Training, “Human Handling of Livestock and Good Commercial Practices in Poultry” (Manipulation humaine du bétail et bonnes pratiques commerciales dans le secteur de la volaille), 4 septembre 2019. Disponible sur : https://www.fsis.usda.gov [consulté le 4 juin 2025] ; Code rural et de la pêche maritime, Article R214-64, *Légifrance*, dernière modification le 17 mai 2011. Disponible sur : https://www.legifrance.gouv.fr [consulté le 4 juin 2025].

110 Eisnitz, *Slaughterhouse* (*Abattoir*), 43.

111 Pour plus d’informations sur les capacités cognitives des animaux marins, voir le site de la Humane Society of the United States, disponible sur : https://www.humanesociety.org [consulté le 5 juin 2025] ; Culum Brown, Kevin Laland et Jens Krause (eds.), *Fish Cognition and Behavior* (*Cognition et comportement des poissons*, 2006, pas de traduction française), ou Sébastien Moro, *Les Paupières des poissons*, Éditions La Plage, 2018 ou encore Jonathan Balcombe, *À quoi pensent les poissons ?*, Éditions La Plage, 2018, pour une discussion approfondie sur les capacités cognitives des poissons ; Jeffrey Masson, *The Face on Your Plate: The Truth about Food* (*Le Visage de votre assiette : la vérité à propos de la nourriture*, 2009, pas de traduction française, mais voir du même auteur : *La Vie émotionnelle des animaux de la ferme*, Albin Michel, 2020).

112 Agence France-Presse, “Italy: City Wants Happier Goldfish” (Italie : une ville veut des poissons rouges plus heureux), *New York Times*, 24 juillet 2004. Disponible sur : https://www.nytimes.com [consulté le 4 juin 2025].

113 Pour plus d’informations dans cette section sur la sentience des animaux marins, voir “Fish May Actually Feel Pain and React to It Much Like Humans Do” (Les poissons pourraient en réalité ressentir la douleur et y réagir de la même façon que les humains), *ScienceDaily*, 1er mai 2009. Disponible sur : http://www.sciencedaily.com [consulté le 4 juin 2025]. Cet article décrit en détail l’étude sur la réaction des poissons rouges à l’augmentation des températures ; Axelle Playoust-Braure « Souffrance des poissons : la petite cause qui monte, qui monte, qui monte…», *L’ADN*, 2 juillet 2024. Disponible sur : https://www.ladn.eu/ [consulté le 4 juin 2025], qui évoque la prise de conscience face à la douleur ressentie par les poissons, jusqu’alors très marginalisée ; New York University, *The New York Declaration on Animal Consciousness*, 19 avril 2024. Disponible sur : https://sites.google.com/nyu.edu/ [consulté le 4 juin 2025]. Cette déclaration, co-signée par de très nombreux·se chercheur·se·s, professeurs, philosophes soucieux·se de la cause animale, vient affirmer qu’il existe de solides preuves attribuant une expérience consciente à d’autres mammifères et aux oiseaux, mais aussi qu’il existe des preuves empiriques d’une possibilité réaliste d’une expérience consciente chez les vertébrés et de nombreux invertébrés et que dès lors qu’il s’agit d’une possibilité envisageable, il est « irresponsable d’ignorer cette possibilité dans les décisions qui les concernent ». Ainsi, selon cette déclaration, nous ne pouvons pas agir envers les animaux de façon irresponsable comme s’ils n’étaient pas potentiellement sentients. Elle vient s’inscrire dans la complémentarité de la déclaration de Cambridge sur la conscience en 2012. Questions pour Marie-Laure Bégout, La douleur et la souffrance des poissons sont-elles suffisamment considérées en aquaculture et pêche ?, *Ifremer*, 9 avril 2024. Disponible sur : https://www.ifremer.fr [consulté le 4 juin 2025].

114 Harish, How Many Animals Does a Vegetarian Save? (Combien d'animaux un végétarien sauve-t-il ?) ; L214, « Les chiffres clés de la souffrance animale : animaux abattus en France », 2023. Disponible sur : https://www.l214.com [consulté le 20 juin 2025] ; Antigaspi — fonds de dotation, Pertes et gaspillages dans la filière pêche et aquaculture, état des lieux du bateau jusqu'à l'assiette, *Actu-environnement*, 2025. Disponible sur : https://www.actu-environnement.com [consulté le 16 juillet 2025].

115 Pour obtenir des renseignements sur la pêche commerciale et la pêche agricole, voir Ken Jacobsen et Linda Riebel, *Eating to Save the Earth: Food Choices for a Healthy Planet* (*Manger pour sauver la planète : les choix alimentaires pour une planète en bonne santé*, 2002, pas de traduction française) ; Erik Marcus, *Meat Market: Animals, ethics and Money* (*Le marché de la viande : animaux, éthique et argent*, 2005, pas de traduction française) ; Masson, *The Face on Your Plate* (*Le Visage dans votre assiette*) ; Harish, How Many Animals Does a Vegetarian Save? (Combien d'animaux un végétarien sauve-t-il ?).

116 Food and Agriculture Organization of the United Nations, "The State of World Fisheries and Aquaculture: Meeting the Sustainable Development Goals", (La situation mondiale des pêches et de l'aquaculture : atteindre les objectifs de développement durable), 2024. Disponible sur : https://www.fao.org [consulté le 16 juillet 2025] ; Mukhisa Kituyi et Peter Thomson, "90% of fish stocks are used up - fisheries subsidies must stop" (90 % des stocks halieutiques sont épuisés : il faut mettre fin aux subventions à la pêche), *UNCTAD* (échanges et développement des Nations Unies development), 13 juillet 2018. Disponible sur : https://unctad.org [consulté le 4 juin 2025] ; WWF, Favoriser une pêche et une aquaculture durables, 2020. Disponible sur : https://www.wwf.fr [consulté le 16 juillet 2025].

117 Food and Agriculture Organization of the United Nations, "The State of World Fisheries and Aquaculture" (La situation mondiale des pêches et de l'aquaculture) ; Kituyi et Thomson, "90% of Fish Stocks Are Used Up" (90 % des stocks halieutiques sont épuisés) ; Amy McDermott, "We Waste Almost Half of What We Catch: 5 Reasons That's Disastrous for the Oceans" (Nous gaspillons près de la moitié de nos prises : 5 raisons pour lesquelles c'est désastreux pour les océans), Oceana, 20 septembre 2017. Disponible sur : https://oceana.org [consulté le 4 juin 2025] ; Kieran Kelleher, Les rejets des pêcheries maritimes mondiales, une mise à jour, *Département des pêches et de l'aquaculture de la FAO*, 2008. Disponible sur : https://www.fao.org [consulté le 16 juillet 2025].

118 Amanda Keledgian et al., "Wasted Catch: Unsolved Problems in U.S. Fisheries" (Prises gaspillées : problèmes non résolus dans les pêcheries américaines), *Oceana*, 2014. Disponible sur : http://www.widecast.org [consulté le 4 juin 2025] ; R. W. D. Davies, S. J. Cripps, A. Nicksonet G. Porter, "Defining and Estimating Global Marine Fisheries Bycatch" (Définition et estimation des prises accessoires mondiales dans les pêches maritimes), *Marine Policy* 33, n° 4, 2009, pages 661 à 672, [consulté le 4 juin 2025] ; Questions à Youen Vermard, Pêche : peut-on mettre fin aux prises accessoires ?, *Ifremer*, 4 février 2022. Disponible sur : https://www.ifremer.fr [consulté le 16 juillet 2025].

119 Ret Talbot, "'Holy Grail' Test for Illegal Cyanide-Caught Aquarium Fish May Be Fatally Flawed" (Le test ultime pour détecter les poissons d'aquarium capturés illégalement à l'aide de cyanure pourrait être gravement défaillant), *National Geographic*, 25 juin 2018. Disponible sur : https://www.nationalgeographic.com [consulté le 4 juin 2025] ; Jani Actman, "Watch Fishermen Bomb Their Catch Out of the Water" (Des pêcheurs utilisent des bombes pour attraper les poissons et les faire sortir de l'eau),

*National Geographic*, 3 juin 2016. Disponible sur : https://www.nationalgeographic.com [consulté le 4 juin 2025].
Pour plus d'informations sur les dégâts causés par la pêche, voir : Martine Valo, L'impact élevé de la pêche industrielle sur l'environnement, *Le Monde*, 24 janvier 2024. Disponible sur : https://www.lemonde.fr [consulté le 16 juillet 2025] ; Pascale Moehrle et Dr Monica Verbeek, La crise de la pêche dans l'UE exige des mesures immédiates et non un optimisme déplacé, *Euronews*, 25 janvier 2025. Disponible sur : https://fr.euronews.com [consulté le 16 juillet 2025] ; *28 minutes*, SOS Océan, invitée Claire Nouvian, fondatrice et directrice générale de l'ONG Bloom, Arte, 1er mars 2025. Disponible sur : https://www.arte.tv [consulté le 16 juillet 2025].

120 National Fisheries Institute, "Top 10 Lists for Seafood Consumption" (Top 10 sur la consommation des produits de la mer), 2022. Disponible sur : https://aboutseafood.com [consulté le 16 juillet 2025] ; CIWF France, Des saumons qui ne voient pas la vie en rose, 2 décembre 2024. Disponible sur : https://www.ciwf.fr [consulté le 16 juillet 2025].

121 NOAA Fisheries, "Fisheries of the United States, 2017", Pêcheries des États-Unis, 2017, n.d. Disponible sur : https://www.fisheries.noaa.gov [consulté le 4 juin 2025] ; Food and Agriculture Organization of the United Nations, "The State of World Fisheries and Aquaculture" (La situation mondiale des pêches et de l'aquaculture) ; ministère de la Transition écologique, de la biodiversité, de la forêt, de la mer et de la pêche, *Pêche et aquaculture*, 30 septembre 2024. Disponible sur : https://www.mer.gouv.fr [consulté le 16 juillet 2025].

122 Joel K. Bourne Jr., "How to Farm a Better Fish" (Comment mieux « cultiver » les poissons), *National Geographic*, juin 2014. Disponible sur : https://www.nationalgeographic.com [consulté le 4 juin 2025] ; Celia A. Hoga, Fernanda L. Almeida et Felix G. R. Reyes, "A Review on the Use of Hormones in Fish Farming: Analytical Methods to Determine Their Residues" (Étude de l'utilisation des hormones dans la pisciculture : méthodes analytiques pour déterminer leurs résidus), *CyTA—Journal of Food* 16, 2018, pages 679 à 691. Disponible sur : https://www.tandfonline.com [consulté le 4 juin 2025] ; Samantha Horton, "Indiana Aquafarm Is Approved to Sell Genetically Modified Salmon" (Une ferme d'aquaculture en Indiana obtient l'autorisation de commercialiser du saumon génétiquement modifié), *NPR*, 27 juin 2019. Disponible sur : https://www.npr.org [consulté le 4 juin 2025].

123 Center for Food Safety, "Ocean-Based Fish Farming: Pollution, Pathogens & Environmental Impacts" (Aquaculture marine : pollution, agents pathogènes et impacts environnementaux), 24 mars 2015. Disponible sur : https://www.centerforfood safety.org [consulté le 4 juin 2025]

124 The Humane Society of the United States, "The Welfare of Animals in the Aquaculture Industry" (Le bien être des animaux dans l'industrie de l'aquaculture), 2008, *HSUS REPORTS*. 5. Disponible sur : http://animalstudiesrepository.org [consulté le 16 juillet 2025] ; Becca Franks, Christopher Ewell, Jennifer Jacquet, "Animal welfare risks of global aquaculture" (Risques pour le bien-être des animaux dans l'aquaculture mondiale), *Science Advances*, 2 avril 2021. Disponible sur : https://pmc.ncbi.nlm.nih.gov [consulté le 16 juillet 2025].

125 Dylan Matthews, "Cage-Free, Free Range, Organic: What All Those Egg Labels Really Mean" *Vox*, 19 octobre 2018, https://www.vox.com ; Jennifer Chait, "Is Organic Livestock Production More Humane?" The Balance Small Business, 26 juin 2019, https://www.thebalancesmb.com ; Hannah Farrow, "Cage-free or free-range?

Here's what those egg labels really mean" (Élevées en cage ou en plein air ? Ce que signifient réellement les étiquettes apposées sur les œufs), *National Geographic*, 23 septembre 2023. Disponible sur : https://www.nationalgeographic.com [consulté le 16 juillet 2025] ; Elsa Casalegno, Labels et glossaire de la production et de la consommation, *Que choisir*, 13 mars 2024. Disponible sur : https://www.quechoisir.org [consulté le 16 juillet 2025] ; WWF, Labels alimentaires & signes de qualité : promesses non tenues, une révision s'impose !, 28 septembre 2021. Disponible sur : https://www.wwf.fr [consulté le 16 juillet 2025].

126 Damien McElroy, "Korean Outrage as West Tries to Use World Cup to Ban Dog Eating" (Indignation en Corée alors que l'Occident tente d'utiliser la Coupe du monde pour interdire la consommation de viande de chien), *Telegraph*, 6 janvier 2002. Disponible sur : http://www.telegraph.co.uk [consulté le 4 juin 2025].

127 Heather Brady, Vers une interdiction de la viande de chien en Corée du Sud ?, *National Geographic*, 4 juillet 2018. Disponible sur : https://www.nationalgeographic.fr [consulté le 16 juillet 2025] ; Le Monde avec AFP, En Corée du Sud, le Parlement interdit le commerce de la viande de chien, *Le Monde*, 9 janvier 2024. Disponible sur : https://www.lemonde.fr [consulté le 16 juillet 2025].

128 Schlosser, *Fast Food Nation*.

129 Aux États-Unis, cela constitue 13,2 milliards de dollars par an en subventions agricoles : Adam Andrzejewski, "Mapping the US Farm Subsidy $1M Club" (Cartographie du club des bénéficiaires de subventions agricoles américaines d'un million de dollars), *Forbes*, 14 août 2018. Disponible sur : https://www.forbes.com [consulté le 4 juin 2025] ; Trevor J. Smith, "Corn, Cows and Climate Change: How Federal Agricultural Subsidies Enable Factory Farming and Exacerbate U.S. Greenhouse Gas Emissions" (Maïs, vaches et changement climatique : comment les subventions agricoles fédérales favorisent l'élevage industriel et exacerbent les émissions de gaz à effet de serre aux États-Unis), *Washington Journal of Environmental Law & Policy*, vol. 9, 2019. Disponible sur : https://digital commons.law.uw.edu [consulté le 4 juin 2025]. En France, on retrouve plusieurs données similaires, voir : Transformations de l'agriculture et des consommations alimentaires, *Insee*, édition 2024. Disponible sur : https://www.insee.fr/ [consulté le 19 juin 2025] ; ou des articles très récents : Virginie Monvoisin, 24 abattoirs bretons reçoivent 26,8 millions d'euros de subvention de l'État pour se moderniser, *Le Journal des Entreprises*, 9 mai 2025. Disponible sur : https://www.lejournaldesentreprises.com/ [consulté le 19 juin 2025], une aide donnée pour « améliorer le bien-être animal, les conditions de travail des salariés et préserver l'environnement » selon la Direction régionale de l'alimentation, de l'agriculture et de la forêt de Bretagne (voir le site de la DRAAF : https://draaf.bretagne.agriculture.gouv.fr/) ; Pour les données européennes, voir le rapport de Greenpeace, "Feeding the Problem: The Dangerous Intensification of Animal Farming in Europe" (Alimenter le problème : l'intensification dangereuse de l'élevage en Europe), *Greenpeace European Unit*, 12 février 2019. Disponible sur : https://www.greenpeace.org/ [consulté le 4 juin 2025] ; ainsi que l'article publié en français par Greenpeace à son sujet, Trop de terres agricoles sont destinées à l'élevage en Europe, *Greenpeace*, 12 février 2019, Disponible sur : https://www.greenpeace.fr/ [consulté le 19 juin 2025].

130 Pour plus d'informations sur les conditions de travail dans l'industrie de la transformation de la viande, voir Human Rights Watch, "Blood, Sweat and Fear" (Sang, transpiration et peur), *HRW.org*, 24 janvier 2005. Disponible sur : http://www.hrw.org [consulté le 4 juin 2025] ; Lance Compa et Jamie Fellner, "Meatpacking's Human Toll" (Le bilan humain de l'industrie de la viande), *Washington Post*,

3 août 2005. Disponible sur : http:// www.washingtonpost.com [consulté le 4 juin 2025] ; Megan Feldman, "Swift Meat Packing Plant and Illegal Immigrants" (Usine de conditionnement de viande et sans papiers), Houston Press, 4 avril 2007. Disponible sur : http://www.houstonpress.com [consulté le 4 juin 2025] ; Jeremy Rifkin, *Beyond Beef: The Rise and Fall of the Cattle Culture* (*Au-delà du bœuf, l'essor et le déclin de la culture du bétail*, 1992, pas de traduction française) ; Eric Schlosser, *Fast Food Nation* (Éditions Autrement, 2006). McConnell, ""When We're Dead and Buried, Our Bones Will Keep Hurting" (Quand nous serons morts et enterrés, nos os continueront de nous faire souffrir). Dans cet ouvrage uniquement disponible en anglais, McConnell évoque les nombreux blessés parmi les travailleurs qui emballent la viande, ce qui arrive beaucoup en France aussi, voir : Marion Aquilina, Accident de travail à l'abattoir de Lahontan : l'entreprise béarnaise Fipso jugée pour homicide involontaire, *France bleu*, 13 mai 2024. Disponible sur : https://www.francebleu.fr/ [consulté le 19 juin 2025], article qui fait suite à la mort, en 2019, d'un homme de 59 ans qui avait reçu le bras d'un robot sur la nuque ; Dan Israel, Comment on meurt au travail : le cas emblématique de Tom Le Duault, *Médiapart*, 26 mai 2023. Disponible sur : https://www.mediapart.fr/ [consulté le 19 juin 2025], article relatant la mort, en 2021, d'un étudiant de 18 ans lors de son premier jour de travail dans un abattoir de volaille.

131 Pour plus d'informations sur les effets des CAFO sur la santé humaine, voir Mark Bittman, "Rethinking the Meat-Guzzler" (Repenser la consommation excessive de viande), *New York Times*, 27 janvier 2008. Disponible sur : https://www.nytimes.com [consulté le 9 juin 2025] ; Jennifer Lee, "Neighbors of Vast Hog Farms Say Foul Air Endangers Their Health" (Les voisins de vastes élevages porcins affirment que l'air vicié met leur santé en danger), *New York Times*, 11 mai 2003. Disponible sur : http://www.nytimes.com [consulté le 9 juin 2025] ; Pollan, "Power Steer" (Direction assistée) ; National Resources Defense Council, "Pollution from Giant Livestock Farms Threatens Public Health" (La pollution causée par les élevages industriels menace la santé publique), 15 juillet 2005. Disponible sur : https://www.iatp.org [consulté le 9 juin 2025] ; Johns Hopkins Bloomberg School of Public Health, "Public Health Association Calls for Moratorium on Factory Farms; Cites Health Issues, Pollution" (L'Association pour la santé publique appelle à un moratoire sur les fermes industrielles, invoquant des problèmes sanitaires et la pollution), 9 janvier 2004. Disponible sur : http://www.jhsph.edu [consulté le 9 juin 2025] ; McConnell, "When We're Dead and Buried, Our Bones Will Keep Hurting" (Quand nous serons morts et enterrés, nos os continueront de nous faire souffrir). Pour des sources françaises récentes relatant les séquelles physiques et mentales du travail en abattoir, voir : Audrey Fournier, Employés d'abattoir ou quand le travail rend fou, sur France 2, *Le Monde*, 30 juin 2020. Disponible sur : https://www.lemonde.fr/ [consulté le 19 juin 2025] ; Laura Daniel, « La douleur est normalisée » : ces salariés d'abattoirs témoignent de leurs conditions de travail, *Ouest France*, 17 février 2024. Disponible sur : https://www.ouest-france.fr/ [consulté le 19 juin 2025] ; Nadia Djabali, Abattoirs : « Les salariés qui arrivent à la retraite sont cassés physiquement et psychologiquement », *Force ouvrière*, 26 mars 2017. Disponible sur : https://www.force-ouvriere.fr/ [consulté le 19 juin 2025].

132 McConnell, "When We're Dead and Buried, Our Bones Will Keep Hurting" (Quand nous serons morts et enterrés, nos os continueront de nous faire souffrir).

133 Food Service and Inspection Service, US Department of Agriculture (Service d'inspection et de contrôle des aliments, Département américain de l'agriculture), "Modernization of Swine Slaughter Inspection" (Modernisation de l'inspection des porcs abattus), *Federal Register*, vol. 84, n° 190, 2019, 52300-49, https://www.fsis.usda.gov ; États-Unis : faute de pause, des employés d'abattoirs obligés de porter des couches, *Midi Libre*, 13 mai 2016. Disponible sur : https://www.midilibre.fr/ [consulté le

19 juin 2025] ; Mathieu Blard, Abattoirs : « Derrière la souffrance animale, de la souffrance humaine », *Psychologies*, 4 novembre 2019. Disponible sur : https://www.psychologies.com/ [consulté le 19 juin 2025].

134 Wendee Nicole, “CAFOs and Environmental Justice: The Case of North Carolina” (Les CAFO et la justice environnementale : le cas de la Caroline du Nord), *Environmental Health Perspectives*, vol. 121, n° 6, 2013, a182-a189. Disponible sur : https://www.ncbi.nlm.nih.gov [consulté le 9 juin 2025] ; Amy A. Schultz, Paul Peppard, Ron E. Gangnon et Kristen M. C. Maleckia, “Residential Proximity to Concentrated Animal Feeding Operations and Allergic and Respiratory Disease” (Proximité résidentielle des exploitations d'élevage intensif et maladies allergiques et respiratoires) *Environment International*, vol. 130, 2019, 104911. Disponible sur : https://www.sciencedirect.com [consulté le 9 juin 2025] ; JoAnn Burkholder, Bob Libra, Peter Weyer, Susan Heathcote, Dana Kolpin, Peter S. Thorne et Michael Wichman, “Impacts of Waste from Concentrated Animal Feeding Operations on Water Quality” (Impacts des déchets provenant des élevages intensifs sur la qualité de l'eau), Environmental Health Perspectives, vol. 115, n° 2, 2007, 308-12, https://www.ncbi.nlm.nih.gov. Pour des ressources en français, voir : Vidéo : Les riverains d'un élevage intensif témoignent, *L214*, 12 septembre 2023. Disponible sur : https://www.l214.com/ [consulté le 19 juin 2025] ; Communautés locales en danger, CIWF France. Disponible sur : https://www.ciwf.fr/ [consulté le 19 juin 2025] ; Emilie Torgemen, Virus, pandémies : « L'élevage intensif des animaux constitue une vraie bombe sanitaire », *Le Parisien*, 15 janvier 2021. Disponible sur : https://www.leparisien.fr/ [consulté le 19 juin 2025].

135 Renee Johnson, The U.S.-EU Hormone Dispute (Le différend entre les États-Unis et l'Union européenne sur les hormones), *Congressional Research Service*, 14 janvier 2015. Disponible sur : https://fas.org [consulté le 4 juin 2025].

136 Voir Michael Greger, *Bird Flu: A Virus of Our Own Hatching* (*La grippe aviaire : un virus issu de nos propres couvoirs*, 2006, pas de traduction française) ; Rifkin, *Beyond Beef* (*Au-delà du bœuf*) ; Johnson, The U.S.-EU Hormone Dispute (Le différend entre les États-Unis et l'Union européenne sur les hormones) ; Laurie Fachaux, Viande avariée polonaise : chronique d'un scandale annoncé, *TV5 Monde*, 2 février 2019. Disponible sur : https://information.tv5monde.com/ [consulté le 19 juin 2025] ; La viande avariée était lavée à la javel pour masquer l'odeur putride : une entreprise au cœur d'un scandale sanitaire, *La Dépêche*, 10 avril 2025. Disponible sur : https://www.ladepeche.fr/ [consulté le 19 juin 2025].

137 WGBH Educational Foundation, “What Is HAACP” (Qu'est-ce que le HAACP ?), 27 mars 2009. Disponible sur : http://www.pbs.org [consulté le 4 juin 2025] ; Ou voir l'équivalent français, le ARMPC et ses normes, Règles d'hygiène dans la restauration et les commerces alimentaires, 12 mars 2024. Disponible sur https://entreprendre.service-public.fr/ [consulté le 4 juin 2025]. Voir aussi Rifkin, *Beyond Beef* (*Au-delà du bœuf*) ; Food Service and Inspection Service, US Department of Agriculture, “Modernization of Swine Slaughter Inspection” (Modernisation de l'inspection des cochons abattus).

138 Kimberly Kindy, “Pork Industry Soon Will Have More Power Over Meat Inspections” (L'industrie porcine aura bientôt plus de pouvoir sur les inspections de la viande), *Washington Post*, 3 avril 2019. Disponible sur : https://www.washingtonpost.com [consulté le 4 juin 2025] ; Food Service and Inspection Service, US Department of Agriculture, “Modernization of Swine Slaughter Inspection” (Modernisation de l'inspection des porcs abattus). En France, l'auto-inspection n'est pas aussi normalisée, cependant, certains scandales (comme celui de la viande de cheval) interrogent sur

les contrôles, voir L1214, Contrôles inopérants : et si on taxait la viande ?, 15 février 2013. Disponible sur : https://www.l214.com/ [consulté le 9 juillet 2025].

139 Kindy, “Pork Industry Soon Will Have More Power Over Meat Inspections” (L’industrie porcine aura bientôt plus de pouvoir sur les inspections de la viande) ; McConnell, “When We’re Dead and Buried, Our Bones Will Keep Hurting” (Quand nous serons morts et enterrés, nos os continueront de nous faire souffrir).

140 Morgan Radford et Aaron Franco, “Inspectors Warn Unsafe Pork Could Make Its Way to Consumers Under Trump Rule Change” (Les inspecteurs avertissent que de la viande de porc dangereuse pourrait se retrouver dans les assiettes des consommateurs suite à un changement de réglementation sous Trump), *NBC News*, 17 décembre 2019. Disponible sur : https://www.nbcnews.com [consulté le 4 juin 2025] ; Sentient Media, “The USDA Is Cutting Pig Slaughterhouse Rules: These Groups Are Fighting Back” (L’USDA assouplit les règles relatives aux abattoirs porcins : ces groupes ripostent), 23 décembre 2019. Disponible sur : https://sentientmedia.org [consulté le 4 juin 2025].

141 National Antimicrobial Resistance Monitoring System, 2015 NARMS Integrated Report (Rapport du Système national de surveillance de la résistance aux antimicrobiens, 2015. Disponible sur : https://www.fda.gov [consulté le 4 juin 2025]. En France, les contaminations de la viande par la bactérie E. coli sont également fréquentes, voir Intoxications dues à la bactérie « E. coli » dans l’Aisne : deux nouveaux cas chez des enfants, *Le Monde*, 5 juillet 2025. Disponible sur : https://www.lemonde.fr/ [consulté le 9 juillet 2025]. Cette intoxication, qui a touché une trentaine de personnes et tué une enfant de 11 ans, a été directement liée à la consommation de viande achetée en boucheries selon la préfecture de l’Aisne. Voir aussi E. coli : Des saucisses potentiellement contaminées rappelées partout en France, *20 minutes*, 3 juillet 2025. Disponible sur : https://www.20minutes.fr/ [consulté le 9 juillet 2025] ; Thibaud Hue, Carrefour rappelle de la viande contaminée à la bactérie E. coli vendue dans toute la France, Capital, 19 juillet 2024. Disponible sur : https://www.capital.fr/ [consulté le 9 juillet 2025] ; Après Netto et Leclerc, Cora rappelle de la viande contaminée à la bactérie E. coli, *Ouest France*, 11 juillet 2024. Disponible sur : https://www.ouest-france.fr/ [consulté le 10 juillet 2025].

142 Gregor, *Bird Flu* (*La grippe aviaire*) ; S. Pao, M. R. Ettinger, M. F. Khalid, A. O. Reid et B. L. Nerrie, “Microbial Quality of Raw Aquacultured Fish Fillets Procured from Internet and Local Retail Markets” (Qualité microbienne des filets de poisson d’élevage crus achetés sur Internet et dans les marchés locaux), *Journal of Food Protection*, vol. 71, nº 8, août 2008, 1844-49. Disponible sur : https://pubmed.ncbi.nlm.nih.gov/ [consulté le 9 juin 2025] ; Organisation mondiale de la santé, “Review of Latest Available Evidence on Potential Transmission of Avian Influenza (H5N1) Through Water and Sewage and Ways to Reduce the Risks to Human Health” (Examen des dernières données disponibles sur la transmission potentielle de la grippe aviaire [H5N1] par l’eau et les eaux usées et moyens de réduire les risques pour la santé humaine), 2006. Disponible sur : https://www.who.int [consulté le 9 juin 2025] ; Physicians Committee for Responsible Medicine (Comité des médecins pour une médecine responsable, une organisation qui fait de la prévention en matière de nutrition en rapport avec la santé), “USDA Refuses to Protect Consumers from Fecal Contamination of Chicken and Other Meat” (L’USDA refuse de protéger les consommateurs contre la contamination fécale du poulet et d’autres viandes), 27 juin 2019. Disponible sur : https://www.pcrm.org, [consulté le 4 juin 2025].

143 Gregor, *Bird Flu* (*La grippe aviaire*) ; Organisation mondiale de la santé, "Review of Latest Available Evidence on Potential Transmission of Avian Influenza" (Examen des dernières données disponibles sur la transmission potentielle de la grippe aviaire) ; Physicians Committee for Responsible Medicine, "USDA Refuses to Protect Consumers" (L'USDA refuse de protéger les consommateurs ; Grippe aviaire, *France Diplomatie*. Disponible sur : https://www.diplomatie.gouv.fr/ [consulté le 9 juillet 2025] ; Grippe (aviaire et autres grippes zoonotiques), *Organisation mondiale de la Santé*. Disponible sur : https://www.who.int/fr/ [consulté le 9 juillet 2025].

144 Consumer Federation of America (Fédération des consommateurs d'Amérique), "Foodborne Illness Investigation Exposes Weakness in Meat and Poultry Inspection System" (Une enquête sur des maladies d'origine alimentaire révèle les faiblesses du système d'inspection de la viande et de la volaille), 22 août 2019. Disponible sur : https://consumerfed.org [consulté le 4 juin 2025].

145 Andrew Wasley, "'Dirty Meat': Shocking Hygiene Failings Discovered in US Pig and Chicken Plants" (« Viande sale » : des lacunes choquantes en matière d'hygiène découvertes dans des élevages porcins et avicoles américains), *Guardian*, 21 février 2018. Disponible sur : https://www.theguardian.com [consulté le 4 juin 2025]. En France, on note plusieurs fermetures d'abattoirs ces dernières années après des inspections, voir Claire Sardain, L'abattoir perd son agrément sanitaire après plusieurs inspections, le site doit cesser son activité jusqu'à nouvel ordre, *France3 Occitanie*, 12 avril 2024. Disponible sur : https://france3-regions.franceinfo.fr/ [consulté le 9 juillet 2025] ; Sandrine Morin, Le préfet du Tarn ferme un abattoir de Carmaux pour manquement à l'hygiène et à la sécurité, *Francebleu*, 16 janvier 2023. Disponible sur : https://www.francebleu.fr/ [consulté le 9 juillet 2025].

146 Chicago Tribune, "Feds: Tainted Meat Can Be Sold if Cooked" (Fédéraux : la viande contaminée peut être vendue si elle est cuite), *The hour*, 2 décembre 2007. Disponible sur : https://www.thehour.com/ [consulté le 9 juillet 2025].

147 Bureau of Investigative Journalism, "Blowing the Whistle on the Meat Industry" (Dénoncer les pratiques de l'industrie de la viande), 19 septembre 2017. Disponible sur : https://www.thebureauinvestigates.com, [consulté le 4 juin 2025] ; AFP, Un élevage « insalubre » de canards mis en cause par L214, l'État ordonne la fermeture d'un bâtiment, *Le Point*, 20 août 2020. Disponible sur : https://www.lepoint.fr/ [consulté le 9 juillet 2025] ; Nicolas Da Silva, Porcelets à l'agonie, cadavres au milieu des enclos : L214 dénonce les pratiques « barbares » d'élevages de cochons devant un supermarché Leclerc, France Info, 12 avril 2025. Disponible sur : https://france3-regions.franceinfo.fr/ [consulté le 9 juillet 2025] ; Gilbert Nakweya, L'insalubrité de la transformation de la viande constitue une grave menace pour la population, *Nature Africa*, 20 avril 2023. Disponible sur : https://www.nature.com/ [consulté le 10 juillet 2025] ; le COVID 19 a également révélé les faiblesses sanitaires des abattoirs, mettant en danger les travailleurs, voir Colin Kinniburgh, Covid-19 : comment les abattoirs sont devenus un enjeu sanitaire, *France24*, 25 mai 2020. Disponible sur : https://www.france24.com/fr/ [consulté le 10 juillet 2025].

148 McConnell, "When We're Dead and Buried, Our Bones Will Keep Hurting" (Quand nous serons morts et enterrés, nos os continueront de nous faire souffrir) ; Brett Bachman et Samantha Stokes, "Critics Worry About Food Safety as Federal Meat Inspectors Face Work Overload, Burnout" (Les critiques s'inquiètent pour la sécurité alimentaire alors que les inspecteurs fédéraux chargés du contrôle des viandes sont confrontés à une surcharge de travail et au burn-out),

Midwest Center for Investigative Reporting, 18 septembre 2019. Disponible sur : https://investigatemidwest.org [consulté le 4 juin 2025].

149 Stephen J. Hedges et Washington Bureau, “Topps Meat Recall Raises Questions About Inspections Workload” (Le rappel de viande Topps soulève des questions sur la charge de travail des inspections), *Chicago Tribune*, 21 août 2021. Disponible sur : http://archives.chicagotribune.com [consulté le 4 juin 2025].

150 US Bureau of Labor Statistics, “Labor Force Statistics from the Current Population Survey" (Statistiques sur la population active issues de l’enquête sur la population actuelle). Disponible sur : https://www.bls.gov [consulté le 9 juin 2025] ; Mary Jo Dudley, “These U.S. Industries Can’t Work Without Illegal Immigrants” (Ces industries américaines ne peuvent pas fonctionner sans les sans papiers), *CBS News*, 10 janvier 2019. Disponible sur : https://www.cbsnews.com [consulté le 9 juin 2025] ; Julia G. Young, “A Wall Can’t Solve America’s Addiction to Undocumented Immigration” (Un mur ne peut pas résoudre la dépendance des États-Unis à l’immigration clandestine), *Washington Post*, 9 janvier 2019, https://www.washingtonpost.com [consulté le 9 juin 2025] ; Food Service and Inspection Service, US Department of Agriculture, “Modernization of Swine Slaughter Inspection” (Modernisation de l’inspection des porcs abattus). En France et en Europe en général, on retrouve les mêmes mécanismes : « les travailleurs précaires, en majorité des migrants […] qui devaient travailler plus dur, plus vite — pour gagner moins », voir Agroalimentaire. Ces abattoirs européens qui exploitent les ouvriers étrangers, *Courrier international*, 8 novembre 2021. Disponible sur : https://www.courrierinternational.com/ [consulté le 9 juillet 2025].

151 Schlosser, *Fast Food Nation*.

152 Union of Concerned Scientists (Union des scientifiques inquiet·ète·s), “USDA Increases Line Speeds” (L’USDA augmente la cadence des chaînes de production).

153 Eric Schlosser, “The Chain Never Stops” (La chaîne ne s’arrête jamais), *Mother Jones*, juillet/août 2001, http://www.motherjones.com ; l’administration de Trump va également vers des changements encore plus brutaux pour les salarié·e·s de l’industrie, en accélérant encore la chaîne de production, voir Kenny Torrella, “How Trump wants to make one of the most dangerous jobs in America even worse” (Comment Trump veut rendre encore plus difficile l’un des métiers les plus dangereux des États-Unis), *Vox*, 28 mars 2025. Disponible sur : https://www.vox.com/ [consulté le 9 juillet 2025].

154 Amy Braunschweiger et Matt McConnell, “Interview: How the US Is Making Meatpacking Jobs Even More Dangerous”, (Interview : comment les États-Unis rendent le travaillent d’emballage de la viande encore plus dangereux), *Human Rights Watch*, 4 septembre 2019. Disponible sur : https://www.hrw.org [consulté le 4 juin 2025], un article uniquement en anglais que l’on peut compléter en français par celui-ci : « Une entreprise condamnée pour travail d’enfants dans des abattoirs aux États-Unis », *Le Figaro*, 17 février 2023. disponible sur : https://www.lefigaro.fr/ [consulté le 4 juin 2025] et bien d’autres encore ; James et Cook, “Two Amputations a Week” (Deux amputations par semaine) ; Sean M. Smith, “How Safe Are the Workers Who Process Our Food?” (Les travailleurs qui transforment nos aliments sont-ils en sécurité ?), *Monthly Labor Review*, US Bureau of Labor Statistics, Juillet 2017. Disponible sur : https://www.bls.gov [consulté le 4 juin 2025] ; McConnell, “When We’re Dead and Buried, Our Bones Will Keep Hurting” (Quand nous serons morts et enterrés, nos os continueront de nous faire souffrir) ; voir aussi Clarisse Josselin, Dans les abattoirs, 50 000 forçats de la viande, *Force ouvrière*, 24 octobre 2017.

Disponible sur : https://www.force-ouvriere.fr/ [consulté le 10 juillet 2025] ; ainsi que les nombreuses brèves relatant d'accidents de travail dans les abattoirs.

155 McConnell, "When We're Dead and Buried, Our Bones Will Keep Hurting" (Quand nous serons morts et enterrés, nos os continueront de nous faire souffrir).

156 Schlosser, "The Chain Never Stops" (La chaîne ne s'arrête jamais).

157 Human Rights Watch, "Blood, Sweat and Fear" (Sang, transpiration et peur). En France, les équivalents à la HRW, la Ligue des droits de l'Homme et Amnesty International, se concentrent principalement sur la défense des droits humains au sens large, incluant souvent les droits civils et politiques, mais interviennent peu dans les questions spécifiques liées au bien-être animal et aux conditions d'abattage. L'association L214, quant à elle, se spécialise dans la défense des droits des animaux, particulièrement en ce qui concerne les conditions d'élevage et d'abattage.

158 Eisnitz, *Slaughterhouse* (*Abattoir*), 87.

159 Eric B. Elbogen, Sally C. Johnson, H. Ryan Wagner, Connor Sullivan, Casey T. Taft et Jean C. Beckham, "Violent Behaviour and PostTraumatic Stress Disorder in US Iraq and Afghanistan Veterans" (Comportements violents et syndrome de stress post-traumatique chez les vétérans américains de la guerre en Irak et en Afghanistan), *British Journal of Psychiatry*, vol. 204, n° 5, 2014, pages 368 à 375. Disponible sur : https://www.ncbi.nlm.nih.gov [consulté le 4 juin 2025] ; Connor P. Sullivan et Eric B. Elbogen, "PTSD Symptoms and Family vs. Stranger Violence in Iraq and Afghanistan Veterans" (Symptômes du syndrome de stress post-traumatique et violence familiale vs violence envers des étrangers chez les vétérans d'Irak et d'Afghanistan), *Law and Human Behavior*, vol. 38, n° 1, 2014, pages 1 à 9. Disponible sur : https://www.ncbi.nlm.nih.gov [consulté le 4 juin 2025] ; Richardson JD, Thompson JM, Boswall M, Jetly LCR, Quand l'horreur nous rejoint : Le trouble de stress post-traumatique chez les anciens combattants, *Can Fam Physician*, mai 2010, 56(5):e169–73. Disponible sur : https://pmc.ncbi.nlm.nih.gov/ [consulté le 10 juillet 2025] ; ministère des Armées, Stress de combat, stress post-traumatique et blessures psychiques. Disponible sur : https://www.defense.gouv.fr/ [consulté le 10 juillet 2025].

160 Eisnitz, *Slaughterhouse* (*Abattoir*).

161 Eisnitz.

162 Eisnitz, 94.

163 Frederic J. Frommer, Une vidéo montre des travailleurs en train d'abuser des cochons, *Guardian Unlimited*, 17 septembre 2008. Disponible sur : https://www.foxnews.com [consulté le 4 juin 2025]. En France, on retrouve constamment des témoignages similaires, notamment via L214 qui fait des actions chocs dans les abattoirs et qui révèle des abus, voir François Blanchard, « Animaux découpés vivants, égorgements "laborieux" : L214 porte plainte contre l'abattoir de Meaux », *BFMTV*, 22 mai 2025. Disponible sur : https://www.bfmtv.com/ [consulté le 4 juin 2025] ; ou le site de L214, qui regorge de ce genre de témoignages, notamment de vidéos (https://www.l214.com/).

164 Voir Fiddes, *Meat* (*La viande*) et Simoons, *Eat Not This Flesh* (*Ne mangez pas cette chair*) ; Jean-Pierre Poulain, Risques et inquiétudes alimentaires, *Raison présente*, 2020/1 N° 213, 2020, p.61-71. Disponible sur : https://shs.cairn.info/ [consulté le 16 juillet 2025].

165 Louis A. Berma, *Vegetarianism and the Jewish Tradition* (*Le végétarisme et la tradition juive*, 1982, pas de traduction française), 13 ; Pourquoi la valeur des métiers est inversement proportionnelle à leur utilité sociale ?, *Inégalités et Discriminations*, 14 octobre 2021. Disponible sur : https://www.souffrance-et-travail.com/ [consulté le 16 juillet 2025].

166 Pour plus d'informations sur les effets de l'industrie de la transformation de la viande sur l'environnement, voir Jacobsen et Riebel, *Eating to Save the Earth* (*Manger pour sauver la planète*) ; Food and Agriculture Organization of the United Nations, "Livestock's Long Shadow: Environmental Issues and Options" (La longue ombre du bétail : problèmes environnementaux et solutions possibles), 2006. Disponible sur : http://www.fao.org [consulté le 4 juin 2025] ; Daniel Ross, "Factory Farms Pollute the Environment and Poison Drinking Water" (Les fermes industrielles polluent l'environnement et empoisonnent l'eau potable), *EcoWatch*, 20 février 2019. Disponible sur : https://www.ecowatch.com [consulté le 4 juin 2025] ; Virginia Morell, "Meat-Eaters May Speed Worldwide Species Extinction, Study Warns" (Les consommateurs de viande pourraient accélérer l'extinction mondiale des espèces, selon une étude), Science, 11 août 2015. Disponible sur : https://www.sciencemag.org [consulté le 4 juin 2025] ; Damian Carrington, "Avoiding Meat and Dairy Is 'Single Biggest Way' to Reduce Your Impact on Earth" (Éviter la viande et les produits laitiers est le « meilleur moyen » de réduire votre impact sur la planète), *Guardian*, 31 mai 2018. Disponible sur : https://www.theguardian.com [consulté le 4 juin 2025] ; Michael Greger, "The Public Health Impacts of Concentrated Animal Feeding Operations on Local Communities" (Les impacts sur la santé publique des élevages industriels intensifs sur les communautés locales), *Family and Community Health*, vol. 33, n° 1, 2010, pages 373 à 382. Disponible sur : https://www.humaneworld.org [consulté le 4 juin 2025] ; Sai Bravo, Vers une alimentation « désin-carnée » : Enjeux environnementaux et de santé publique (Etude), *BSI Economics*, 17 septembre 2019. Disponible sur : https://bsi-economics.org/ [consulté le 16 juillet 2025].

167 Food and Agriculture Organization of the United Nations, "Livestock's Long Shadow" (La longue ombre du bétail) ; Carrie Hribar, "Understanding Concentrated Animal Feeding Operations and Their Impact on Communities" (Comprendre les opérations d'alimentation animale intensive et leur impact sur les communautés), *National Association of Local Boards of Health*, 2010. Disponible sur : https://www.cdc.gov [consulté le 9 juin 2025] ; Francis Vergunst et Julian Savulescu, "Five Ways the Meat on Your Plate Is Killing the Planet" (Cinq façons dont la viande dans votre assiette détruit la planète), *The Conversation*, 26 avril 2017. Disponible sur : https://theconversation.com [consulté le 9 juin 2025] ; Martin C. Heller, J. B. Ruhland Sacoby Wilson, "Court Ruling Is a First Step Toward Controlling Air Pollution from Livestock Farms" (Une décision de justice marque une première étape vers la lutte contre la pollution atmosphérique causée par les élevages), The Conversation, 4 mai 2017. Disponible sur : https://theconversation.com [consulté le 9 juin 2025] ; CIWF, L'élevage industriel pollue les terres, les eaux et les mers, contaminant la nature avec des toxines potentiellement mortelles, *CIWF France*. Disponible sur : https://v7.ciwf.fr/ [consulté le 16 juillet 2025] ; pour un lien direct avec la pollution des eaux, voir Élevages intensifs (bovins, porcs et volailles) et eaux, *Ministère de la Transition écologique*, 29 janvier 2025. Disponible sur : https://www.mrae.developpement-durable.gouv.fr/ [consulté le 16 juillet 2025].

168 Johns Hopkins Bloomberg School of Public Health, "Public Health Association Calls for Moratorium on Factory Farms" (L'Association pour la santé publique appelle à un moratoire sur les fermes industrielles) ; American Public Health Association, "Precautionary Moratorium on New Concentrated Animal Feed Operations" (Moratoire préventif sur les nouvelles exploitations d'élevage intensif), 8 novembre 2019. Disponible sur : https://www.apha.org [consulté le 9 juin 2025] ; voir Élevages intensifs (bovins, porcs et volailles) et eaux, *Ministère de la Transition écologique* ; voir également le site de CIWF France. Disponible sur : https://www.ciwf.fr/ [consulté le 16 juillet 2025].

169 Center for Science in the Public Interest (Centre pour la science dans l'intérêt public, une organisation scientifique non lucrative dont l'objectif est de défendre les consommateurs), http://www.cspinet.org/ ; Jacobsen et Riebel, *Eating to Save the Earth* (*Manger pour sauver la planète*) ; Food and Agriculture Organization of the United Nations, "Livestock's Long Shadow" (La longue ombre du bétail) ; Hribar, Understanding Concentrated Animal Feeding Operations (Comprendre les opérations d'alimentation animale intensive) ; Chestney et Nebehay, "The UN Says We Need to Reduce Our Meat Consumption" ; Vergunst et Savulescu, "Five Ways the Meat on Your Plate Is Killing the Planet" (Cinq façons dont la viande dans votre assiette détruit la planète) ; D. Lee Miller et Gregory Muren, "CAFOs: What We Don't Know Is Hurting Us" (Les CAFO : ce que nous ignorons nous nuit), *Natural Resources Defense Council*, 2019. Disponible sur : https://www.nrdc.org ; Heller, Ruhland Wilson, "Court Ruling Is a First Step" (Une décision de justice marque une première étape).

170 Food and Agriculture Organization of the United Nations, "Livestock's Long Shadow" (La longue ombre du bétail) ; Sai Bravo, Vers une alimentation « désin-carnée ».

171 William J. Ripple, Christopher Wolf, Thomas M. Newsome, Phoebe Barnardand William R. Moomaw, "World Scientists' Warning of a Climate Emergency" (Avertissement des scientifiques du monde entier sur l'urgence climatique), *BioScience*, vol. 70, n° 1, 2020, pages 8 à 12. Disponible sur : https://academic.oup.com [consulté le 9 juin 2025] ; Damian Carrington, "Climate Crisis: 11,000 Scientists Warn of 'Untold Suffering'" (Crise climatique : 11 000 scientifiques mettent en garde contre des « souffrances incommensurables »), Guardian, 5 novembre 2019. Disponible sur : https://www.theguardian.com [consulté le 9 juin 2025] ; Cyril Renault, Plus de 200 climatologues appellent les gens à adopter une alimentation à base de plantes dans un nouveau rapport, *Ouest France*, 20 avril 2024. Disponible sur : https://sain-et-naturel.ouest-france.fr/ [consulté le 16 juillet 2025]. Pour une autre étude française récente sur la même thématique, voir le rapport de synthèse de la Commission EAT-*Lancet*, Alimentation Planète Santé. Disponible sur : https://eatforum.org/ [consulté le 16 juillet 2025].

172 Javier Mateo-Sagasta, Sara Marjani Zadeh et Hugh Turral, "Water Pollution from Agriculture: A Global Review" (Pollution de l'eau due à l'agriculture : une analyse mondiale), *FAO*, 2017. Disponible sur : https://www.fao.org [consulté le 9 juin 2025] ; Food and Agriculture Organization of the United Nations, "Livestock's Long Shadow" (La longue ombre du bétail) ; Élevages intensifs (bovins, porcs et volailles) et eaux, *Ministère de la Transition écologique*.

173 B. Machovina, K. J. Feeley et W. J. Ripple, "Biodiversity Conservation: The Key Is Reducing Meat Consumption" (La conservation de la biodiversité : La clé est de réduire notre consommation de viande), *Science of the Total Environment*, vol. 536, 29 juillet 2015, pages 419 à 31. Disponible sur : https://pubmed.ncbi.nlm.nih.gov/

[consulté le 4 juin 2025] ; En Amazonie, la déforestation cède la place à l'élevage, puis aux friches, GEO, 2 septembre 2019. Disponible sur : https://www.geo.fr/ [consulté le 16 juillet 2025] ; Sophie Sylvie Plassin, René Poccard-Chapuis, François Laurent, Marie-Gabrielle Piketty, Gustavo Pimentel Martinez et Jean-François Tourrand, Paysage et intensification de l'élevage en Amazonie brésilienne : De nouvelles dynamiques spatio-temporelles à l'échelle des exploitations agricoles, *Confins*, 33 | 2017. Disponible sur : https://journals.openedition.org/ [consulté le 16 juillet 2025].

174 Food and Agriculture Organization of the United Nations, "Livestock's Long Shadow" (La longue ombre du bétail) ; Pesticides, qui sont les plus gros consommateurs en Europe ?, *Générations futures*, 12 février 2019. Disponible sur : https://www.generations-futures.fr/ [consulté le 16 juillet 2025] ; Pesticides, pollutions diffuse, *Ministère de la Transition écologique*, 12 juin 2024. Disponible sur : https://www.ecologie.gouv.fr/ [consulté le 16 juillet 2025].

175 Claire Schnaffnit-Chatterjee, "The Global Food Equation: Food Security in an Environment of Increasing Scarcity" (L'équation alimentaire mondiale : la sécurité alimentaire dans un contexte de raréfaction croissante), *Deutsche Bank Research*, 21 septembre 2009. Disponible sur : https://www.dbresearch.com [consulté le 4 juin 2025] ; rapport de synthèse de la Commission EAT-*Lancet*, Alimentation Planète Santé.

176 EPA, "Greenhouse Gas Emissions from a Typical Passenger Vehicle" (Émissions de gaz à effet de serre d'un véhicule particulier type), 12 juin 2025. Disponible sur : https://nepis.epa.gov [consulté le 4 juin 2025] ; P. Gerber, H. Steinfeld, B. Henderson et al., "Tackling Climate Change Through Livestock: A Global Assessment of Emissions and Mitigation Opportunities" (Lutter contre le changement climatique grâce à l'élevage : évaluation mondiale des émissions et des possibilités d'atténuation), *FAO*, 2013. Disponible sur : https://www.fao.org [consulté le 9 juin 2025] ; Mathéo Bourgeois, Florent Ovieve, Émissions de $CO_2$ des véhicules particuliers : 1,2 tonne par adulte, *Insee analyses Bourgogne Franche-Comté*, n° 125, 25 février 2025. Disponible sur : https://www.insee.fr/ [consulté le 16 juillet 2025] ; Transformations de l'agriculture et des consommations alimentaires, *Insee références*, 27 février 2024. Disponible sur : https://www.insee.fr/ [consulté le 16 juillet 2025].

177 "Agribusiness Industry", *Select USA*. Disponible sur : https://www.selectusa.gov [consulté le 16 juillet 2025] ; James M. MacDonald, Robert A. Hoppe et Doris Newton, "Three Decades of Consolidation in U.S. Agriculture" (Trois décennies de consolidation dans l'agriculture américaine), EIB-189, *US Department of Agriculture, Economic Research Service*, mars 2018. Disponible sur https://www.ers.usda.gov [consulté le 9 juin 2025] ; Chiffre clés de la nutrition animale, La coopération agricole, 2020. Disponible sur : https://rapport-nutrition-animale.lacooperationagricole.coop/ [consulté le 16 juillet 2025] ; ETC Group & Grain, Top 10 des géants de l'agrobusiness : la concentration des entreprises dans l'alimentation et l'agriculture en 2025, *Grain*, 25 juin 2025. Disponible sur : https://grain.org/fr/ [consulté le 16 juillet 2025].

178 McConnell, "When We're Dead and Buried, Our Bones Will Keep Hurting" (Quand nous serons morts et enterrés, nos os continueront de nous faire souffrir) ; Loi Dumplomb : une loi agricole rétrograde qui passe en force, *Greenpeace*, 3 juin 2025. Disponible sur : https://www.greenpeace.fr/ [consulté le 16 juillet 2025].

179 Sylvie Mercier, Les industries agroalimentaires en 2022 : résultats économiques nationaux, *Agreste*, n° 2024-14, 15 octobre 2024. Disponible sur : https://agreste.agriculture.gouv.fr/ [consulté le 16 juillet 2025].

180 Voir la définition d'anticor, qui lutte contre la corruption en France, pour l'éthique en politique, Le pantouflage, *Anticor*, 18 avril 2025. Disponible sur : https://www.anticor.org/ [consulté le 16 juillet 2025].

181 Philip Mattera, "USDA Inc.: How Agribusiness Has Hijacked Regulatory Policy at the U.S. Department of Agriculture" (USDA Inc. : Comment l'agro-industrie a détourné la politique réglementaire du ministère américain de l'Agriculture), *Corporate research project of Good Jobs First*, 23 juillet 2004. Disponible sur : https://www.competitivemarkets.com [consulté le 4 juin 2025].

182 Mattera, "USDA Inc."

183 FarmFutures, "Craig Morris Leaving USDA to Join National Pork Board" (Craig Morris quitte l'USDA pour rejoindre le National Pork Board), 18 octobre 2017. Disponible sur : https://www.farmprogress.com [consulté le 4 juin 2025].

184 "JBS Names Former U.S. Department of Agriculture Deputy Under Secretary for Food Safety as Global Head of Food Safety and Quality Assurance" (JBS nomme l'ancien sous-secrétaire adjoint à la sécurité alimentaire du ministère américain de l'Agriculture au poste de directeur mondial de la sécurité alimentaire et de l'assurance qualité), *WATTPoultry*, 3 août 2017. Disponible sur : https://www.wattagnet.com/ [consulté le 4 juin 2025].

185 Juliette Bezat, Qu'est-ce que le « pantouflage » et que prévoit la loi, *Les Surligneurs*, 6 octobre 2022. Disponible sur : https://lessurligneurs.eu/ [consulté le 16 juillet 2025] ; Au-delà du pantouflage, les mobilités public/privé, *Transparency international France*. Disponible sur : https://transparency-france.org/ [consulté le 16 juillet 2025] ; Cash investigation, Le pantouflage : la nouvelle tendance en politique, *France TV*. Disponible sur : https://www.france.tv/france-2/ jusqu'au 21 mars 2026 [consulté le 16 juillet 2025].

186 OpenSecrets.org, "Livestock: Money to Congress" (Élevage : l'argent au Congrès), 2018. Disponible sur : https://www.opensecrets.org [consulté le 9 juin 2025] ; ETC Group & Grain, Top 10 des géants de l'agrobusiness ; Stéphane Tisserand, Du lobbying égocentré au lobbying engagé : la révolution de l'entreprise à mission, *Fondation Jean Jaurès*, 3 mai 2019. Disponible sur : https://www.jean-jaures.org/ [consulté le 16 juillet 2025] ; Lucile Leclair, De la ferme familiale à la firme internationale : l'agro-industrie avale la terre, *Le Monde diplomatique*, février 2022, page 17. Disponible sur : https://www.monde-diplomatique.fr/ [consulté le 16 juillet 2025].

187 Un lobby, ça fait quoi ? Les lobbies en France : fantasmes et réalités, chapitre 2, *France 24*. Disponible sur : https://webdoc.france24.com/ [consulté le 16 juillet 2025] ; La macronie, terre des lobbyistes ? Les lobbies en France : fantasmes et réalités, chapitre 3, *France 24*. Disponible sur : https://webdoc.france24.com/ [consulté le 16 juillet 2025].

188 National Sustainable Agriculture Coalition, "Cover Crops and CAFOs: An Analysis of 2016 EQIP Spending" (Cultures de couverture et CAFO : analyse des dépenses EQIP en 2016), 12 janvier 2017. Disponible sur : https://sustainableagriculture.net [consulté le 9 juin 2025] ; Union of Concerned Scientists (Union des scientifiques inquiet·ète·s), "EPA Stops Collecting Data on Pollutants Released from Farms" (L'EPA cesse de collecter des données sur les polluants rejetés par les exploitations agricoles), 5 août 2019. Disponible sur : https://www.ucsusa.org [consulté le 9 juin 2025] ; Lucile Leclair, De la ferme familiale à la firme internationale.

189 Simply Wall St., "CEO Compensation Analysis: Conagra Brands" (Analyse de la rémunération des PDG : Conagra), n.d. Disponible sur : https://simplywall.st [consulté le 9 juin 2025].

190 Fonds économie circulaire, ADEME. Disponible sur : https://agir.ademe.fr/ [consulté le 16 juillet 2025] ; Pierre Desvaux, Économie circulaire acritique et condition post-politique : analyse de la valorisation des déchets en France, *Flux*, 2017/2, n° 108, pages 36 à 50. Disponible sur : https://shs.cairn.info/ [consulté le 16 juillet 2025].

191 Voir les Centers for Disease Control (Centres pour le contrôle et la prévention des maladies), "Multistate Outbreak of *Escherichia coli* O157:H7 Infections Associated with Eating Ground Beef—United States, June-July 2002" (Épidémie multiétatique d'infections à Escherichia coli O157:H7 associées à la consommation de viande hachée — États-Unis, juin-juillet 2002), 26 juillet 2002. Disponible sur : http://www.cdc.gov [consulté le 9 juin 2025] ; voir aussi "About E. Coli" (À propos de E. coli) http://www.about-ecoli.com [consulté le 9 juin 2025].

192 C. G. Corey et al., "US Adult Cigar Smoking Patterns, Purchasing Behaviors and Reasons for Use According to Cigar Type: Findings from the Population Assessment of Tobacco and Health (PATH) Study, 2013-2014" (Habitudes de consommation de cigares chez les adultes américains, comportements d'achat et raisons de consommation selon le type de cigare : résultats de l'étude PATH [Population Assessment of Tobacco and Health] 2013-2014), *Nicotine & Tobacco Research* (*Recherche sur la nicotine et le tabac*), vol. 20, n° 12, 2018, pages 1457 à 1466. Disponible sur : https://www.ncbi.nlm.nih.gov [consulté le 9 juin 2025] ; Commission européenne, Eurobaromètre 2024 : les Français sont fumeurs à 27 % et ont arrêté à 24 %, *Revue des tabacs*, 2024. Disponible sur : https://revuedestabacs.com/ [consulté le 16 juillet 2025].

193 Heinrich Böll Stiftung, *Meat Atlas: Facts and Figures About the Animals We Eat* (*Atlas de la viande : faits et chiffres sur les animaux que nous consommons*), Heinrich Böll Foundation ; Friends of the Earth (Fondation Heinrich Böll et les Amis de la Terre), vol. 56, 2014. Disponible sur : http://www.foeeurope.org [consulté le 9 juin 2025] ; Niall McCarthy, "Who Are America's Vegans and Vegetarians" (Qui sont les vegan et végétariens américains ?), *Forbes*, 6 août 2018. Disponible sur : https://www.forbes.com [consulté le 9 juin 2025] ; Répartition des végétariens, flexitarien, vegans et des personnes suivant un régime sans gluten, sans lactose ou un autre régime alimentaire en France en décembre 2024, *Statista*, Décembre 2024. Disponible sur : https://fr.statista.com/ [consulté le 16 juillet 2025]. On constate donc que le pourcentage de personnes ne consommant aucun produits animaux est similaire en France et aux États-Unis.

194 W. C. Willett, "Balancing Lifestyle and Genomics Research for Disease Prevention" (Équilibre entre mode de vie et recherche génomique pour la prévention des maladies), *Science*, vol. 296, 2002, 695-98. Disponible sur : https://pubmed.ncbi.nlm.nih.gov/11976443/ [consulté le 9 juin 2025] ; Walter C. Willett, Jeffrey P. Koplan, Rachel Nugent, Courtenay Dusenbury, Pekka Puska and Thomas A. Gaziano, Disease Control Priorities in Developing Countries (Priorités en matière de lutte contre les maladies dans les pays en développement) 2e ed., *The International Bank for Reconstruction and Development/The World Bank* (*Banque internationale pour la reconstruction et le développement/Banque mondiale*), chapitre 44, 2006. Disponible sur : https://www.ncbi.nlm.nih.gov [consulté le 9 juin 2025] ; Rapport d'une consultation OMS/FAO d'experts, *Régime alimentaire, nutrition et prévention des maladies chroniques*, 2003. Disponible sur : https://openknowledge.fao.org/ [consulté le 16 juillet 2025].

195 Rob M. van Dam et al., “Dietary Fat and Meat Intake in Relation to Risk of Type 2 Diabetes in Men” (Consommation alimentaire de graisses et de viande en relation avec le risque de diabète de type 2 chez les hommes), *Diabetes Care*, vol. 25, n° 3, 1er mars 2002, pages 417 à 424. Disponible sur : https://pubmed.ncbi.nlm.nih.gov/ [consulté le 9 juin 2025] ; An Pan et al., “Changes in Red Meat Consumption and Subsequent Risk of Type 2 Diabetes Mellitus: Three Cohorts of US Men and Women” (Évolution de la consommation de viande rouge et risque ultérieur de diabète sucré de type 2 : trois cohortes d’hommes et de femmes aux États-Unis), *JAMA Internal Medicine*, vol. 173, n° 14, 22 juillet 2013, pages 1328 à 1335, Disponible sur : https://pubmed.ncbi.nlm.nih.gov/ [consulté le 9 juin 2025] ; Geertruida J. van Woudenbergh et al., “Eating Fish and Risk of Type 2 Diabetes” (Consommation de poisson et risque de diabète de type 2), *Diabetes Care*, vol. 32, n° 11, novembre 2009, pages 2021 à 2026. Disponible sur : https://www.ncbi.nlm.nih.gov [consulté le 9 juin 2025] ; Rafaël Andraud, Diabète de type 2 : ces viandes peuvent augmenter vos risques, *Pourquoi docteur*, 16 septembre 2022. Disponible sur : https://www.pourquoidocteur.fr/ [consulté le 16 juillet 2025] ; Stéphanie Le Guillou, Peut-on vraiment devenir diabétique en mangeant de la viande rouge ?, *Futura sciences*, 3 décembre 2023. Disponible sur : https://www.futura-sciences.com/ [consulté le 16 juillet 2025].

196 Genevieve Tse et Guy D. Eslick, “Egg Consumption and Risk of GI Neoplasms: Dose-Response Meta-Analysis and Systematic Review” (Consommation d’œufs et risque de néoplasmes gastro-intestinaux : méta-analyse dose-réponse et revue systématique), *European Journal of Nutrition*, vol. 53, n° 7, octobre 2014, pages 1581 à 1590. Disponible sur : https://pubmed.ncbi.nlm.nih.gov/ [consulté le 9 juin 2025] ; Elizabeth A. Platz, Steven K. Clinton et Edward Giovannucci, “Association Between Plasma Cholesterol and Prostate Cancer in the PSA Era” (Association entre le cholestérol plasmatique et le cancer de la prostate à l’ère du PSA), *International Journal of Cancer*, vol. 123, n° 7, 1er octobre 2008, pages 1693 à 1698. Disponible sur : https://pubmed.ncbi.nlm.nih.gov/ [consulté le 9 juin 2025] ; Kristine Pelton, Michael R. Freeman et Keith R. Solomon, “Cholesterol and Prostate Cancer” (Le cholestérol et le cancer de la prostate), *Current Opinion in Pharmacology* (*Opinion actuelle en pharmacologie*), vol. 12, n° 6, décembre 2012, 751-59. Disponible sur : https://pubmed.ncbi.nlm.nih.gov/ [consulté le 9 juin 2025] ; Atalntico Rédaction, Trop d’œufs favoriseraient le cancer de la prostate, *Atlantico*, 29 septembre 2011 ; Les liens entre la consommation d’œufs et la santé de la prostate, *AIVT groupe agro invest*. Disponible sur : https://aivt.fr/ [consulté le 16 juillet 2025].

197 N. Bergeron, S. Chiu, P. T. Williams, S., King et R. M. Krauss, “Effects of Red Meat, White Meat and Nonmeat Protein Sources on Atherogenic Lipoprotein Measures in the Context of Low Compared with High Saturated Fat Intake: A Randomized Controlled Trial” (Effets des sources de protéines provenant de la viande rouge, de la viande blanche et d’autres sources non animales sur les mesures des lipoprotéines athérogènes dans le contexte d’une consommation faible ou élevée de graisses saturées : essai contrôlé randomisé), *American Journal of Clinical Nutrition* (*Journal américain de nutrition clinique*), vol. 110, n° 1, 2019, pages 24 à 33. Disponible sur : https://pubmed.ncbi.nlm.nih.gov/ [consulté le 9 juin 2025] ; Viande, volaille et poisson, quels risques pour la santé cardio-vasculaire ?, *Manger méditerranéen*, 24 février 2020. Disponible sur : https://mangermediterraneen.com/ [consulté le 16 juillet 2025].

198 M. Yang, S. A. Kenfield, E. L. Van Blarigan, K. M. Wilson, J. L. Batista, H. D. Sesso et al., “Dairy Intake After Prostate Cancer Diagnosis in Relation to Disease-Specific and Total Mortality” (Consommation de produits laitiers après un diagnostic de cancer de la prostate en relation avec la mortalité spécifique à la maladie et la mortalité totale), *International Journal of Cancer* (*Journal international du cancer*), vol. 137,

nº 10, 2015, pages 2462 à 2469. Disponible sur : https://pubmed.ncbi.nlm.nih.gov/ [consulté le 9 juin 2025] ; bien qu'en France les études soient plus modérés sur les chances de mourir dans ce cas, voir Thierry Souccar, Voici pourquoi les hommes devraient manger peu de produits laitiers, *La Nutrition*, 10 mars 2013. Disponible sur : https://www.lanutrition.fr/ [consulté le 16 juillet 2025] ; Yohan Demeure, Un lien établi entre les produits laitiers et le cancer de la prostate, *Science post*, 25 octobre 2019. Disponible sur : https://sciencepost.fr/ [consulté le 16 juillet 2025].

199 Center for Food Safety (Centre pour la sécurité alimentaire), "America's Secret Animal Drug Problem: How Lack of Transparency Is Endangering Human Health and Animal Welfare" (Le problème secret des médicaments vétérinaires aux États-Unis : comment le manque de transparence met en danger la santé humaine et le bien-être animal), 2015. Disponible sur : http://www.centerforfoodsafety.org [consulté le 9 juin 2025] ; Pollan, "Power Steer" (Direction assistée) ; US Food and Drug Administration (Agence américaine des produits alimentaires et médicamenteux), "Feed Ban Enhancement: Implementation Questions and Answers" (Renforcement de l'interdiction des aliments pour animaux : questions et réponses relatives à la mise en œuvre), n.d. Disponible sur : https://www.fda.gov [consulté le 9 juin 2025] ; C. R. Hamilton, "Real and Perceived Issues Involving Animal Proteins" (Problèmes réels et perçus liés aux protéines animales), n.d. Disponible sur : http://www.fao.org [consulté le 9 juin 2025]. Il faut noter qu'en Europe et en France, les normes sont moins permissives qu'aux États-Unis. Cependant, voir Risques microbiologiques dans l'alimentation, *Anses*, 20 janvier 2013. Disponible sur : https://www.anses.fr/ [consulté le 16 juillet 2025].

200 EDSitement, "Voting Rights for Women: Pro and Anti-Suffrage" (Droit de vote des femmes : pour et contre le suffrage), 19 juin 2019. Disponible sur : https://edsitement.neh.gov [consulté le 4 juin 2025] ; des exemples parmi tant d'autres de commentaires du même acabit en France : Le refus du droit de vote aux femmes dans le modèle républicain français, *Fondation Charles de Gaulle*. Disponible sur : https://www.charles-de-gaulle.org/ [consulté le 16 juillet 2025] ; « En 1944, l'obtention du droit de vote des femmes est presque une formalité », *Info gouv*, 21 avril 2023. Disponible sur : https://www.info.gouv.fr/ [consulté le 16 juillet 2025].

201 American Veterinary Medical Association, "Welfare Implications of Gestation Sow Housing" (Implications sociales du logement des truies gestantes), 17 septembre 2024. Disponible sur : https://www.avma.org [consulté le 4 juin 2025] ; en France, l'opinion vétérinaire est divisée même si certain·e·s essaient de lutter pour l'interdiction de ces cages, voir : Une liberté de mouvement pour les truies à tous les stades, *Chambre d'agriculture de Bretagne*, 4 juin 2025. Disponible sur : https://bretagne.chambres-agriculture.fr/ [consulté le 16 juillet 2025] ; La Semaine Vétérinaire, La maternité liberté, une alternative aux systèmes de cases bloquées, *Le Point vétérinaire*. Disponible sur : https://www.lepointveterinaire.fr/ [consulté le 16 juillet 2025].

202 Robert Jay Lifton et Eric Markusen, *The Genocidal Mentality: Nazi Holocaust and Nuclear Threat* (*La mentalité génocidaire : l'Holocauste nazi et la menace nucléaire*, 1990, pas de traduction française). Les auteurs utilisent ces termes pour désigner les professionnel·le·s qui soutiennent le développement nucléaire. Florence Burgat, *L'humanité carnivore*, Albin Michel, 2017.

203 Lifton et Markusen, *The Genocidal Mentality* (*La mentalité génocidaire*) ; Olivier Voirol, Idéologie : concept culturaliste et concept critique, *Actual Marx*, 2008/1 nº 43, pages 62 à 78. Disponible sur : https://shs.cairn.info/ [consulté le 16 juillet 2025].

204 International Dairy Foods Association, “Government’s 2015 Dietary Guidelines Affirms Role of Dairy Foods in Healthy Eating Patterns” (Les recommandations alimentaires 2015 du gouvernement confirment le rôle des produits laitiers dans une alimentation saine), 7 janvier 2016. Disponible sur : https://www.idfa.org [consulté le 9 juin 2025] ; Carriedo A, Pinsky I, Crosbie E, Ruskin G, Mialon M., “The corporate capture of the nutrition profession in the USA: the case of the Academy of Nutrition and Dietetics” (La mainmise des entreprises sur la profession nutritionnelle aux États-Unis : le cas de l’Académie de nutrition et de diététique), *Public Health Nutrition*. 2022;25(12):3568-3582. Disponible sur : https://www.cambridge.org/ [consulté le 16 juillet 2025].

205 Mélanie Roosen, Comment le lobby du lait embrigade les enfants à l’école, *L’ADN*, 8 juillet 2019. Disponible sur : https://www.ladn.eu/ [consulté le 16 juillet 2025] ; Collectif LaNutrition.fr, Nutrition : les tactiques d’influence des lobbies industriels, *La Nutrition*, 20 novembre 2018. Disponible sur : https://www.lanutrition.fr/ [consulté le 16 juillet 2025].

206 Vous pouvez trouver des informations sur le sponsor d’entreprise de l’ADA sur le site : http://www.eatrightpro.org.

207 Ingegerd Johansson, Lena Maria Nilssonanders Esberg, Jan-Håkan Jansson et Anna Winkvist, “Dairy Intake Revisited— Associations between Dairy Intake and Lifestyle Related CardioMetabolic Risk Factors in a High Milk Consuming Population” (Réévaluation de la consommation de produits laitiers — Associations entre la consommation de produits laitiers et les facteurs de risque cardiométaboliques liés au mode de vie dans une population à forte consommation de lait), *Nutrition Journal*, vol. 17, n° 110, 2018. Disponible sur : https://nutritionj.biomedcentral.com/ [consulté le 9 juin 2025] ; W. Lu et al., “Dairy Products Intake and Cancer Mortality Risk: A Meta-Analysis of 11 population-based cohort studies” (Consommation de produits laitiers et risque de mortalité par cancer : une méta-analyse de 11 études de cohorte basées sur la population), *Nutrition Journal*, vol. 15, n° 91, 2016. Disponible sur : https://pubmed.ncbi.nlm.nih.gov/ [consulté le 9 juin 2025] ; NACRe, Produits laitiers et risque de cancer, les principales données, 27 juin 2024. Disponible sur : https://www.reseau-nacre.eu/ ; Johanna Lampe, Produits laitiers et cancer : état des connaissances, *Cerin*, 27 octobre 2021. Disponible sur : https://www.cerin.org/ [consulté le 16 juillet 2025].

208 K. I. Mills, “More Shocking Results: New Research Replicates Milgram’s Findings” (Des résultats encore plus choquants : une nouvelle étude reproduit les conclusions de Milgram), *Monitor on Psychology*, vol. 40, n° 3, 1er mars 2009, page 13. Disponible sur : https://www.apa.org, [consulté le 4 juin 2025] ; Marine, Reproduire l’expérience de Milgram : l’obéissance à l’autorité revisitée, *Psychologie positive*, 17 décembre 2024. Disponible sur : https://psychologie-positive.com/ [consulté le 16 juillet 2025].

209 La campagne PETA pour la fête des mères dont les régies pub ne veulent pas, *La Réclame*, 27 mai 2022. Disponible sur : https://lareclame.fr/ [consulté le 16 juillet 2025].

210 Voir Allan G. Johnson, *Privilege, Power and Difference* (*Privilège, pouvoir et différence*, 2005, pas de traduction française) ; une théorie également étayée par Pierre Bourdieu dans La domination masculine, publié pour la première fois en 1998, où il explique que la norme est le chemin facile qui évite le conflit, la marginalisation ou la remise en question.

211 Robert Jay Lifton, *Les médecins nazis, le meurtre médical et la psychologie du génocide* (Robert Laffont, 1989) ; Lifton et Markusen, *The Genocidal Mentality* (*La mentalité génocidaire*).

212 Pour plus d'informations sur le lien entre la viande et la masculinité, voir Fiddes, *Meat* (*La viande*). Voir aussi l'ouvrage de Carol J. Adams et de Josephine Donovan, *Animals and Women: Feminist Theoretical Explorations* (*Animaux et femmes : explorations théoriques féministes*, 1995, pas de traduction française) ; et de Carol J. Adams, *La politique sexuelle de la viande, une théorie critique féministe végane* (L'Âge d'Homme, 2016) ; Joëlle Soumis, Masculinité(s) et véganisme : la viande a-t-elle un genre ?, *Université du Québec à Montréal* (mémoire de sociologie), mai 2023. Disponible sur : https://archipel.uqam.ca/ [consulté le 16 juillet 2025] ; Annelyne Roussel, La viande : symbole de domination masculine ?, *Gazette des femmes*, 31 août 2015. Disponible sur : https://gazettedesfemmes.ca/ [consulté le 16 juillet 2025].

213 Physicians Committee for Responsible Medicine (Comité des médecins pour une médecine responsable), "The Protein Myth" (Le mythe des protéines), n.d., disponible sur : http://www.pcrm.org [consulté le 4 juin 2025] ; Les protéines dans le cadre d'une alimentation végétale, *AVF*. Disponible sur : https://www.vegetarisme.fr/ [consulté le 16 juillet 2025] ; ou voir l'ouvrage de Mélanie Sancery-Gay, *Ultra protéiné* (Éditions La Plage, 2024), pour apprendre à être vegan sans jamais avoir de carence en protéines, tout en déconstruisant ce mythe qui a la peau dure.

214 Lifton, *Les médecins nazis* ; Lifton et Markusen, *The Genocidal Mentality* (*La mentalité génocidaire*).

215 Peter Farb, George Armelagos, *Anthropologie des coutumes alimentaires*, Denoël, 1985.

216 Paul Slovic, "If I Look at the Mass I Will Never Act: Psychic Numbing and Genocide" (Si je regarde la masse, je n'agirai jamais : engourdissement psychique et génocide), *Judgment and Decision Making* 2, nº 2, 2007, pages 79 à 95. Disponible sur : https://www.cambridge.org/ [consulté le 4 juin 2025] ; Diane Francès, Pourquoi nous avons plus de compassion pour un enfant que pour des millions de réfugiés, *Slate*, 20 juillet 2017. Disponible sur : https://www.slate.fr/ [consulté le 16 juillet 2025].

217 Pour plus d'informations sur la moralité et le dégoût, voir Andras Angyal, "Disgust and Related Aversions" (Dégoût et aversions apparentées), *Journal of Abnormal and Social Psychology*, vol. 36, 1941, pages 393 à 412. Disponible sur : https://psycnet.apa.org/ [consulté le 9 juin 2025] ; Michael Lemonick, "Why We Get Disgusted" (Pourquoi nous sommes dégoûté·e·s), *Time*, 24 mai 2007. Disponible sur : http://www.time.com [consulté le 9 juin 2025] ; Simone Schnall, Jonathan Haidt et Gerald L. Clore, "Disgust as Embodied Moral Judgment" (Le dégoût comme jugement moral incarné), *Personality and Social Psychology Bulletin*, vol. 34, nº 8, 2008, pages 1096 à 1109. Disponible sur : https://pmc.ncbi.nlm.nih.gov/ [consulté le 9 juin 2025] ; Trine Tsouderos, "Some Facial Expressions Are Part of a Primal 'Disgust Response,' University of Toronto Study Finds" (Certaines expressions faciales font partie d'une « réaction de dégoût » primitive, selon une étude de l'Université de Toronto), *Chicago Tribune*, 27 février 2009. Disponible sur : https://www.ctpost.com/ [consulté le 9 juin 2025] ; Thalia Wheatley et Jonathan Haidt, "Hypnotically Induced Disgust Makes Moral Judgments More Severe" (Le dégoût induit par l'hypnose rend les jugements moraux plus sévères), *Psychological Science*, vol. 16, 2005, pages 780 à 784. Disponible sur : https://pubmed.ncbi.nlm.nih.gov/ [consulté le 9 juin 2025] ; Audrey Abitan et Silvia Krauth-Gruber, « Ça me dégoûte », « tu me dégoûtes » : déterminants

et conséquences du dégoût physique et moral, *L'Année psychologie*, 2014/1 vol. 114, pages 97 à 124. Disponible sur : https://shs.cairn.info/ [consulté le 16 juillet 2025] ; Christophe Traïni, Entre dégoût et indignation morale, *Revue française de science politique*, 2012/4 vol. 62, pages 559 à 581. Disponible sur : https://shs.cairn.info/ [consulté le 16 juillet 2025] ; Vincent Di Paolo, Perception et évaluation des expressions faciales de douleur et de dégoût : influences contextuelles et implication d'unités d'action faciale spécifiques, *Université de Genève* (mémoire de psychologie), juin 2018. Disponible sur : https://access.archive-ouverte.unige.ch/ [consulté le 16 juillet 2025].

218 Tsouderos, "Some Facial Expressions" (Certaines expressions faciales) ; Vincent Di Paolo, Perception et évaluation des expressions faciales de douleur et de dégoût.

219 Simoons, *Eat Not This Flesh* (*Ne mangez pas cette chair*), 106.

220 Peter Farb, George Armelagos, *Anthropologie des coutumes alimentaires*, Denoël, 1985.

221 Voir le site The Peace Abbey et sa section dédiée à Emily et aux droits des animaux, "Animal rights memorial & Emily the cow". Disponible sur : https://www.peaceabbey.org/ [consulté le 10 juillet 2025].

222 Judith Herman, *Trauma and Recovery: The Aftermath of Violence—From Domestic Abuse to Political Terror* (*Traumatisme et rétablissement : les séquelles de la violence, de la violence domestique à la terreur politique*, 1997, pas de traduction française), 1.

223 Sandra Blakeslee, "Cells that Read Minds" (Les cellules capables de lire dans les esprits), *New York Times*, 10 janvier 2006. Disponible sur : https://www.nytimes.com [consulté le 4 juin 2025] ; V. S. Ramachandran, "Mirror Neurons and the Brain in the Vat" (Les neurones miroirs et le cerveau dans le caisson), *Edge: The Third Culture*, 10 janvier 2006. Disponible sur : http://www.edge.org [consulté le 4 juin 2025] ; Université de Chicago, "Children Are Naturally Prone to Be Empathic and Moral" (Les enfants sont naturellement enclins à faire preuve d'empathie et de moralité), *ScienceDaily*, 12 juillet 2008. Disponible sur : http://www.sciencedaily.com [consulté le 4 juin 2025] ; Camille Paschal, Neurones miroirs : à quoi servent-ils ?, *Passeport santé*. Disponible sur : https://www.passeportsante.net/fr/ [consulté le 10 juillet 2025].

224 Extrait du film *The Witness*, *Le Témoin*, réalisé par Jenny Stein et produit par James LaVeck (Tribe of Heart Production Company, 2000).

225 Cité dans l'ouvrage de Charles Patterson, *Un éternel Treblinka* (Calmann-Lévy, 2008), 231.

226 Matthew Scully, *Dominion: The Power of Man, the Suffering of Animals and the Call to Mercy* (*Dominion : Le pouvoir de l'homme, la souffrance des animaux et l'appel à la miséricorde*, 2002, pas de traduction française), 394.

227 Toutes les informations de ce paragraphe proviennent de the Union of Concerned Scientists (Union des scientifiques inquiet·ète·s), 1er septembre 2008. Disponible sur : http://www.ucsusa.org [consulté le 4 juin 2025] ; voir aussi les notes du chapitre 4 ; Intergovernmental Panel on Climate Change (Panel intergouvernemental sur le changement climatique, un organisme suisse), *Climate Change and Land* (Le changement climatique et les terres), 2019. Disponible sur : https://www.ipcc.ch

[consulté le 4 juin 2025] ; Food and Agriculture Organization of the United Nations, "Livestock and Environment" (Bétail et environnement), 2023. Disponible sur : http://www.fao.org [consulté le 4 juin 2025] ; CIWF, L'élevage industriel pollue les terres, les eaux et les mers ; Élevages intensifs (bovins, porcs et volailles) et eaux, *Ministère de la Transition écologique*.

228 Grand View Research, "Vegan Food Market Size, Share & Trends Analysis Report By Product (Meat & Seafood, Creamer, Ice Cream & Frozen Novelties, Yogurt, Cheese, Butter, Meals, Protein Bars, Others), By Distribution Channel, By Region, And Segment Forecasts, 2023 - 2030" (Rapport sur la taille, la part et les tendances du marché des aliments végétaliens par produit [viande et fruits de mer, crème, crème glacée et nouveautés glacées, yaourt, fromage, beurre, repas, barres protéinées, autres], par canal de distribution, par région et prévisions par segment, 2023-2030), juillet 2023. Disponible sur : https://www.grandviewresearch.com [consulté le 16 juillet 2025].

229 James O'Dea, "Witnessing: A Form of Compassion" (Témoigner : une forme de compassion), 2 mars 2007. Disponible sur : http://awakin.org [consulté le 4 juin 2025] ; Donatella Rovera, "Le pouvoir de nos enquêtes", *Amnesty International*, 17 avril 2024. Disponible sur : https://www.amnesty.fr/ [consulté le 4 juin 2025] ; attention cependant au traumatisme secondaire, voir Les victimes cachées de la répression : comment les militant·e·s et les journalistes peuvent-ils se protéger des traumatismes secondaires ?, *Amnesty International*, 20 février 2019. Disponible sur : https://www.amnesty.org/fr/ [consulté le 10 juillet 2025] ; "Traumatismes secondaires : des conseils pour se protéger", *Amnesty International*, 20 mars 2019. Disponible sur : https://www.amnesty.org/fr/ [consulté le 10 juillet 2025] ; Le burn-out des bénévoles, *Amnesty International*, 17 février 2020. Disponible sur : https://www.amnesty.org/fr/ [consulté le 10 juillet 2025].

230 Cité dans l'ouvrage de Patterson, *Un éternel Treblinka*, 137.

231 Herman, *Trauma and Recovery* (*Traumatisme et rétablissement*), 247.

# Ressources

La liste qui suit est une petite sélection de ressources pour vous aider à faire un premier pas au-delà du carnisme.

Peter Singer, *La Libération animale*, Payot, coll. « Petite Bibliothèque Payot », 2024.

Une étude philosophique des bases du carnisme.

Jonathan Safran Foer, *Faut-il manger les animaux ?*, Éditions de l'Olivier, 2011.

Une analyse convaincante des fondements et des pratiques de la consommation carniste.

Michael Greger, *Comment ne pas mourir : les aliments qui préviennent et renversent le cours des maladies*, Belfond, coll.« L'esprit ouvert », 2017.

Un guide encyclopédique pour prévenir et ralentir les maladies et vivre en bonne santé.

Stéphanie Tresch-Medici, *Cuisiner veggie, je me lance ! Les premiers pas vers une alimentation végétale*, Éditions La Plage, 2024.

Un livre compréhensif d'une vegan qui vous apprend à cuisiner pour vous détacher petit à petit des produits animaux jusqu'à devenir vegan.

Mélanie Sancery-Gay, *Ultra protéiné*, Éditions La Plage, 2025.

Un guide pour apprendre à consolider son assiette en protéines végétales.

*Beyond Carnism* (carnism.org)

Mon organisation, Au-delà du Carnisme, avec des vidéos et d'autres ressources pour aider à sensibiliser et à transformer le carnisme.

*Veganuary* (veganuary.com)

Une organisation proposant un challenge vegan, un kit de démarrage et d'autres conseils et ressources pour aider les gens à devenir vegan (voir aussi : *Veganuary, le livre officiel*, Éditions La Plage, 2024).

*Happy Cow* (happycow.net)

Un site Web et une application participatifs permettant de localiser les magasins et restaurants vegan ou proposant des options vegan à travers le monde.

*Accidentellement vegan* (@accidentellementvegan sur Instagram)

Un compte Instagram qui recense quotidiennement des trouvailles alimentaires vegan dans les rayons, des simili-carnés aux produits vegan insoupçonnés.

*321 Vegan*

Une application gratuit qui permet de calculer son impact sur les animaux et l'écologie en étant vegan, mais également de scanner des produits et de découvrir plus facilement s'ils sont vegan ou non.

*Observatoire national des alimentations végétales, Onav* (https://onav.fr/)

Un observatoire dont l'objectif est d'informer et d'accompagner vers la végétalisation de l'alimentation par l'axe de la santé et du changement climatique depuis 2020. Il propose notamment les sites *Je mange végétal* (https://jemangevegetal.fr/) pour en savoir plus sur les nutriments et obtenir des conseils pour végétaliser son assiette ; et *Végéclic* (https://vegeclic.com/), un site à destination médical, tant pour les professionnels de santé que les patients, afin d'accompagner au mieux les transitions végétales dans les meilleures conditions de santé possibles.

*L214* (https://www.l214.com/)

Une association qui lutte pour la défense des droits des animaux et pour leur protection en lançant des alertes, menant des enquêtes et alternant les populations sur les souffrances animales depuis 2008. Leur site *Politique & animaux* (https://www.politique-animaux.fr/) permet notamment de s'informer des prises de position des personnalités et des partis politiques sur les questions des droits des animaux. L'association propose également une revue trisannuelle consultable et téléchargeable, le *L214Mag* (https://www.l214.com/actualites/l214mag/), ainsi qu'une revue trisannuelle à visée éducative, *L214 jeunesse, Mon journal animal* (https://education.l214.com/).

*Association végétarienne de France, AVF* (https://www.vegetarisme.fr/)
Une association qui promeut la transition vers une alimentation végétale et qui se mobilise pour une végétalisation de notre alimentation en accompagnant notamment les entreprises avec le V-Label.

*L'Amorce, revue contre le spécisme* (https://lamorce.co/)
Une revue numérique ou papier qui organisme son contenu autour d'article, d'entretiens, de critiques de livres autour de l'antispécisme.

*Official Vegan Shop* (https://www.officialveganshop.com/)
Une boutique en ligne qui livre toutes sortes de produits vegan partout en France et qui facilite une transition alimentaire végétale.

*Les Cahiers antispécistes* (https://www.cahiers-antispecistes.org/)
Une revue publiée jusqu'à 2019 qui a pour but de discuter autour des idées antispécistes et de débattre sur la libération animale et les droits des animaux.

*Kiosque animal* (https://www.facebook.com/Kiosque.animal/)
Une page Facebook qui suit l'actualité animaliste en France, animée par Dominic Hofbauer et Estiva Reus.

*Comme un poisson dans l'eau*
Un podcast disponible en ligne contre le spécisme, animé par Victor Duran-Le Peuch.

# Sélection pour aller plus loin


À Bali, des centaines de brochettes de viande de chien saisies par les autorités, *Le Figaro*, 25 juillet 2024. Disponible sur : https://www.lefigaro.fr/ [consulté le 4 juin 2025].

Abattre les animaux, massacrer les humains – avec Kaoutar Harchi, *Blast, le souffle de l'info*, entretien du 24 novembre 2024. Disponible sur : https://www.blast-info.fr/ [consulté le 4 juin 2025].

Abraham Maslow, *Devenir le meilleur de soi-même : besoins fondamentaux, motivation et personnalité*, Eyrolles, 2013.

Anima. Abattre, manger, détruire : Quand notre rapport aux animaux révèle notre (manque) d'humanité, *Blast, le souffle de l'info*, Podcast en 5 épisodes, 19 février 2025. Disponible sur : https://www.blast-info.fr/ [consulté le 4 juin 2025].

Anna Jones, *Cuisiner les saisons*, Éditions La Plage, 2023.

Anna Jones, *One pot, pan, planet*, Éditions La Plage, 2022.

Anses, Régimes végétariens : effets sur la santé et repères alimentaires, 13 mars 2025. Disponible sur : https://www.anses.fr/ [consulté le 4 juin 2025].

Anses, Repères alimentaires destinés aux personnes suivant un régime d'exclusion de tout ou partie des aliments d'origine animale – végétariens, rapport d'expertise collective, *Revue systématique des études sur les liens entre les régimes végétariens et la santé*, juin 2024. Disponible sur : https://www.anses.fr/ [consulté le 4 juin 2025].

Aurélie Berrué-Pouyet, *Vegan express*, Éditions La Plage, 2023.

Axelle Playoust-Braure, Spécisme : abolir ne suffira pas, *Mouvements*, 8 janvier 2022. Disponible sur : https://mouvements.info/ [consulté le 4 juin 2025].

Axelle Playoust-Braure, Cochons, vaches, poulets... un quart du gâchis mondial de viande est dû à la mortalité animale en élevage, *Le Parisien*, 18 janvier 2024. Disponible sur : https://www.leparisien.fr/ [consulté le 4 juin 2025].

Aymeric Caron, *Antispéciste, réconcilier l'humain, l'animal et la nature*, Don Quichotte, 2016.

Aymeric Caron, *No Steak*, Fayard, 2013.

Camila J. Gonzalez, Oui, on peut être végétarien et avoir assez de protéines : le mode d'emploi d'une chercheuse, *Top santé*, 10 septembre 2024. Disponible sur : https://www.topsante.com/ [consulté le 4 juin 2025].

Carol J. Adams, *La politique sexuelle de la viande, une théorie critique féministe végane*, le passager clandestin, 2025*.

*Voir le reste de l'œuvre de Carol J. Adams en anglais.

Charles Patterson, *Un éternel Treblinka*, Calmann-Lévy, 2008.

Christophe Traïni, *La Cause animale. Essai de sociologie historique (1820-1980)*, PUF, 2011.

Collectif, Cette « autre réalité de l'abattoir : la maltraitance ouvrière », *Le Monde*, tribune du 7 mars 2017. Disponible sur : https://www.lemonde.fr/ [consulté le 4 juin 2025].

Collectif, Les Animaux, revue *Pouvoirs* aux éditions Seuil, n° 131, 2009. Disponible sur : https://revue-pouvoirs.fr/ [consulté le 4 juin 2025].

Commissariat général au développement durable, Alimentation et environnement : les enjeux de la consommation de viande en France, 9 septembre 2022. Disponible sur : https://www.notre-environnement.gouv.fr/ [consulté le 4 juin 2025].

Corine Pelluchon, *Manifeste animaliste, politiser la cause animale*, Rivages poche, 2021.

Corine Pelluchon, *Réparons le monde : Humains, animaux, nature*, Rivages poche, 2020.

Dominic Hofbauer et Rosa B., *Les Droits des animaux en question*, Éditions La Plage, 2022.

David Faucheux, Le spécisme comme obligation sociale, *L'Amorce, revue contre le spécisme*, 15 juin 2020. Disponible sur : https://lamorce.co/ [consulté le 4 juin 2025].

Eckhart Tolle, *Le Pouvoir du moment présent*, J'ai lu, coll. « Bien-être », 2010.

Eckhart Tolle, *Nouvelle Terre, l'avènement de la conscience humaine*, Ariane Publications, 2005.

Ed. Winters, *Vegan propaganda*, Éditions La Plage, 2023.

Élise Desaulniers, *Vache à lait*, Éditions La Plage, 2017.

Eric Schlosser, *Fast Food Nation*, Éditions Autrement, 2006.

Eva Zink, *Mes recettes de la mer 100 % végétales*, Éditions La Plage, 2023.

Florence Pinaud et Amélie Fontaine, *Les Droits des animaux, ça me concerne !*, Actes Sud Junior, 2018.

Fabrice Nicolino, *Bidoche : L'industrie de la viande menace le monde*, Babel, 2010.

Faculté de droit et des sciences économiques de Limoges et de l'Observatoire des mutations institutionnelles et juridiques, *Revue semestrielle de droit animalier*. Disponible sur : https://www.unilim.fr/ [consulté le 4 juin 2025].

Florence Burgat, *L'humanité carnivore*, Albin Michel, 2017.

France Inter, Quand le lobby de la viande influence des scientifiques pour servir ses intérêts, *L'info de France Inter*, 4 novembre 2024. Disponible sur : https://www.radiofrance.fr/ [consulté le 4 juin 2025].

François Jaquet, « Spécisme (A) », dans Maxime Kristanek (dir.), *Encyclopédie philosophique*, 2017. Disponible sur : https://encyclo-philo.fr/specisme-a [consulté le 4 juin 2025].

François Jaquet et Malou Amselek, *Faut-il être végane ?* Édition Sciences humaines, 2025.

Franz-Olivier Giesbert, *L'animal est une personne, pour nos sœurs et frères les bêtes*, Fayard, 2014.

Frédéric Côté-Boudreau, Les animaux luttent aussi, *Ballast*, vol. 8, n° 2, 2019, pp. 90-101. Disponible sur : https://shs.cairn.info/ [consulté le 4 juin 2025].

G. Mauricio Pereira, *Ma vie toute crue. Maltraitance animale, souffrance humaine : un employé d'abattoir dit tout !*, Plon, 2017.

Gail Eisnitz, *Slaughterhouse: The Shocking Story of Greed, Neglect and Inhumane Treatment Inside the U.S. Meat Industry* (*Abattoir : L'histoire choquante de la cupidité, de la négligence et des traitements inhumains au sein de l'industrie de la viande aux États-Unis*, 1997, pas de traduction française).

Gary Francione, *Introduction aux droits des animaux*, L'Âge d'Homme, 2015.

Geoffrey Le Guilcher, *Steak machine*, Points, 2017.

Ives Étienne, Une équipe de recherche découvre un lien génétique entre le cancer colorectal et la consommation de viande, *Science et vie*, 24 mars 2024. Disponible sur : https://www.science-et-vie.com/ [consulté le 4 juin 2025].

J. Robert Lifton, *Les Médecins nazis, le meurtre médical et la psychologie du génocide*, Robert Laffont, 1989.

Jean-Baptiste Jeangène Vilmer, *L'éthique animale*, PUF, coll. « Que sais-je ? », 2018.

Jeffrey Masson, *La Vie émotionnelle des animaux de la ferme*, Albin Michel, 2020.

Jonathan Balcombe, *À quoi pensent les poissons ? La vie secrète de nos cousins sous-marins*, Éditions La Plage, 2018.

Jonathan Fernandez, Spécisme, sexisme et racisme. Idéologie naturaliste et mécanismes discriminatoires, *Nouvelles Questions Féministes*, n° 34, 2015, pp. 51-69. Disponible sur : https://doi.org/ [consulté le 4 juin 2025].

Kaoutar Harchi, *Ainsi l'Animal et nous*, Actes Sud, 2024.

Kheireddine Ayari, Sauvés du marché de la viande canine, 67 chiens font un long voyage pour ouvrir un nouveau chapitre de leur vie, *Woopets*, 14 mai 2025. Disponible sur : https://www.woopets.fr/ [consulté le 4 juin 2025].

Kimberly Costello et Gordon Hodson, Implications psychologiques de la dévalorisation des animaux, *L'Amorce*, juin 2025.

Layla Benabid et Sébastien Moro, *Les Cerveaux de la ferme, au cœur des émotions et des perceptions animales*, Éditions La Plage, 2021.

L214, Enquête dans un abattoir de la Loire : une plainte déposée pour cruauté, 24 avril 2025. Disponible sur : https://www.l214.com/ [consulté le 4 juin 2025].

L214, Eyes on Animals, *La face cachée de nos assiettes*, Robert Laffont, 2019.

L214, L'abattage des animaux et enquêtes liées, n.d. Disponible sur : https://www.l214.com/ [consulté le 4 juin 2025].

L214, *Quand la faim ne justifie plus les moyens, en finir avec l'élevage intensif*, Les Liens Qui Libèrent, 2019.

Lamya Essemlali, Sea Shepherd France mobilise 5 millions d'euros pour sauver les 14 cétacés du Marineland d'Antibes, *Sea Shepherd France*, 31 mai 2025. Disponible sur : https://seashepherd.fr/ [consulté le 4 juin 2025].

Laurent Bègue, *Face aux animaux*, Odile Jacob, 2022.

Leon Festinger, *Une théorie de la dissonance cognitive*, Enrick, 2017.

Luttes animales luttes sociales, *Ballast*, 6 articles autour de différentes thématiques rapportées à celle de la lutte animale, 2022. Disponible sur : https://www.revue-ballast.fr/ [consulté le 4 juin 2025].

Marie Laforêt, *Vegan débutant*, Éditions La Plage, 2017.

Marie Laforêt, *Vegan*, Éditions La Plage, 2019.

Marie-Monique Robin, *Notre poison quotidien : La responsabilité de l'industrie chimique dans l'épidémie des maladies chroniques*, La Découverte et Arte Éditions, 2011.

Marion Lagardette, *Vegan pour la vie*, Éditions La Plage, 2023.

Martin Gibert, *Voir son steak comme un animal mort : véganisme et psychologie morale*, Lux Éditeur, 2015.

Martin Gibert et Élise Desaulniers, entrée « Carnisme » dans *La pensée végane*, dirigé par Renan Larue, PUF 2020.

Martin Page, *Les Animaux ne sont pas comestibles*, Robert Laffont, 2017.

Matthieu Ricard, *L'Animal est une personne*, Fayard, 2014.

Matthieu Ricard, *Plaidoyer pour les animaux*, Allary Éditions, 2014.

Mélanie Sancery-Gay, *Ultra protéiné*, Éditions La Plage, 2025.

Michael Greger, *Comment ne pas mourir : les aliments qui préviennent et renversent le cours des maladies*, Belfond, coll. « L'esprit ouvert », 2017.

Ministère de l'Agriculture et de la souveraineté alimentaire, Gaspillage alimentaire : des nouvelles données pour la France, 9 septembre 2024. Disponible sur : https://agriculture.gouv.fr/ [consulté le 4 juin 2025].

Morgane Joulin, Manger deux fois moins de viande améliorerait significativement notre bilan carbone, *National Geographic*, 25 mars 2024. Disponible sur : https://www.nationalgeographic.fr/ [consulté le 4 juin 2025].

Nadine Wergifosse, Végétarisme chez les enfants : les conseils et mises en garde de deux spécialistes de l'ONE, *RTBF actus*, 12 avril 2023. Disponible sur : https://www.rtbf.be/ [consulté le 4 juin 2025].

Observatoire du spécisme, Spécisme/antispécisme – une introduction, 14 septembre 2023. Disponible sur : https://observatoireduspecisme.ch/ [consulté le 4 juin 2025].

Olivia Mokiejewski, *Le Peuple des abattoirs*, Grasset, 2017.

Option végétarienne dans les cantines : la réalité du terrain, *AVF, Greenpeace*, 2021. Disponible sur : https://cdn.greenpeace.fr/site/ [consulté le 4 juin 2025].

Pascal Durand et Christophe Marie, *Lutter contre la souffrance animale, pour une Europe des animaux*, Le Condottière, 2024.

Peter Farb et George Armelagos, *Anthropologie des coutumes alimentaires*, Denoël, 1985.

Peter Singer, *Comment vivre avec les animaux ?*, Empêcheurs de penser en rond, 2004.

Peter Singer, *L'Égalité animale expliquée aux humain·e·s*, Éditions Tahin Party, 2011.

Peter Singer, *La Libération animale*, Payot, coll. « Petite Bibliothèque Payot », 2024.

Philippe Reigné, Protégeons les animaux « liminaires » qui vivent en liberté dans l'espace urbain, *Le Monde*, 7 août 2021. Disponible sur : https://www.lemonde.fr/ [consulté le 4 juin 2025].

Pierre-François Chetail, Un véritable enfer : la nouvelle vidéo choc de L214 filmée dans un abattoir, *Le Pays*, 24 avril 2025. Disponible sur : https://www.le-pays.fr/ [consulté le 4 juin 2025].

R. Carl Rogers, *Le Développement de la personne*, Dunod, 2005.

René Descartes, *Discours de la méthode*, Dunod poche, 2023.

Réseau Action Climat France, Baromètre sur la consommation de viande des Français : quelles nouvelles tendances ? Vague 3, *Toluna et Harris interactive*, 18 mars 2025. Disponible sur : https://reseauaction climat.org/ [consulté le 4 juin 2025].

Roland Barthes, Pour une psycho-sociologie de l'alimentation contemporaine, *Annales. Économies, sociétés, civilisations*, 16e année, n° 5, 1961, pp. 977-986. Disponible sur : https://www.persee.fr [consulté le 4 juin 2025].

Romain Espinosa, *Comment sauver les animaux ?*, PUF, 2021.

Rosa B., *Insolente veggie, Les Aventures d'une végétalienne très très méchante*, Éditions La Plage, 2020.

Sandrine Costantino et Margot Lahmer, *La Bible de l'alimentation de l'enfant et du bébé veggie*, Éditions La Plage, 2023.

Sue Donaldson et Will Kymlicka, *Zoopolis, une théorie politique des droits des animaux*, Hermann, 2025.

Sarah Gibbens, La pollution liée à la production de viande tue des milliers de personnes chaque année, *National Geographic*, 12 mai 2021. Disponible sur : https://www.nationalgeographic.fr/ [consulté le 4 juin 2025].

Sarah Zanaz, Spécisme systémique, plus qu'une position éthique individuelle, le spécisme est un système, *L'Amorce, revue contre le spécisme*, 17 juin 2020. Disponible sur : https://lamorce.co/ [consulté le 4 juin 2025].

Sébastien Moro et Fanny Vaucher, *Les Paupières des poissons, une épopée scientifique et pleine d'humour à la rencontre des animaux aquatiques*, Éditions La Plage, 2018.

Stanley Milgram, *Soumission à l'autorité*, Fayard/Pluriel, 2017.

Stéphane Foucart, Les choix des végans mettent en lumière la dissonance cognitive du reste de la population, *Le Monde*, 10 octobre 2020. Disponible sur : https://www.lemonde.fr/ [consulté le 4 juin 2025].

Stéphane Korsia-Meffre, Effets d'une alimentation végétarienne sur la santé : l'Anses fait le point, VIDAL, 10 avril 2025. Disponible sur : https://www.vidal.fr/ [consulté le 4 juin 2025].

Stéphanie Tresch-Medici, *Cuisiner veggie, je me lance ! Les premiers pas vers une alimentation végétale*, Éditions La Plage, 2024.

Stéphanie Tresch-Medici, *Ma cuisine vegan pour tous les jours*, Éditions La Plage, 2021.

Sunaura Taylor, *Braves bêtes*, Éditions de Portrait, 2019.

Thich Nhat Hanh, *La Paix en soi, la paix en marche*, Albin Michel, 2006.

Tom Regan, *Les Droits des animaux*, Hermann, 2013.

Upton Sinclair, *La Jungle*, Le Livre de Poche, 2011.

Valéry Giroux, *Contre l'exploitation animale : un argument pour les droits fondamentaux de tous les êtres sensibles*, L'Âge d'Homme, 2017.

Valéry Giroux, *L'antispécisme*, PUF, coll. « Que sais-je ? », 2020.

Valéry Giroux et Renan Larue, *Le véganisme*, coll. « Que sais-je ? » PUF, 2019.

Végan, végétarien, pesco-végétarien : quel régime est le plus sain ? Une étude belge compare leur qualité nutritionnelle, *Journée mondiale*, 20 avril 2024. Disponible sur : https://www.journee-mondiale.com/ [consulté le 4 juin 2025].

Virginie Lenk, Interview de Paul Watson : « protéger les baleines, c'est protéger l'humanité », *Tribune de Genève*, 9 mars 2025. Disponible sur : https://www.tdg.ch/ [consulté le 4 juin 2025].

Yves Bonnardel et Axelle Playoust-Braure, *Solidarité animale. Défaire la société spéciste*, La Découverte, 2020.

Yves Bonnardel, Thomas Lepeltier et Pierre Sigler, *La révolution antispéciste*, PUF, 2018.

# Ils en parlent...

« Le livre de Melanie Joy est une contribution importante et novatrice à la lutte pour le bien-être animal. Il nous aide à sortir du cadre du "carnisme" afin de mieux penser de manière critique et de participer à la solution, en contribuant à créer un monde plus compatissant et durable. »

– Yuval Noah Harari, auteur à succès du New York Times, notamment de *Sapiens : Une brève histoire de l'humanité*

« Une analyse captivante de la raison pour laquelle les humains éprouvent de l'affection et de la compassion pour certains animaux, tout en restant insensibles à la souffrance des autres. »

– Publishers Weekly

« Ce livre contient une mine d'informations, d'analyses et d'arguments. Mais sa véritable réussite est de nous rappeler ce que nous savons déjà. Avec éloquence et humilité, Melanie Joy fait appel aux valeurs que nous partageons tous. Elle nous rappelle qui nous sommes. »

– Jonathan Safran Foer, auteur primé de *Tout est illuminé*, *Faut-il manger les animaux ?* et *Nous sommes le climat*

« Ce livre est incontournable pour quiconque est horrifié à l'idée de manger des chiens, mais consomme des porcs, des vaches ou des poulets. Melanie Joy examine les mécanismes psychologiques qui nous permettent d'adorer certains animaux et d'en manger d'autres – et les démonte un à un. Écrit dans un style clair et vivant, je suis ravi de voir cette nouvelle édition avec une préface de Yuval Harari. »

– Peter Singer, professeur de bioéthique à l'Université de Princeton, auteur de *La Libération animale*

« Melanie Joy est une penseuse visionnaire dont le travail pourrait changer le monde. Dans quelques années, le terme “carnisme” sera connu de tou·te·s, et notre manière de penser la consommation animale sera profondément transformée. »

– Maneka Sanjay Gandhi, parlementaire indienne
et présidente de People for Animals, la plus grande organisation
de protection animale en Inde

« Peu de livres ont autant changé ma manière de penser que *Pourquoi les chiens sont nos amis, les cochons notre nourriture et les vaches nos vêtements ?*. Il offre un cadre pour comprendre comment les idéologies dominantes se dissimulent, se protègent et se perpétuent. Il vous aidera à voir non seulement l'idéologie qui régit notre rapport aux animaux, mais aussi celles qui restent invisibles dans toute la société moderne. »

– Ezra Klein, cofondateur et rédacteur en chef de *Vox*

« Melanie Joy est l'une des grandes penseuses de notre époque. Son excellent *Pourquoi les chiens sont nos amis, les cochons notre nourriture et les vaches nos vêtements ?* propose un argument puissant et original en faveur d'une alimentation végétale. Son raisonnement dépasse les simples considérations de santé et mérite d'être lu par quiconque souhaite faire des choix alimentaires éclairés. »

– Dan Buettner, explorateur pour National Geographic, auteur de
*Les Zones bleues du bonheur*

« Ce livre est révolutionnaire. Melanie Joy explique brillamment pourquoi les gens résistent à l'information qui pourrait les aider à faire des choix alimentaires plus sains – et comment surmonter cette résistance. »

– D^r^ Michael Greger, auteur de *Comment ne pas mourir : les aliments qui préviennent et renversent le cours des maladies*,
fondateur de nutritionfacts.org

« Pourquoi lire Melanie Joy ? Parce que son concept de carnisme nous fait voir les choses autrement. Parce qu'elle s'adresse à ses lecteurs avec empathie. Et parce qu'elle incarne une nouvelle génération d'intellectuels engagés. Mais surtout, parce que ce qu'elle nous dit est important. »

– Matthieu Ricard, moine bouddhiste, photographe,
auteur et humanitaire

« Le travail de Melanie Joy m'a permis de passer de la compréhension à l'action – le temps de lire son livre révolutionnaire. »

– Josh Tetrick, fondateur et PDG de Just

« Melanie Joy est une visionnaire : elle comprend comment et pourquoi nous agissons, et elle nous guide à travers nos comportements inconscients pour nous aider à faire des choix plus réfléchis. Elle respecte infiniment ses lecteurs, et nous repartons plus sages, prêts à devenir des acteurs du changement. »

– Kathy Freston, autrice à succès du New York Times, notamment de
*Quantum Wellness* et *Veganist*

« *Pourquoi les chiens sont nos amis, les cochons notre nourriture et les vaches nos vêtements ?* m'a permis de comprendre la question de la consommation animale sous un angle nouveau, unique et stimulant. Je recommande vivement ce livre à quiconque souhaite faire des choix alimentaires plus compatissants, rationnels et bénéfiques pour la santé. »

– Daniel Negreanu, sextuple champion des World Series of Poker

# À propos de l'autrice

Melanie Joy a un doctorat en psychologie de Harvard, elle est psychologue, formatrice internationale et autrice de 8 livres, dont *Why We Love Dogs, Eat Pigs, and Wear Cows*, dont vous tenez l'édition française entre les mains, et *How to End Injustice Everywhere* (*Comment mettre fin aux injustices partout dans le monde*, pas de traduction française), publié en 2023. Melanie Joy est la huitième lauréate du prix Ahimsa de l'Institut de Jainology, un fonds de charité qui lutte pour la justice sociale internationale depuis les années 1980 et qui a précédemment décerné ce prix à Nelson Mandela et au Dalaï-Lama. Son travail a été présenté par des médias du monde entier, notamment la BBC, ABC Australia, NPR et le New York Times. Elle est également présidente fondatrice de l'organisation à but non lucratif Beyond Carnism. Vous pouvez en apprendre plus sur son travail sur carnism.org.

Achevé d'imprimer en septembre 2025 par
Normandie Roto Impression s.a.s.
61250 Lonrai
N° d'impression : 2503448

*Imprimé en France*